最高人民法院
指导性案例司法应用
研究报告（第二版）

Research Report on the Application
in Judicial Proceedings of Guiding Cases Issued
by the Supreme People's Court (Second Edition)

组织编写　北大法律信息网　　学术支持　中国法学会案例法学研究会

北京大学出版社
PEKING UNIVERSITY PRESS

图书在版编目（CIP）数据

最高人民法院指导性案例司法应用研究报告/北大法律信息网组织编写. —2版. —北京：北京大学出版社，2019.12

ISBN 978-7-301-30927-8

Ⅰ.①最… Ⅱ.①北… Ⅲ.①最高法院—审判—案例—研究报告—中国 Ⅳ.①D925.05

中国版本图书馆CIP数据核字(2019)第252161号

书　　名	最高人民法院指导性案例司法应用研究报告（第二版） ZUIGAO RENMIN FAYUAN ZHIDAOXING ANLI SIFA YINGYONG YANJIU BAOGAO（DI-ER BAN）
著作责任者	北大法律信息网　组织编写
策划编辑	陆建华
责任编辑	陆建华　王欣彤
标准书号	ISBN 978-7-301-30927-8
出版发行	北京大学出版社
地　　址	北京市海淀区成府路205号　100871
网　　址	http://www.pup.cn　http://www.yandayuanzhao.com
电子信箱	yandayuanzhao@163.com
新浪微博	@北京大学出版社　@北大出版社燕大元照法律图书
电　　话	邮购部010-62752015　发行部010-62750672　编辑部010-62117788
印刷者	北京鑫海金澳胶印有限公司
经销者	新华书店
	720毫米×1020毫米　16开本　22.75印张　440千字 2019年12月第2版　2019年12月第1次印刷
定　　价	68.00元

未经许可，不得以任何方式复制或抄袭本书之部分或全部内容。

版权所有，侵权必究

举报电话：010-62752024　电子信箱：fd@pup.pku.edu.cn

图书如有印装质量问题，请与出版部联系，电话：010-62756370

编委会

组织编写 北大法律信息网

学术支持 中国法学会案例法学研究会

主　　编 郭　叶

副 主 编 刘馨宇　孙　妹

撰 稿 人

张文硕　訾永娟　郭美娜　吴晓婧　彭重霞

潘晓岚　张　微　朱雨婷　李佳彤

序

近些年来，司法案例在我国的法律实践和社会生活中得到越来越广泛的应用，具有越来越重要的意义，而指导性案例则在其中发挥了关键性的作用。《中共中央关于全面推进依法治国若干重大问题的决定》提出，要"加强和规范司法解释和案例指导，统一法律适用标准""建立法官、检察官、行政执法人员、律师等以案释法制度"。北大法律信息网组织编写的《最高人民法院指导性案例司法应用研究报告》在帮助法律从业者和社会公众理解法律，学习、应用指导性案例，推动案例制度建设方面具有十分重要的意义和作用。具体来说，至少包括以下四个方面。

第一，有益于法治教育和宣传。《中共中央关于全面推进依法治国若干重大问题的决定》指出："法律的权威源自人民的内心拥护和真诚信仰。"要实现人民对法律的拥护和信仰，就需要法律和法律制度在切实维护人民的自由与权利、实现公正方面发挥实际作用。《最高人民法院指导性案例司法应用研究报告》通过展示指导性案例的适用，帮助读者理解法律、接受法治理念。不仅帮助读者理解法律条文，而且帮助理解司法公正；不仅帮助理解实体维度的司法公正，而且帮助理解程序维度的司法公正。同时，法律实务工作者和法学理论工作者可以从《最高人民法院指导性案例司法应用研究报告》中发现蕴含于指导性案例中的法治思想与理念。

第二，有益于法律实务界和法学理论界研讨法律方法、提高司法技术。《最高人民法院指导性案例司法应用研究报告》不仅收集了指导性案例，而且还对指导性案例的适用情况进行了多角度分析。读者不仅可以从中研究指导性案例中的法律思维与法律方法，还可以借此不断提高自身的司法技术。

第三，有益于广大社会公众对法律适用进行监督。《最高人民法院指导性案例司法应用研究报告》的读者不仅有法律从业人员，而且还有普通公民。普通公民在阅读、学习案例的同时，根据他们的法治观和普通人的常理（common sense），对司法判决的结果和过程进行判断。这是一种对司法过程没有任何干扰但又十分有效的事后监督，对我国的法治建设十分有益。

第四，为修改、完善立法准备资料。《最高人民法院指导性案例司法应用研究报告》中不乏对现行法律、法规中的模糊、冲突和遗漏之处的分析。它们对指导法官依法办案，对法律制定者修改、完善法律都具有十分积极的、不可多得的参考、辅助作用。

北大法律信息网坚持数年，持续组织编写"最高人民法院指导性案例司法应用报告"，其研究规模和研究成果越来越得到法律界的认可。这次以《最高人民法院指导性案例司法应用研究报告》的形式出版，对法律界和社会公众都是一件好事。

是为序。

张骐*
北京大学法学院教授
2018 年 9 月

---

* 张骐，法学博士，北京大学法学院教授，最高人民法院案例指导工作专家委员会委员，中国案例法研究会副会长，中国比较法研究会副会长。

前　言

我国是成文法国家，法律适用以成文法为依据，但由于成文法有滞后性，难以适应当今社会的瞬息万变。在司法实践中，法律条文与案例的互补适用越来越受到实务界的认可。在此背景下，2010年11月26日，最高人民法院发布了《关于案例指导工作的规定》，以期实现总结审判经验、统一法律适用、提高审判质量、维护司法公正的目标。此规定的发布标志着案例指导制度在我国的正式确立。至今，我国案例指导制度已实施了近9年，指导性案例的应用呈现快速增长的趋势，最高人民法院指导性案例的应用状况也日益受到法律学术界和实务界的关注。

"北大法宝"作为国内较早的法律专业数据库，30多年来在法律信息的整理和提供方面一直走在行业前列，尤其注重数据研究和资源建设。在北京大学法学院张骐教授的鼓励和指导下，从2014年起，"北大法宝"开展最高人民法院指导性案例司法应用的智能分析和研究工作，以指导性案例作为研究对象，以"北大法宝—司法案例库"作为数据来源，运用人工智能、大数据分析的技术手段和实证分析方法，获得了一些研究成果。这些研究成果在法律学术界和实务界引起关注并得到认可。已发表的研究成果包括：2015年，在《中国案例法评论》创刊号发表的《最高人民法院指导性案例的司法应用——我国案例指导制度的实践与问题》；2017年，在《法律适用》第1期发表的《最高人民法院民商事指导性案例的司法应用研究》，在《中国案例法评论》第1辑发表的《最高人民法院指导性案例司法应用年度比较分析报告——以2011—2016年应用案例为研究对象》，在《中国应用法学》第4期发表的《指导性案例应用大数据分析——最高人民法院指导性案例司法应用年度报告（2016）》（该文被《中国社会科学文摘》2017年第11期转载）；2018年，在《中国应用法学》第3期发表的《最高人民法院指导性案例司法应用情况2017年度报告》。此外，主要研究人员多次参加中国案例法研究会年会及案例学术研讨会。2018年11月，《最高人民法院指导性案例司法应用研究报告（2017）》在北京大学出版社正式出版。2019年，《最高人民法院指导性案例司法应用年度比较分析报告（2011—2018）》一文荣获中国法学会案例法研究会2019年学术年会优秀论文一等奖，发表在《上海政法学院学报》2019年第6期；《最高人民法院指导性案例2018年度司法应用报告》一文发表在《中国应用法学》第3期；《最高人民法院行政指导性案例 2018 年度司法应用报告》一文拟发表在《北理法学》第八辑。

经过近 6 年的研究和锤炼，北大法律信息网组织编写的《最高人民法院指导性案例司法应用研究报告》已成为"北大法宝"的一个具有影响力的品牌。我们将持续集结出版这些指导性案例的研究成果。

"北大法宝"和北大法律信息网一直在网络、出版和自媒体领域深耕并打造精品。在网络方面，北大法律信息网作为国内第一个法律信息网站，20 余年来一直走在法律学术的前沿。在出版方面，从 2011 年出版的业内较早的与数据库相结合的法律实务系列丛书"北大法宝法律人高级助手书系"，到 2013 年开始持续出版的《北大法律信息网文粹》，再到 2017 年出版的"北大法宝法律实务丛书"，"北大法宝"和北大法律信息网已打造涉及学术、实务的多个系列出版物。2013 年和 2014 年，先后开设了"北大法宝"和"北大法律信息网"微信公众号，实现了网络平台、新媒体平台和纸媒平台的共通共赢发展。

《最高人民法院指导性案例司法应用研究报告》一书，对最高人民法院指导性案例的发布和应用情况进行了全方位、深层次、多角度的数据应用研究，包括年度报告、年度对比报告以及刑事、民商事、合同、知识产权、行政、交通肇事和执行七类分报告。它们从多个维度深入剖析了最高人民法院指导性案例的发布以及司法应用的特点和规律，并通过数据的直观反映，发现指导性案例在发布及应用中呈现出来的变化和趋势，以期为我国指导性案例司法应用的发展提供借鉴与参考。本书全面收录了最高人民法院发布的第一至二十批指导性案例以及与案例指导制度相关的法律规范性文件；对 106 例指导性案例进行了分类汇编，添加了指导性案例的分类标签；书后附关键词索引，以方便读者快速查找。本书将二维码技术贯穿始终，书中所使用的指导性案例、审判文书、应用案例以及与指导性案例相关的法律规范性文件，均可通过扫描二维码的方式在北大法律信息网、"北大法宝"数据库中查阅全文。

《最高人民法院指导性案例司法应用研究报告》将持续出版，欢迎法律实务工作者、法学学者和关注指导性案例研究的其他法律人提供宝贵建议，让我们共同关注指导性案例制度的发展。

本书的出版，应当感谢北京大学出版社的大力支持，感谢北京大学出版社编辑团队的积极推动，感谢"北大法宝"指导性案例研究团队优秀的编辑和技术团队，感谢为本书出版默默付出的所有工作人员。

郭叶
北大法律信息网副总编辑
2019 年 8 月

目录
CONTENTS

第一部分 指导性案例司法应用报告

一、年度报告
- 最高人民法院指导性案例2018年度司法应用报告 …… 001

二、年度对比报告
- 最高人民法院指导性案例司法应用年度比较分析报告——以2011—2018年应用案例为研究对象 …… 029

三、刑事分报告
- 最高人民法院刑事指导性案例2018年度司法应用报告 …… 049

四、民商事分报告
- 最高人民法院民商事指导性案例2018年度司法应用报告 …… 075

五、合同分报告
- 最高人民法院合同类指导性案例2018年度司法应用报告 …… 101

六、知识产权分报告
- 最高人民法院知识产权指导性案例2018年度司法应用报告 …… 122

七、行政分报告
- 最高人民法院行政指导性案例2018年度司法应用报告 …… 143

八、交通肇事分报告
- 最高人民法院指导案例24号2018年度司法应用报告 …… 177

九、执行分报告
- 最高人民法院执行指导性案例2018年度司法应用报告 …… 191

第二部分 指导性案例分类汇编

一、刑事指导性案例

1 危害公共安全罪指导性案例（2例）
- 指导案例13号：王召成等非法买卖、储存危险物质案 …… 209

- 指导案例 32 号：张某某、金某危险驾驶案 ……………………………… 209

2 破坏社会主义市场经济秩序罪指导性案例（5 例）

- 指导案例 61 号：马乐利用未公开信息交易案 …………………………… 210
- 指导案例 62 号：王新明合同诈骗案 ………………………………………… 211
- 指导案例 70 号：北京阳光一佰生物技术开发有限公司、习文有等生产、销售有毒、有害食品案 ……………………………………………… 211
- 指导案例 87 号：郭明升、郭明锋、孙淑标假冒注册商标案 …………… 212
- 指导案例 97 号：王力军非法经营再审改判无罪案 ……………………… 212

3 侵犯公民人身权利、民主权利罪指导性案例（4 例）

- 指导案例 4 号：王志才故意杀人案 ………………………………………… 213
- 指导案例 12 号：李飞故意杀人案 …………………………………………… 214
- 指导案例 63 号：徐加富强制医疗案 ………………………………………… 214
- 指导案例 93 号：于欢故意伤害案 …………………………………………… 215

4 侵犯财产罪指导性案例（3 例）

- 指导案例 14 号：董某某、宋某某抢劫案 …………………………………… 216
- 指导案例 27 号：臧进泉等盗窃、诈骗案 …………………………………… 216
- 指导案例 28 号：胡克金拒不支付劳动报酬案 ……………………………… 217

5 妨害社会管理秩序罪指导性案例（6 例）

- 指导案例 71 号：毛建文拒不执行判决、裁定案 …………………………… 217
- 指导案例 102 号：付宣豪、黄子超破坏计算机信息系统案 ……………… 218
- 指导案例 103 号：徐强破坏计算机信息系统案 …………………………… 219
- 指导案例 104 号：李森、何利民、张锋勃等人破坏计算机信息系统案 … 219
- 指导案例 105 号：洪小强、洪礼沃、洪清泉、李志荣开设赌场案 …… 220
- 指导案例 106 号：谢检军、高垒、高尔樵、杨泽彬开设赌场案 ……… 220

6 贪污贿赂罪指导性案例（2 例）

- 指导案例 3 号：潘玉梅、陈宁受贿案 ………………………………………… 221
- 指导案例 11 号：杨延虎等贪污案 …………………………………………… 221

二、民商事指导性案例

1 婚姻家庭、继承纠纷指导性案例（2 例）

- 指导案例 50 号：李某、郭某阳诉郭某和、童某某继承纠纷案 ………… 223
- 指导案例 66 号：雷某某诉宋某某离婚纠纷案 ……………………………… 223

2 物权纠纷指导性案例（1例）

- 指导案例65号：上海市虹口区久乐大厦小区业主大会诉上海环亚实业总公司业主共有权纠纷案 ·· 224

3 确认合同效力纠纷指导性案例（1例）

- 指导案例33号：瑞士嘉吉国际公司诉福建金石制油有限公司等确认合同无效纠纷案 ·· 224

4 买卖合同纠纷指导性案例（4例）

- 指导案例9号：上海存亮贸易有限公司诉蒋志东、王卫明等买卖合同纠纷案 ······ 225
- 指导案例15号：徐工集团工程机械股份有限公司诉成都川交工贸有限责任公司等买卖合同纠纷案 ·· 226
- 指导案例17号：张莉诉北京合力华通汽车服务有限公司买卖合同纠纷案 ······ 226
- 指导案例23号：孙银山诉南京欧尚超市有限公司江宁店买卖合同纠纷案 ······ 227

5 房屋买卖合同纠纷指导性案例（1例）

- 指导案例72号：汤龙、刘新龙、马忠太、王洪刚诉新疆鄂尔多斯彦海房地产开发有限公司商品房买卖合同纠纷案 ······························ 228

6 借款合同纠纷指导性案例（4例）

- 指导案例53号：福建海峡银行股份有限公司福州五一支行诉长乐亚新污水处理有限公司、福州市政工程有限公司金融借款合同纠纷案 ············ 228
- 指导案例57号：温州银行股份有限公司宁波分行诉浙江创菱电器有限公司等金融借款合同纠纷案 ·· 229
- 指导案例68号：上海欧宝生物科技有限公司诉辽宁特莱维置业发展有限公司企业借贷纠纷案 ·· 230
- 指导案例95号：中国工商银行股份有限公司宣城龙首支行诉宣城柏冠贸易有限公司、江苏凯盛置业有限公司等金融借款合同纠纷案 ············ 230

7 建设工程合同纠纷指导性案例（1例）

- 指导案例7号：牡丹江市宏阁建筑安装有限责任公司诉牡丹江市华隆房地产开发有限责任公司、张继增建设工程施工合同纠纷案 ················ 231

8 运输合同纠纷指导性案例（1例）

- 指导案例51号：阿卜杜勒·瓦希德诉中国东方航空股份有限公司航空旅客运输合同纠纷案 ·· 231

9 居间合同纠纷指导性案例（1 例）
- 指导案例 1 号：上海中原物业顾问有限公司诉陶德华居间合同纠纷案 ………… 232

10 服务合同纠纷指导性案例（1 例）
- 指导案例 64 号：刘超捷诉中国移动通信集团江苏有限公司徐州分公司电信服务合同纠纷案 ………… 233

11 劳动、人事争议指导性案例（1 例）
- 指导案例 18 号：中兴通讯（杭州）有限责任公司诉王鹏劳动合同纠纷案 ………… 234

12 海事海商纠纷指导性案例（2 例）
- 指导案例 31 号：江苏炜伦航运股份有限公司诉米拉达玫瑰公司船舶碰撞损害赔偿纠纷案 ………… 234
- 指导案例 52 号：海南丰海粮油工业有限公司诉中国人民财产保险股份有限公司海南省分公司海上货物运输保险合同纠纷案 ………… 235

13 与公司有关的民事纠纷指导性案例（4 例）
- 指导案例 8 号：林方清诉常熟市凯莱实业有限公司、戴小明公司解散纠纷案 ……… 235
- 指导案例 10 号：李建军诉上海佳动力环保科技有限公司公司决议撤销纠纷案 ………… 236
- 指导案例 67 号：汤长龙诉周士海股权转让纠纷案 ………… 237
- 指导案例 96 号：宋文军诉西安市大华餐饮有限公司股东资格确认纠纷案 … 237

14 与破产有关的民事纠纷指导性案例（1 例）
- 指导案例 73 号：通州建总集团有限公司诉安徽天宇化工有限公司别除权纠纷案 ………… 238

15 保险纠纷指导性案例（2 例）
- 指导案例 25 号：华泰财产保险有限公司北京分公司诉李志贵、天安财产保险股份有限公司河北省分公司张家口支公司保险人代位求偿权纠纷案 …… 238
- 指导案例 74 号：中国平安财产保险股份有限公司江苏分公司诉江苏镇江安装集团有限公司保险人代位求偿权纠纷案 ………… 239

16 侵权责任纠纷指导性案例（6 例）
- 指导案例 19 号：赵春明等诉烟台市福山区汽车运输公司、卫德平等机动车交通事故责任纠纷案 ………… 240

- 指导案例24号：荣宝英诉王阳、永诚财产保险股份有限公司江阴支公司机动车交通事故责任纠纷案 …………………………………………… 240
- 指导案例56号：韩凤彬诉内蒙古九郡药业有限责任公司等产品责任纠纷管辖权异议案 ………………………………………………………… 241
- 指导案例75号：中国生物多样性保护与绿色发展基金会诉宁夏瑞泰科技股份有限公司环境污染公益诉讼案 ……………………………… 241
- 指导案例98号：张庆福、张殿凯诉朱振彪生命权纠纷案 …………… 242
- 指导案例99号：葛长生诉洪振快名誉权、荣誉权纠纷案 …………… 242

17 适用特殊程序指导性案例（2例）

- 指导案例16号：中海发展股份有限公司货轮公司申请设立海事赔偿责任限制基金案 ……………………………………………………………… 243
- 指导案例54号：中国农业发展银行安徽省分行诉张大标、安徽长江融资担保集团有限公司执行异议之诉纠纷案 ………………………… 244

三、知识产权指导性案例

1 著作权权属、侵权纠纷指导性案例（4例）

- 指导案例48号：北京精雕科技有限公司诉上海奈凯电子科技有限公司侵害计算机软件著作权纠纷案 …………………………………… 245
- 指导案例49号：石鸿林诉泰州华仁电子资讯有限公司侵害计算机软件著作权纠纷案 ………………………………………………………… 245
- 指导案例80号：洪福远、邓春香诉贵州五福坊食品有限公司、贵州今彩民族文化研发有限公司著作权侵权纠纷案 ……………………… 246
- 指导案例81号：张晓燕诉雷献和、赵琪、山东爱书人音像图书有限公司著作权侵权纠纷案 …………………………………………………… 246

2 商标权权属、侵权纠纷指导性案例（4例）

- 指导案例30号：兰建军、杭州小拇指汽车维修科技股份有限公司诉天津市小拇指汽车维修服务有限公司等侵害商标权及不正当竞争纠纷案 ………… 247
- 指导案例46号：山东鲁锦实业有限公司诉鄄城县鲁锦工艺品有限责任公司、济宁礼之邦家纺有限公司侵害商标权及不正当竞争纠纷案 …… 248
- 指导案例58号：成都同德福合川桃片有限公司诉重庆市合川区同德福桃片有限公司、余晓华侵害商标权及不正当竞争纠纷案 ………… 248
- 指导案例82号：王碎永诉深圳歌力思服饰股份有限公司、杭州银泰世纪百货有限公司侵害商标权纠纷案 ……………………………… 249

3 专利权权属、侵权纠纷指导性案例（5例）

- 指导案例20号：深圳市斯瑞曼精细化工有限公司诉深圳市坑梓自来水有限公司、深圳市康泰蓝水处理设备有限公司侵害发明专利权纠纷案 ………… 250
- 指导案例55号：柏万清诉成都难寻物品营销服务中心等侵害实用新型专利权纠纷案 ………………………………………………………… 250
- 指导案例83号：威海嘉易烤生活家电有限公司诉永康市金仕德工贸有限公司、浙江天猫网络有限公司侵害发明专利权纠纷案 ………… 251
- 指导案例84号：礼来公司诉常州华生制药有限公司侵害发明专利权纠纷案 …… 251
- 指导案例85号：高仪股份公司诉浙江健龙卫浴有限公司侵害外观设计专利权纠纷案 …………………………………………………………… 252

4 植物新品种权权属、侵权纠纷指导性案例（3例）

- 指导案例86号：天津天隆种业科技有限公司与江苏徐农种业科技有限公司侵害植物新品种权纠纷案 ………………………………… 253
- 指导案例92号：莱州市金海种业有限公司诉张掖市富凯农业科技有限责任公司侵犯植物新品种权纠纷案 ……………………………… 254
- 指导案例100号：山东登海先锋种业有限公司诉陕西农丰种业有限责任公司、山西大丰种业有限公司侵害植物新品种权纠纷案 ……… 254

5 不正当竞争纠纷指导性案例（6例）

- 指导案例29号：天津中国青年旅行社诉天津国青国际旅行社擅自使用他人企业名称纠纷案 …………………………………………… 255
- 指导案例30号：兰建军、杭州小拇指汽车维修科技股份有限公司诉天津市小拇指汽车维修服务有限公司等侵害商标权及不正当竞争纠纷案 …… 255
- 指导案例45号：北京百度网讯科技有限公司诉青岛奥商网络技术有限公司等不正当竞争纠纷案 ……………………………………… 256
- 指导案例46号：山东鲁锦实业有限公司诉鄄城县鲁锦工艺品有限责任公司、济宁礼之邦家纺有限公司侵害商标权及不正当竞争纠纷案 …… 257
- 指导案例47号：意大利费列罗公司诉蒙特莎（张家港）食品有限公司、天津经济技术开发区正元行销有限公司不正当竞争纠纷案 ……… 257
- 指导案例58号：成都同德福合川桃片有限公司诉重庆市合川区同德福桃片有限公司、余晓华侵害商标权及不正当竞争纠纷案 ………… 258

6 垄断纠纷指导性案例（2 例）

- 指导案例 78 号：北京奇虎科技有限公司诉腾讯科技（深圳）有限公司、深圳市腾讯计算机系统有限公司滥用市场支配地位纠纷案 ………… 259
- 指导案例 79 号：吴小秦诉陕西广电网络传媒（集团）股份有限公司捆绑交易纠纷案 …………………………………………………………… 260

四、行政指导性案例

1 行政处罚指导性案例（4 例）

- 指导案例 5 号：鲁潍（福建）盐业进出口有限公司苏州分公司诉江苏省苏州市盐务管理局盐业行政处罚案 ………………………………… 261
- 指导案例 6 号：黄泽富、何伯琼、何熠诉四川省成都市金堂工商行政管理局行政处罚案 ………………………………………………………… 261
- 指导案例 60 号：盐城市奥康食品有限公司东台分公司诉盐城市东台工商行政管理局工商行政处罚案 ………………………………………… 262
- 指导案例 90 号：贝汇丰诉海宁市公安局交通警察大队道路交通管理行政处罚案 …………………………………………………………… 263

2 行政确认指导性案例（3 例）

- 指导案例 40 号：孙立兴诉天津新技术产业园区劳动人事局工伤认定案 …… 263
- 指导案例 59 号：戴世华诉济南市公安消防支队消防验收纠纷案 ………… 264
- 指导案例 94 号：重庆市涪陵志大物业管理有限公司诉重庆市涪陵区人力资源和社会保障局劳动和社会保障行政确认案 …………………… 264

3 行政许可指导性案例（3 例）

- 指导案例 38 号：田永诉北京科技大学拒绝颁发毕业证、学位证案 ………… 265
- 指导案例 39 号：何小强诉华中科技大学拒绝授予学位案 ………………… 266
- 指导案例 88 号：张道文、陶仁等诉四川省简阳市人民政府侵犯客运人力三轮车经营权案 ………………………………………………… 266

4 行政批准指导性案例（2 例）

- 指导案例 22 号：魏永高、陈守志诉来安县人民政府收回土地使用权批复案 ………………………………………………………………… 267
- 指导案例 41 号：宣懿成等诉浙江省衢州市国土资源局收回国有土地使用权案 ……………………………………………………………… 268

5 行政合同指导性案例（1例）

- 指导案例76号：萍乡市亚鹏房地产开发有限公司诉萍乡市国土资源局不履行行政协议案 ········· 268

6 行政受理指导性案例（1例）

- 指导案例69号：王明德诉乐山市人力资源和社会保障局工伤认定案 ········· 269

7 行政征收指导性案例（1例）

- 指导案例21号：内蒙古秋实房地产开发有限责任公司诉呼和浩特市人民防空办公室人防行政征收案 ········· 269

8 行政登记指导性案例（1例）

- 指导案例89号："北雁云依"诉济南市公安局历下区分局燕山派出所公安行政登记案 ········· 270

9 其他行政行为指导性案例（3例）

- 指导案例26号：李健雄诉广东省交通运输厅政府信息公开案 ········· 271
- 指导案例77号：罗镕荣诉吉安市物价局物价行政处理案 ········· 271
- 指导案例101号：罗元昌诉重庆市彭水苗族土家族自治县地方海事处政府信息公开案 ········· 272

五、执行类指导性案例

- 指导案例2号：吴梅诉四川省眉山西城纸业有限公司买卖合同纠纷案 ········· 273
- 指导案例34号：李晓玲、李鹏裕申请执行厦门海洋实业（集团）股份有限公司、厦门海洋实业总公司执行复议案 ········· 273
- 指导案例35号：广东龙正投资发展有限公司与广东景茂拍卖行有限公司委托拍卖执行复议案 ········· 274
- 指导案例36号：中投信用担保有限公司与海通证券股份有限公司等证券权益纠纷执行复议案 ········· 274
- 指导案例37号：上海金纬机械制造有限公司与瑞士瑞泰克公司仲裁裁决执行复议案 ········· 275

六、国家赔偿指导性案例

- 指导案例42号：朱红蔚申请无罪逮捕赔偿案 ········· 276
- 指导案例43号：国泰君安证券股份有限公司海口滨海大道（天福酒店）证券营业部申请错误执行赔偿案 ········· 276
- 指导案例44号：卜新光申请刑事违法追缴赔偿案 ········· 277

- 指导案例 91 号：沙明保等诉马鞍山市花山区人民政府房屋强制拆除行政赔偿案 ·· 277

第三部分　与案例指导制度相关的法律规范性文件

- 最高人民法院印发《关于案例指导工作的规定》的通知（法发〔2010〕51 号）········ 279
- 最高人民法院研究室关于印发《关于编写报送指导性案例体例的意见》、《指导性案例样式》的通知（法研〔2012〕2 号）····································· 280
- 最高人民法院印发《〈关于案例指导工作的规定〉实施细则》的通知（法〔2015〕130 号）·· 284
- 最高人民法院关于印发《人民法院民事裁判文书制作规范》《民事诉讼文书样式》的通知（法〔2016〕221 号）·· 286
- 最高人民法院关于印发《涉外商事海事裁判文书写作规范》的通知（法〔2015〕67 号）·· 306
- 最高人民法院巡回法庭审判管理工作指导意见（法发〔2017〕9 号）··········· 314
- 中华人民共和国人民法院组织法（中华人民共和国主席令第 11 号）········· 320
- 最高人民法院印发《关于为深化两岸融合发展提供司法服务的若干措施》的通知（法发〔2019〕9 号）··· 326
- 最高人民法院关于发布第 20 批指导性案例的通知（法〔2018〕347 号）····· 330
- 最高人民法院关于发布第 19 批指导性案例的通知（法〔2018〕338 号）····· 330
- 最高人民法院关于发布第 18 批指导性案例的通知（法〔2018〕164 号）····· 331
- 最高人民法院关于发布第 17 批指导性案例的通知（法〔2017〕332 号）····· 331
- 最高人民法院关于发布第 16 批指导性案例的通知（法〔2017〕53 号）······· 331
- 最高人民法院关于发布第 15 批指导性案例的通知（法〔2016〕449 号）····· 332
- 最高人民法院关于发布第 14 批指导性案例的通知（法〔2016〕311 号）····· 332
- 最高人民法院关于发布第 13 批指导性案例的通知（法〔2016〕214 号）····· 332
- 最高人民法院关于发布第 12 批指导性案例的通知（法〔2016〕172 号）····· 333
- 最高人民法院关于发布第 11 批指导性案例的通知（法〔2015〕320 号）····· 333
- 最高人民法院关于发布第十批指导性案例的通知（法〔2015〕85 号）········· 333
- 最高人民法院关于发布第九批指导性案例的通知（法〔2014〕337 号）······· 334
- 最高人民法院关于发布第八批指导性案例的通知（法〔2014〕327 号）······· 334
- 最高人民法院关于发布第七批指导性案例的通知（法〔2014〕161 号）······· 335

- 最高人民法院关于发布第六批指导性案例的通知（法〔2014〕18号） …… 335
- 最高人民法院关于发布第五批指导性案例的通知（法〔2013〕241号） …… 335
- 最高人民法院关于发布第四批指导性案例的通知（法〔2013〕24号） …… 336
- 最高人民法院关于发布第三批指导性案例的通知（法〔2012〕227号） …… 336
- 最高人民法院关于发布第二批指导性案例的通知（法〔2012〕172号） …… 336
- 最高人民法院关于发布第一批指导性案例的通知（法〔2011〕354号） …… 337

关键词索引 …… 339

第一部分　指导性案例司法应用报告

一、年度报告

最高人民法院指导性案例2018年度司法应用报告*

[摘要] 自2011年12月最高人民法院发布第一批指导性案例以来，理论界和实务界对指导性案例的发布和应用给予高度重视。截至2018年12月31日，最高人民法院已发布20批共计106例指导性案例。本报告将这106例指导性案例作为研究对象，以"北大法宝—司法案例库"中收录的裁判文书作为数据样本，使用大数据分析的方法，对指导性案例发布和应用情况从不同视角和维度进行数据应用及比较研究。从数据反映的发布和应用现状中发现2018年度指导性案例呈现出的变化和趋势，以期为我国指导性案例的司法应用发展提供参考。

[关键词] 案例指导制度　指导性案例　司法应用　大数据分析

2010年11月26日，最高人民法院发布了《关于案例指导工作的规定》（以下简称《案例指导工作规定》），案例指导制度在我国得以初步确立。案例指导制度实施8年多来，指导性案例在司法实践中的应用状况日益受到关注。截至2018年12月31日，最高人民法院发布了20批共计106例指导性案例，已被应用于司法实践的指导性案例共有78例，尚未被应用的有28例。与2017年同期（60例）相比，被应用的指导性案例数量增加了18例。援引指导性案例的案例，即应用案例共有3098例，比2017年同期（1571例）增加了1527例，增幅显著。① 其中民事类指导性案例有33例被应用于2171例案例，刑事类指导性案例有13例被应用于55例案例，行政类指导性案例有14例被应用于768例案例，执行类指导性案例有3例被应用于63例案例，知识产权类指导性案例有14例被应用于32例案例，国家赔偿类指导性案例有1例被应

---

* 本报告对指导性案例发布情况的研究范围为最高人民法院发布的第一批至第二十批指导性案例，发布案例数据和应用案例数据截止时间均为2018年12月31日。

① 参见郭叶、孙妹：《最高人民法院指导性案例司法应用情况2017年度报告》，载《中国应用法学》2018年第3期，第108页。

用于 17 例案例。① 应用频率最高的是指导案例 24 号，高达 671 次。应用案例主要集中在广东省、河南省、浙江省、北京市、山东省等地，以中级人民法院和终审程序为主。

一、指导性案例的发布状况

（一）指导性案例的发布规律

1. 指导性案例的发布日期、频率不固定，发布数量相对平稳

从 2011 年开始，最高人民法院每年都发布指导性案例，主要集中在 6 月之前和 9 月之后，发布日期无明显规律性，每年发布批次在 1～4 批不等。除 2011 年年底发布的第一批指导性案例为 4 例外，2012 年、2013 年、2015 年及 2017 年每年发布 2 批指导性案例，发布的案例数量分别为 8 例、10 例、12 例和 15 例。2014 年和 2016 年每年发布 4 批指导性案例，发布的案例数量分别为 22 例和 21 例。2018 年发布了 3 批，共有 14 例指导性案例，整体发布数量相较于 2017 年保持稳定。

图 1-1　指导性案例整体发布情况

2. 指导性案例多为 5 年内审结的案例

在最高人民法院发布的 106 例指导性案例中，审结最早的案例可以追溯到 1999 年 4 月，最新的案例是 2018 年 2 月。审结日期主要集中于 2009 年之后，共有 95 例，总占比 90%。审结日期与发布日期二者间隔在 5 年之内的案例数量为 91 例，总占比 86%。间

---

① 各类指导性案例的应用案例加起来共计为 3106 例，大于 3098 例，原因在于有 8 例应用案例同时援引了民事类和行政类指导性案例。

隔时间在 10 年以上的案例有 3 例，即指导案例 38 号、41 号和 52 号。其中，指导案例 38 号是审结日期最早的案例，审结日期为 1999 年 4 月，发布日期为 2014 年 12 月，审结日期与发布日期间隔 15 年之久。间隔时间在 1 年之内的有 15 例案例，有 3 例案例的发布和审结日期的间隔时间在 7 个月左右，即指导案例 4 号、61 号和 88 号。

（二）指导性案例的发布特点

1. 六大类案由全面涉猎，呈现出专题化趋势

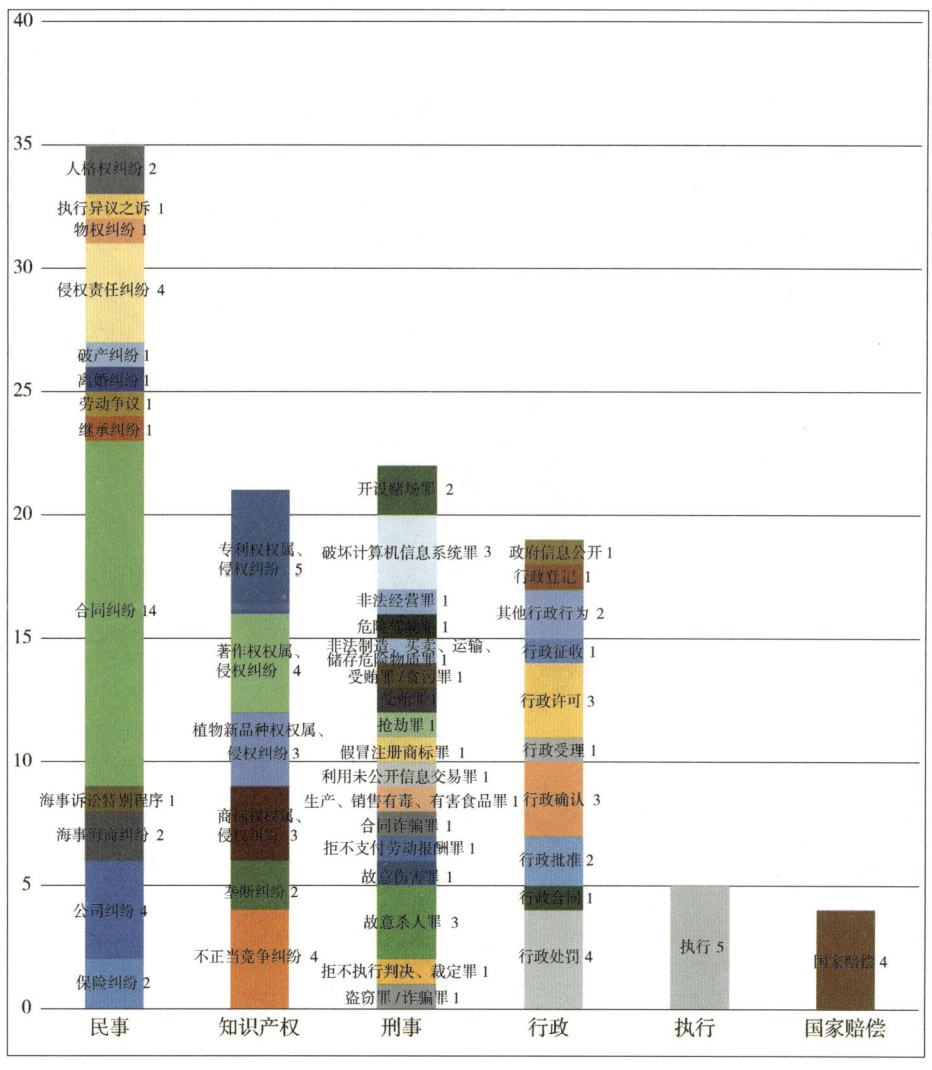

图 1-2　指导性案例的案由分布

最高人民法院指导性案例所涉案由涵盖民事、刑事、行政、知识产权、国家赔偿及

执行六大类共计76小类案由。其中民事类指导性案例最多，共有35例，总占比为33%，涉及合同纠纷、公司纠纷、侵权责任纠纷等28类案由，其中合同纠纷最多，共有14例。刑事类指导性案例有22例，总占比为21%，具体涉及故意杀人罪、抢劫罪、盗窃罪等18类案由。行政类指导性案例有19例，总占比为18%，具体包括行政登记、行政征收、行政许可、行政处罚等10类行政行为及工商、公安、教育等11类行政管理种类。知识产权类指导性案例有21例，总占比为19%，具体包括著作权、商标权、专利权权属纠纷、侵权纠纷等8类案由。执行类指导性案例有5例，国家赔偿类指导性案例有4例。2018年发布的第二十批指导性案例均涉及网络犯罪，涵盖破坏计算机信息系统、网上开设赌场等犯罪行为，指导性案例的发布呈现出专题化趋势。

2. 裁判要点以实体指引为主，程序指引为辅

裁判要点涉及案件实体问题的共有96例，总占比90%。涉及程序问题的仅有10例，其中，6例为民事诉讼程序问题，3例为行政诉讼程序问题，1例为刑事诉讼程序问题。

图1-3　指导性案例裁判要点指引

3. 突出个案核心法律问题的关键词呈现数量多、频次低的特点

表1-1　指导性案例关键词统计表

出现次数	数量	具体关键词
51次	1个	民事
21次	1个	刑事
12次	1个	行政

(续表)

出现次数	数量	具体关键词
9次	1个	民事诉讼
8次	1个	行政诉讼
6次	1个	不正当竞争
4次	4个	执行复议；受案范围；行政处罚；举证责任
3次	6个	国家赔偿；连带责任；侵害商标权；告知义务；金融借款合同；破坏计算机信息系统罪
2次	25个	保护范围；恶意串通；法律效力；高等学校；工伤认定；故意杀人罪；垄断；买卖合同；侵害发明专利权；侵害计算机软件著作权；侵权对比；权利滥用；死刑缓期执行；违约；限制减刑；刑事赔偿；著作权侵权；行政许可；行政确认；见义勇为；侵害植物新品种权；政府信息公开；开设赌场罪；网络赌博；微信群
1次	268个	"合办"公司受贿；颁发证书；保险代位求偿权；保险人代位求偿；备案结果通知；被诉侵权药品制备工艺查明；必要措施；别除权；不具备用工主体资格的单位或者个人；不履行和解协议；财产保险合同；财产返还；撤回上诉；诚实信用；诚信原则；程序性行政行为；出质登记；船舶碰撞损害赔偿；错误执行；搭售；单方解除；到期债权；盗窃；第三者对保险标的的损害；电信服务合同；毒害性物质；二手房买卖；发还赃物；发明专利权；法定义务；防空地下室；非法经营数额；非法买卖、储存危险物质；分期付款；服务提供者；工作场所；工作过失；工作原因；公司僵局；公司解散；公司决议撤销；公司清算义务；功能性特征；股权转让；关联公司；管辖；管辖异议；规章参照；过错责任；海上货物运输保险合同；海事；海事赔偿责任限额计算；海事赔偿责任限制基金；海事诉讼；行使期限；行政协议；行政征收；航班延误；航空旅客运输合同；合同解除；合同解释；合同诈骗；合意违反航行规则；和解；后续行为；环境污染公益诉讼；婚恋纠纷引发；婚生子女；机动车交通事故；技术保护措施；技术术语；技术调查官；既遂；继承；家用汽车；假冒注册商标罪；交通事故；借款合同；金钱质押；禁止令；经营管理严重困难；精神损害赔偿；竞争关系；居间合同；举报答复；拒不支付劳动报酬罪；拒不执行判决、裁定罪；抗诉；捆绑交易；捆绑销售；滥用市场支配地位；劳动合同；老字号；累犯；离婚；离婚时；历史题材；利用未公开信息交易罪；利用信息网络；连带清偿责任；临时保护期；没收较大数额财产；民间矛盾引发；民间文化艺术衍生作品；拍卖无效；赔偿责任；批复；骗取土地使用权；欺诈；企业借贷；起算点；起算时间；强制医疗；抢劫罪；侵害；侵害实用新型专利权；侵害外观设计专利；亲属协助抓捕；清偿债务；情节恶劣；情节特别严重；权利承受人；缺陷性特征；确认合同无效；人防；人格混同；人工授精；擅用他人企业名称；擅自处分共同财产；商标侵权；商品房买卖合同；商品通用名称；设计特征；涉外仲裁裁决；申请撤诉；申请执行；申请执行期间起算；申请执行一审判决；审查；生产、销售有毒、有害食品罪；十倍赔偿；实质相似；食品安全；食品安全标准；食品标签；食品说明书；市场支配地位；适用法律错误；收益权质押；受贿罪；受理；数额犯；刷信誉；司法赔偿；司法审查；司法审查范围；诉讼时效；贪污罪；坦白悔罪；套牌；特定化；特有包装、装潢；听证程序；外来原因；网络；网络服务；网络申请；网络销售；危险驾驶罪；违约行为；委托拍卖；

（续表）

出现次数	数量	具体关键词
		未成年人犯罪；未遂；未引用具体法律条款；无罪逮捕；相关市场；相互授权许可；消防验收；协助履行；刑事诉讼；刑事追缴；虚假诉讼；虚假宣传；学术自治；学位授予；盐业管理；药品制备方法发明专利；业主共有权；一切险；移交占有；易地建设费；影视作品；优先受偿权；有毒有害的非食品原料；有继续危害社会可能；有效期限；有效通知；逾期答复；原告资格；援引法定刑；再审期间；责任；责任认定；诈骗；整体视觉效果；正当程序；知名商品；知识产权；执行；执行管辖；执行回转；执行异议之诉；职务便利；质权实现；终结审查；专门从事环境保护公益活动的社会组织；专项维修资金；追逐竞驶；最高额担保；期限；行政程序；确认违法判决；公安行政登记；姓名权；公序良俗；正当理由；机动车让行；正在通行人行横道；行政赔偿；强制拆除；市场合理价值；侵犯植物新品种；玉米品种鉴定；DNA 指纹检测；近似品种；故意伤害罪；非法限制人身自由；正当防卫；防卫过当；视同工伤；担保；最高额抵押权；股东资格确认；初始章程；股权转让限制；回购；非法经营罪；严重扰乱市场秩序；社会危害性；刑事违法性；刑事处罚必要性；生命权；名誉权；荣誉权；英雄烈士；社会公共利益；特征特性；DNA 指纹鉴定；DUS 测试报告；特异性；信息不存在；检索义务；DNS 劫持；后果严重；后果特别严重；机械远程监控系统；干扰环境质量监测；微信群抢红包

最高人民法院发布的指导性案例，每篇有 3~7 个关键词不等。经统计，已发布的 106 例指导性案例共有 309 个关键词，其中 268 个突出个案核心内容及主要法律适用问题的关键词，使用频次均为 1 次。"民事""刑事""行政""民事诉讼""行政诉讼"这 5 个关键词，使用频次达到 101 次。

4. 案例来源覆盖最高人民法院及 21 个省级行政区域

指导性案例的发布主体[①]，又被称为创制主体，是指将符合条件的案例确定为指导性案例的权威机构。我国指导性案例的发布权统一归于最高人民法院，地方各级人民法院均不享有此项权力。但指导性案例的来源除最高人民法院，已覆盖到江苏省等 21 个省级行政区。2018 年，陕西省、河北省和湖南省首次成为指导性案例来源省份。在 106 例指导性案例中，最高人民法院的指导性案例数量占绝对优势，共计 26 例；其次为江苏省、上海市和浙江省，分别为 14 例、12 例和 10 例；有 2~6 例指导性案例的有 9 个省级行政区，分别为北京市、山东省、四川省、安徽省、天津市、江西省、重庆市、内蒙古自治区和陕西省；黑龙江省、河南省、贵州省、广东省、福建省、甘肃省、湖北省、河北省和湖南省这 9 个省级行政区均仅有 1 例指导性案例。

---

① 参见陈兴良：《案例指导制度的规范考察》，载《法学评论》2012 年第 3 期，第 117 页。

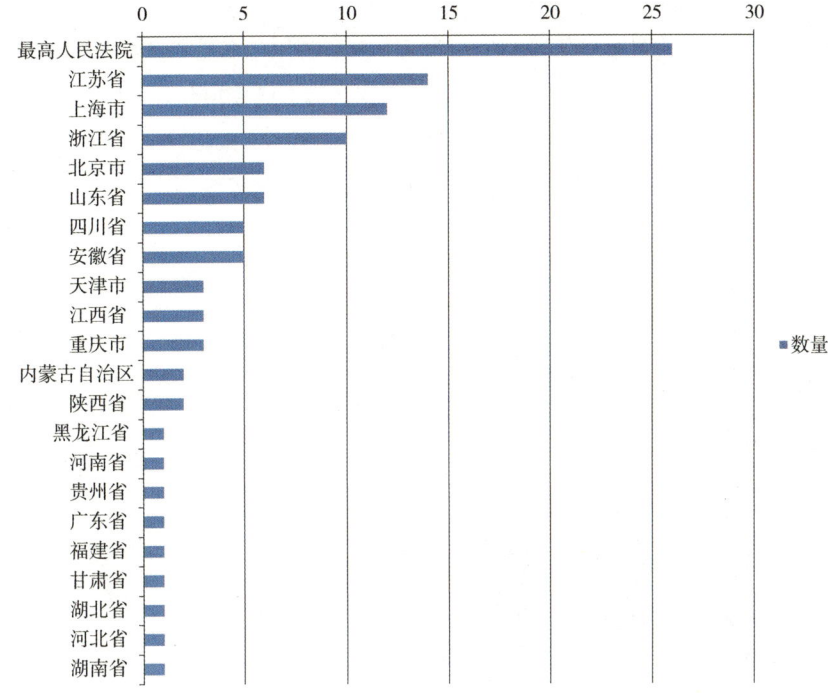

图 1-4　指导性案例的来源地域

5. 审理法院以高级和中级人民法院为主

已发布的指导性案例中,高级人民法院和中级人民法院审理的案件数量最多,均为 29 例,总占比合计 55%;最高人民法院和基层人民法院分别为 26 例和 21 例,总占比分别为 25% 和 20%。专门法院审理的案件仅有 1 例。

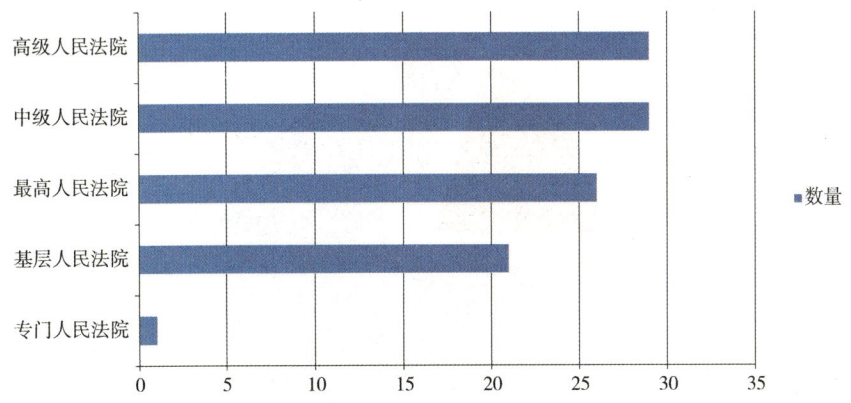

图 1-5　指导性案例的审理法院级别

6. 审理程序中二审案件达到五成以上

审理程序为二审的案件共有 55 例,总占比 52%;适用一审程序的案件有 24 例,总占比 23%;适用再审程序、执行程序及国家赔偿程序的案例分别有 18 例、5 例和 3 例,总占比分别为 17%、5% 和 3%。另外,2016 年公布的第十三批指导性案例中,指导案例 63 号首次涉及刑事诉讼中的强制医疗程序,将其归于其他程序。

图 1-6 指导性案例的审理程序

7. 文书类型以判决书为主

在最高人民法院已发布的 106 例指导性案例中,判决书有 79 例,约占 75%;裁定书有 22 例,约占 21%;决定书有 4 例,约占 4%;执督复函仅有 1 例,占 1%。

图 1-7 指导性案例的文书类型

二、指导性案例的司法应用

指导性案例被援引的情况可以分为确定性援引和不确定性援引。① 为了确保研究结果的准确性，本报告仅对确定性援引进行分析。在最高人民法院发布的 106 例指导性案例中，为了对确定性援引作更为深入的剖析，进一步对确定性援引作类型化区分，按照法官在裁判案件时是否明确援引了指导性案例进行说理，分为法官明示援引、法官隐性援引②和非法官援引。在 3098 例应用案例中，法官明示援引③共涉及 1101 例，法官隐性援引④共涉及 1736 例，非法官援引⑤共涉及 244 例。另外一种特殊援引方式即法官评析援引⑥，共涉及 17 例。

（一）整体应用情况

1. 超过 70% 的指导性案例已被应用，国家赔偿类案例首次实现应用

表 1-2 指导性案例整体应用情况

应用情况	应用数量	指导性案例编号
已被应用	78	1—35 号，38—41 号，45—47 号，50—62 号，64—69 号，71—74 号，76—77 号，80—83 号，85—87 号，91 号，95—96 号，99 号
未被应用	28	36—37 号，42—44 号，48—49 号，63 号，70 号，75 号，78—79 号，84 号，88—90 号，92—94 号，97—98 号，100—106 号

截至 2018 年 12 月 31 日，最高人民法院发布的 20 批共计 106 例指导性案例中，已被应用的指导性案例有 78 例，未被应用的指导性案例有 28 例，总占比分别为 74% 和 26%。国家赔偿类案例（指导案例 91 号）首次实现应用，应用案例为 17 例。

2. 有 8 例指导性案例累计应用在 100 次以上

在最高人民法院已发布的 106 例指导性案例中，有 78 例指导性案例被应用于司法实践，共计 3098 例应用案例。其中关于机动车交通事故责任纠纷的指导案例 24 号应用次数最多，共有 671 次；指导案例 60 号、15 号、23 号，分别被应用 504 次、372 次、294 次，其中指导案例 60 号为工商行政处罚纠纷，指导案例 15 号、23 号为买卖合同纠

---

① 确定性援引，是指根据裁判文书内容（包括评析）的表述，能够直接确定其援引了几号指导性案例；不确定性援引，是指根据裁判文书内容（包括评析）的表述，不能确定其是否援引了指导性案例。
② 参见张骐：《再论类似案件的判断与指导性案例的使用》，载《法制与社会发展》2015 年第 5 期，第 138 页。
③ 法官明示援引，是指法官作出裁判时明确援引了指导性案例进行说理。主要包括法官主动援引和法官被动援引两种情形，前者是指法官主动援引指导性案例进行说理；后者是指法官被动援引指导性案例进行说理，即检察人员建议或诉讼参与人请求参照指导性案例时，法官在裁判理由中对此作出了回应。
④ 法官隐性援引，是指在审判过程中，检察人员建议或诉讼参与人请求法官参照指导性案例进行裁判，法官对此在裁判理由部分未明确作出回应，但是其裁判结果与指导性案例的精神是一致的情况。
⑤ 非法官援引，是指在审判过程中，诉讼参与人请求或检察人员建议法官参照指导性案例进行裁判，法官基于案件本身情况未作出回应，且从裁判结果来看与指导性案例不具有相关性的情况。
⑥ 法官评析援引，是指裁判文书正文中并未提及指导性案例，但是在该案例后所附的专家点评、评析、补评及典型意义等部分提到指导性案例的情况。

纷；指导案例72号、54号、77号、9号，分别被应用188次、167次、112次、102次；累计应用40次以上100次以下的有6例指导性案例，分别是指导案例1号、8号、17号、25号、34号、41号；累计应用10次以上40次以下的有12例指导性案例，分别是指导案例2号、5号、6号、10号、13号、19号、22号、33号、53号、57号、74号、91号；还有52例指导性案例应用次数均在10次以下，应用次数较少。

图 1-8　指导性案例应用次数

3. 援引方式上，法官隐性援引占比56%，新增非法官援引

从援引方式来看，分为法官明示援引、法官隐性援引、法官评析援引及非法官援引。其中法官明示援引共涉及1101例，总占比为35.54%，包括法官主动援引的734例和法官被动援引的367例。法官隐性援引共涉及1736例，总占比为56.03%。法官评析援引共涉及17例，总占比为0.55%，包括3例发布前的案例评析援引和14例发布后的评析援引。非法官援引是新增的援引方式，共涉及244例，总占比为7.88%。

图1-9 指导性案例援引方式

4. 应用案例的案由种类增幅明显，案外人执行异议之诉和网络购物合同纠纷案件数量激增

指导性案例被应用于包括机动车交通事故责任纠纷在内的296种案由，与2017年同期（168种）相比，增加了128种案由。其中，以机动车交通事故责任纠纷为案由的应用案例最多，共计589例，总体占比为19%；其次是买卖合同纠纷、执行类纠纷和产品责任纠纷案由，分别为547例、207例和199例，总体占比分别为18%、7%和6%。案外人执行异议之诉、民间借贷纠纷和网络购物合同纠纷分别为111例、95例和81例，其中案外人执行异议之诉和网络购物合同纠纷应用案例数量上升明显，案外人执行异议之诉应用案例数量由2017年的28例上升至199例，网络购物合同纠纷应用案例数量由2017年的25例上升至81例。另外，包括商品房预售合同纠纷、居间合同纠纷在内的13种案由，应用案例均在30~70例之间。医疗损害责任纠纷、房屋买卖合同纠纷等276种案由，应用案例均在30例以下。

图 1-10　指导性案例的应用案由

（二）应用案例与指导性案例对比分析

1. 指导性案例案由的应用

在已被应用于司法实践的 78 例指导性案例中，民事类有 33 例，刑事类有 13 例，行政类有 14 例，知识产权类有 14 例，执行类有 3 例，国家赔偿类有 1 例。

（1）指导性案例多数被应用于同类案由的案件中

在已被应用的 78 例指导性案例中，有 65 例被应用于同类案由。其中，指导案例 24 号的 671 例应用案件中，应用案由相同的有 561 例，总体占比 84%。指导案例 8 号、16 号、51 号、55 号、61 号、71 号、80 号、85 号、86 号和 99 号仅被应用于相同案由，尚未发现被应用于不同案由。有 55 例指导性案例既被应用于同类案由又被应用于不同案由。

（2）指导性案例被应用于不同案由的案件中

有 55 例指导性案例既被应用于同类案由又被应用于不同案由，为指导案例 1 号、2 号、3 号、4 号、5 号、7 号、9 号、10 号、11 号、12 号、13 号、14 号、15 号、17 号、

18号、19号、21号、22号、23号、24号、25号、26号、27号、28号、29号、30号、31号、32号、33号、34号、35号、38号、39号、40号、41号、45号、46号、52号、53号、54号、56号、57号、58号、59号、60号、64号、66号、67号、69号、72号、74号、76号、81号、82号、91号。例如，指导案例24号的裁判要点为"交通事故的受害人没有过错，其体质状况对损害后果的影响不属于可以减轻侵权人责任的法定情形"，该裁判要点在司法实践中还常被法官或当事人应用于案由为"医疗损害责任纠纷""财产损害赔偿纠纷""财产保险合同纠纷"和"生命权、健康权、身体权纠纷"的案件中。其中，应用于"医疗损害责任纠纷"和"财产损害赔偿纠纷"案由的案件，法官适用的裁判规则均为"被侵权人或受害人没有过错，其体质状况对损害后果的影响不属于可以减轻侵权人责任的法定情形"；应用于"财产保险合同纠纷"案由的案件，与指导案例24号的相似点在于，引发该保险合同纠纷的基础案情与指导案例24号相似，均为交通事故引发的事故责任或赔偿纠纷。生命权、健康权、身体权纠纷虽然与机动车交通事故责任纠纷的案由不一致，但是其所涉及的内容存在交叉，均涉及当事人的体质对损害赔偿责任的影响。

在已被应用的78例指导性案例中，有13例指导性案例目前只被应用于不同案由的案件，包括指导案例6号、20号、47号、50号、62号、65号、68号、73号、77号、83号、87号、95号和96号。虽然案由不同，但是案件关键案情或者争议焦点存在相似性。例如，指导案例47号为不正当竞争纠纷类案件，被法官应用于商标权权属、侵权纠纷案中，主要是因为二者均围绕商品包装、装潢混淆市场问题，案件关键事实相似。指导案例60号为工商/行政处罚类案件，被法官应用于买卖合同纠纷和产品责任纠纷案中，虽然二者案情不同，但是争议焦点均涉及产品标签的认定问题。

2. 指导性案例的应用地域

（1）应用地域广泛，曾遴选出指导性案例的地域更注重指导性案例的应用

截至2018年12月31日，已发布的指导性案例来源于最高人民法院及江苏省等21个省级行政区。近年来，随着指导性案例在司法实践中发挥更重要的作用，指导性案例的应用地域不断扩大，2017年已覆盖了全国除港澳台地区外的31个省级行政区。从2018年最新调研情况来看，2018年湖南省、河北省、陕西省首次成为指导性案例的来源地域，应用案例已分别累计100例、99例和72例。在应用案例超过100例的13个省级行政区中，除辽宁省外，其他12个省级行政区均曾遴选出过指导性案例。整体来看，审判实践中曾遴选出指导性案例的地域更加注重对指导性案例的应用。另外，辽宁省、吉林省、山西省、广西壮族自治区、新疆维吾尔自治区、云南省、海南省、宁夏回族自治区、青海省和西藏自治区10个省级行政区。虽然没有遴选出指导性案例，但在审判

实践中均不同程度地应用了指导性案例。其中辽宁省和吉林省应用指导性案例已累计达到125例和76例，排名第8位和第15位。其余7个省级行政区和最高人民法院应用案例数量相对较少，均在45例以下。

图1-11 指导性案例及其应用案例的地域分布情况

（2）应用地域集中在广东省、河南省、浙江省、北京市、山东省、四川省，北京市进入应用率前四名在指导性案例应用地域中,应用率最高的是广东省,其次是河南省、浙江省和北京市,然后依次为山东省、四川省、江苏省、福建省、辽宁省、安徽省、湖北省、内蒙古自治区、湖南省,其余省级行政区域的应用率较低。广东省、河南省、浙江省、北京市、山东省和四川省的应用案例共计1446例,总体占比为47%。其中北京市累计应用案例数量由2017年的70例上升至2018年的207例,增幅明显。

3. 应用法院

(1) 专门法院的应用已扩展到铁路运输法院、海事法院和知识产权法院

在审判实践中,应用指导性案例的法院主要是普通法院,共计3042例。应用指导性案例的专门法院除铁路运输法院和海事法院外,2017年首次扩展到知识产权法院。专门法院应用指导性案例共有56例,相比于2017年(18例)有所增加,其中有27例为铁路运输中级人民法院,13例为铁路运输基层人民法院,8例为知识产权法院,8例为海事法院。

(2) 中级人民法院和基层人民法院应用指导性案例数量均过千例

中级人民法院和基层人民法院应用指导性案例的频率较高,分别有1651例和1127例,应用率分别为53%和36%;高级人民法院应用较少,有236例,应用率为8%;最高人民法院和专门人民法院应用率合计约为3%。

(3) 最高人民法院应用的指导性案例占比约为1%

最高人民法院发布的106例指导性案例中,有26例来源于最高人民法院,总占比为25%。但最高人民法院在司法实践中应用案例仅有28例,总占比约为1%。应用较少的原因是,司法实践中由最高人民法院审理的案件普遍具有一定的特殊性和复杂性,从而在一定程度上减少了最高人民法院对指导性案例的应用。

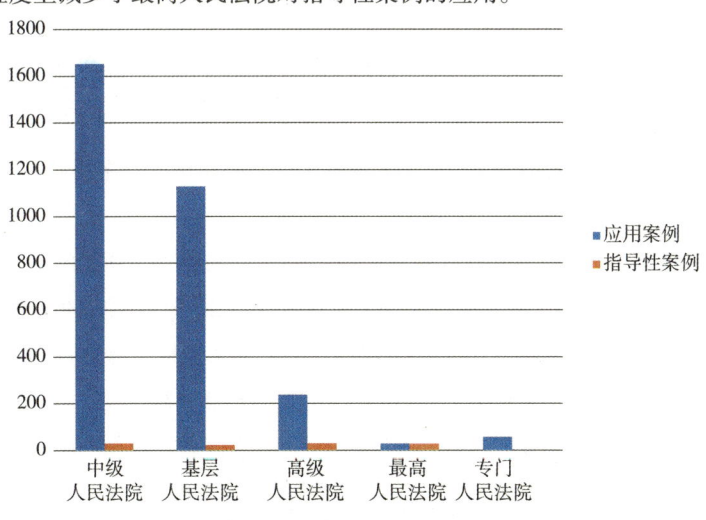

图1-12 指导性案例及其应用的审级情况

4. 审理程序

（1）应用案例涉及普通诉讼程序的居多

最高人民法院发布的指导性案例的审理程序比应用案例涉及的审理程序要多，其中国家赔偿程序没有应用案例。应用案例中适用普通诉讼程序（包括一审、二审、再审程序）的有 2959 例，适用执行程序的有 123 例，适用特殊程序的有 16 例。

（2）应用案例的审理程序以二审为主

最高人民法院发布的 106 例指导性案例的审理程序以二审程序居多，共有 55 例，应用案例的审理程序也以二审程序为主，共计 1627 例，总占比为 53%。

图 1-13　指导性案例及其应用案例的审理程序情况

5. 终审结果

最高人民法院发布的 106 例指导性案例中涉及二审和再审程序的共有 73 例。3098 例应用案例中，涉及二审和再审程序的共计 1833 例。

（1）指导性案例及其应用案例的终审结果均以二审维持原判居多

在终审结果涉及二审或再审程序的指导性案例中，二审维持原判的比例最高，总占比为 43.8%，二审改判的总占比为 19.2%，二审部分维持、部分改判的总占比为 8.2%；再审改判及驳回再审申请的总占比分别为 11% 和 8.2%，发回重审的总占比为 4.1%，再审部分维持、部分改判的总占比为 2.7%，准许撤诉的总占比为 1.4%。应用案例中，二审维持原判的总占比为 65.52%，二审改判的总占比为 13.26%，二审部分维持、部分改判的总占比为 10.64%；再审驳回申请的总占比为 5.4%，再审改判的总占比为 1.31%，再审维持原判的总占比为 1.85%。与指导性案例相比，应用案例中二审维持原判的比例更大，再审中改判和维持原判的比例较小。

图 1-14　指导性案例的终审结果情况

图 1-15　应用案例的终审结果情况

（2）指导性案例及其应用案例中改判的案例涉及合同纠纷的较多

在指导性案例中，改判的案例有 1 号、4 号、8 号、10 号、12 号、24 号、46 号、49 号、54 号、72 号、84 号、86 号、91 号、92 号、97 号、101 号等指导性案例。这些指导性案例涉及的领域主要有合同纠纷、故意杀人、公司纠纷、专利权纠纷、商标权纠纷、著作权纠纷、保险合同纠纷等。应用案例中改判的案例主要援引的指导性案例有 1 号、

8号、9号、15号、17号、23号、24号、54号、60号、72号等。这些应用案例以合同纠纷（尤其是买卖合同纠纷）和机动车交通事故责任纠纷为主。

（三）应用案例的应用情况分析

1. 首次应用时间

图 1-16　指导性案例首次应用时间

在已被司法实践应用的78例指导性案例中，除1号、8号、12号、24号、86号和99号之外，其余72例指导性案例的应用均发生在其发布以后。指导性案例被首次应用的时间分别为其发布后的1~57个月不等。其中，指导案例91号的发布日期为2017年11月15日，首次应用时间为2017年11月27日，前后间隔时间仅12天。指导案例2号发布日期为2011年12月20日，首次应用时间为2012年1月5日，前后间隔时间仅16天。间隔时间较短的还有指导案例72号、41号、54号、57号、61号，间隔时间依次为19天、27天、37天、50天、57天。

2. 应用主体

（1）应用主体广泛

在审判实践中，应用指导性案例的主体非常广泛，包括法官、原告、被告、公诉人、辩护人、上诉人、被上诉人、申请人和被申请人等。其中上诉人应用比例最高，总占比为31.41%；其次为法官和原告，总占比分别为24.18%和19.88%；再次为被上诉人、被告、再审申请人，总占比分别为8.88%、6.04%、4.97%；公诉人、辩护人和被申请人等应用主体引用很少。

图 1-17 指导性案例的应用主体

（2）法官主动援引指导性案例以期实现同案同判

实践中，法官主动援引指导性案例的，裁判时基本上都参照指导性案例作出了相同判决。在法官主动援引的 732 例应用案例中，共涉及 54 例指导性案例，其中援引最多的是指导案例 24 号，共计 317 次；其次是指导案例 15 号和 54 号，分别为 138 次、32 次。其他 51 例指导性案例被援引的次数均在 30 次以下。

（3）当事人引用指导性案例占比约为 76%

当事人在审判中应用指导性案例的频率最高，总占比约为 76%。当事人，既包括审理程序也包括执行程序中的当事人，在起诉、上诉、答辩和举证、质证等环节均可援引指导性案例来证明自己的主张。在当事人引用的 71 例指导性案例中，引用最多的是指导案例 60 号（483 例），其次是指导案例 24 号（352 例）、23 号（286 例）和 15 号（233 例）。

（4）公诉人引用指导性案例仅有 5 例

对于公诉人而言，其应用指导性案例的方式比较单一，即向人民法院提出检察建议。公诉人引用指导性案例的仅有 5 例应用案例，即指导案例 11 号、12 号、13 号、28 号和 32 号曾被公诉人作为参考依据向人民法院提出检察建议。

图1-18 法官主动援引指导性案例的应用数量

3. 应用内容

2011 年 12 月 30 日发布的最高人民法院研究室《关于印发〈关于编写报送指导性案例体例的意见〉、〈指导性案例样式〉的通知》规定，最高人民法院发布的每一个指导性案例均应由七个部分组成：标题、关键词、裁判要点、相关法条、基本案情、裁判结果及裁判理由。其中，最重要的是裁判要点、基本案情及裁判理由部分。如何制作指导性案例的内容是个极其重要的司法工作，其意味着最高人民法院是否能够通过指导性案例这种方式逻辑清晰地表达对法律问题的认识，建构可以适用于同类案件的规范内容。①

在审判实践中，无论是法官、公诉人，还是当事人，在引用指导性案例时，其引用的内容不仅包括裁判要点、基本案情、裁判理由及裁判结果，还包括裁判思路。同时根据 2018 年的调研情况，也出现了引用指导性案例相关法律规定以及仅将指导性案例作为证据提交的情况。在 3098 例应用案例中，裁判要点被援引的频率最高，有 1690 次，总占比为 53.53%；其次是基本案情，有 516 次，总占比为 16.34%；再次是未明确引用内容的，有 484 次，总占比为 15.33%；然后是裁判理由，有 307 次，总占比为 9.72%；引用裁判结果和裁判思路的，总占比分别为 0.10%；仅将指导性案例作为证据提交的有 131 例，总占比为 4.15%；引用指导性案例时有提及最高人民法院发布的指导性案例相关法律规定的有 23 例，总占比为 0.73%。

图 1-19　指导性案例应用内容参照情况②

---

① 参见朱芒：《论指导性案例的内容构成》，载《中国社会科学》2017 年第 4 期，第 126 页。
② 说明：应用内容中的"未明确"是指在引用指导性案例时未明确说明其引用的具体内容，且根据裁判文书也不能判断其引用的内容。

4. 应用表述

根据《〈最高人民法院关于案例指导工作的规定〉实施细则》（以下简称《实施细则》）第 11 条的规定，在办理案件过程中，案件承办人员应当查询相关指导性案例。在裁判文书中引述相关指导性案例的，应在裁判理由部分引述指导性案例的编号和裁判要点。

司法实践中，援引指导性案例时的应用表述类型较多，主要包括发布主体、发布日期、指导性案例发文字号、发布批次、指导性案例编号、指导性案例标题、指导性案例案件字号、裁判要点、指导性案例相关法律规定九个要素。其中，指导性案例相关法律规定，是 2018 年新增的要素类型。

（1）发布主体、指导案例编号和裁判要点是应用频率较高的三个要素

发布主体被援引的频率最高，为 2970 次，达到 96%。主要的表述形式有：参照/依据/根据最高人民法院发布的指导性案例、与最高人民法院发布的指导性案例、请求/建议/应当参照最高人民法院发布的指导性案例等。其次是指导性案例编号，仅次于发布主体，被援引次数为 2404 次，达到 78%。其主要的表述方式有：指导案例 × 号、第 × 号指导性案例、指导性案例第 × 号等。再次是裁判要点，其被援引的次数共计 1411 次。除此以外，使用频率较高的还有发布日期和指导性案例标题。

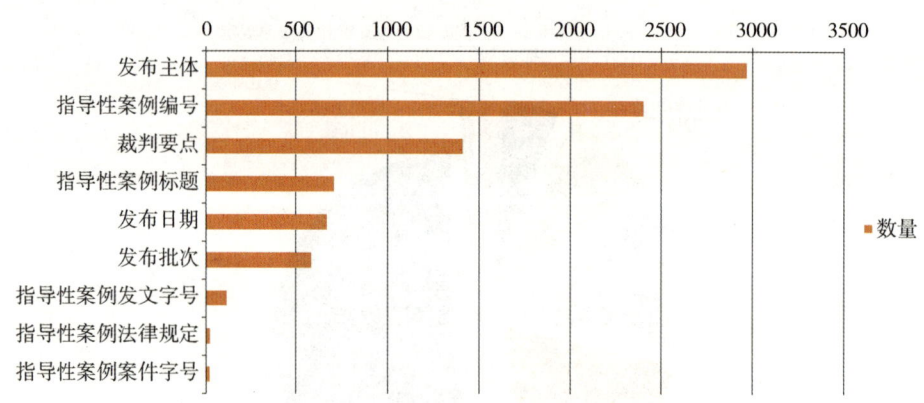

图 1-20　指导性案例应用表述要素的使用情况

（2）应用表述模式以三要素为主，新增七要素组合模式

根据应用表述所涉及的九个要素的引述情况，可将其分为单要素表述、双要素表述、三要素表述、四要素表述、五要素表述、六要素表述和七要素表述七大类。七类不同的表述类别所涉及的要素种类和组合模式各不相同，即使是相同的表述类别，具体的要素种类和组合模式也存在差异。其中，三要素表述分类最多，有 1008 例，双要素表述有 839 例。单要素、四要素、五要素表述分别有 374 例、565 例、268 例，六要素表述

相对较少，仅有 39 例。七要素表述有 6 例，为 2018 年调研过程中新出现的一类组合模式。

三要素表述中包含十几种表述模式，其中，"主体+编号+要点"模式有 487 例，"主体+日期+编号"模式有 156 例，二者占三要素表述模式的一半以上，属于主要模式。双要素表述中，"主体+编号"模式有 588 例，占双要素表述模式的 70%。单要素表述中，以"主体"为主要的表述模式，同时一般表述构成为"主体"+"指导性案例"字样。四要素、五要素、六要素、七要素主要表述模式分别为"主体+编号+标题+要点""主体+日期+编号+标题+要点""主体+日期+批次+编号+标题+要点""主体+时间+批次+编号+字号+标题+要点"。

（3）法官同时引述指导案例编号和裁判要点的情况较多

在 3098 例应用案例中，法官明示援引共有 1101 例，其中包含法官主动援引 734 例，法官被动援引 367 例。根据《实施细则》第 11 条的规定，法官援引指导性案例时在裁判理由部分同时引述指导案例编号和裁判要点的情况较多，共有 608 例，总占比为 19.6%；引述其他要素的涉及 493 例，总占比为 15.9%。

图 1-21　法官援引要素的使用情况

5. 应用结果

在 3098 例应用案例中，法官明示援引的有 1101 例。其中，法官主动援引的有 734 例：予以参照的有 575 例，总占比为 78%；未参照/未说明的有 159 例（未参照的有 42 例，未说明的有 117 例），总占比为 22%。法官被动援引的有 367 例：予以参照的有 107 例，总占比为 29%；未参照/未说明的有 260 例（未参照的有 258 例，未说明的有 2 例），总占比为 71%。法官隐性援引的共有 1736 例。法官主动援引的参照率较高，被动援引的参照率较低。同时，法官主动援引的指导性案例未参照，主要是由于指导性案例的案情或裁判要点不适用于应用案例，法官就此进行了特别说明。法官被动援引的指导性案例参照率较低，主要是因为指导性案例的案情或裁判要点与应用案例不同，法官大多给出了明确回应。

图 1-22 指导性案例应用结果（明示援引）①

三、调研综述

案例指导制度作为我国司法改革制度中构建的一项具有中国特色的司法制度已确立 8 年有余，从指导性案例的应用情况看，目前已经处于稳步发展阶段。理论界探讨的焦点已经从建立案例指导制度的必要性、重要性，进展到应如何完善案例指导制度、如何更好地发挥指导性案例的作用等问题，其中有关指导性案例的效力和实际作用成为近年来讨论的热点。② 有学者提出，随着司法改革向纵深推进，我国现有案例指导制度所面临的问题表明其已经与实践需要不相适应，应当向司法判例制度转型。③ 也有学者提出，应推动增列"以案例为指导"作为司法审判原则，明确指导性案例的法律效力和法源地位，推动我国案例指导制度及其配套制度的发展完善。④ 从 2018 年度调研的情况来看，指导性案例的发布和应用呈现出新的变化趋势。

（一）指导性案例发布数量不稳定，2018 年的应用案例增长速度快

指导性案例的遴选标准比较宽泛，尚未有具体明确的规定。⑤ 最高人民法院目前已

---

① 说明：主动援引中的"未说明"是指一审法官在审理该案件时援引了某一指导性案例，但是二审法官在终审判决中并未对此进行回应和说明。
② 参见匡爱民、严杨：《增列"以案例为指导"司法审判原则的思考》，载《江西社会科学》2018 年第 6 期，第 153 页。
③ 参见张骐：《论中国案例指导制度向司法判例制度转型的必要性与正当性》，载《比较法研究》2017 年第 5 期，第 131 页。
④ 参见匡爱民、严杨：《增列"以案例为指导"司法审判原则的思考》，载《江西社会科学》2018 年第 6 期，第 153 页。
⑤ 参见胡云腾、吴光侠：《指导性案例的编选标准》，载《人民司法（应用）》2015 年第 15 期，第 25 页。

发布 106 例指导性案例，2011~2014 年，指导性案例发布数量从 4 例上升至 22 例，增长速度较快，达到历史最高发布数量。2015~2018 年，发布数量呈现不稳定的状态，2015 年下降至 12 例，2016 年又上升至 21 例，2017 年则下降至 15 例，2018 年又下降至 14 例。

指导性案例需经层层推荐、多方征询意见，并由最高人民法院审判委员会讨论通过，遴选程序甚至较一些批复和决定类的司法解释更为严格。审慎的遴选方式在确保指导性案例发布质量的同时，却也限制了案例的广泛适用。① 截至 2018 年 12 月 31 日，最高人民法院发布的 106 例指导性案例，在司法实践中已有 78 例被应用，应用情况较好，且应用案例的数量呈现出逐年增多的态势。2018 年应用案例数量达到 3098 例，较 2017 年增加 1527 例。

（二）指导性案例关注新型案例，国家赔偿案例首次实现应用，知识产权案例应用率低

有法官指出，指导性案例的选编和发布机关应注意广开渠道，积极收集相关案例，特别是对下级机关审理的新型、复杂、疑难案件，应多予关注，它们有可能成为选择指导性案例的重要来源。② 司法实践中，全国法院系统各类案件数量年增幅明显，随着互联网的发展，各类新型案件、疑难复杂案件不断涌现，急需通过案例指导制度来加以研究和进行指导。2018 年，指导性案例的发布案由种类从 2017 年的 69 种增加到 76 种，应用案由种类从 2017 年的 168 种增加到 296 种。指导性案例对于疑难复杂案件、互联网引发的新型案件的关注度明显提高，例如第十八批指导性案例中的"于欢故意伤害案"、第二十批指导性案例均涉及网络犯罪。

指导案例 91 号属于国家赔偿类案例，2018 年首次实现应用，应用案例有 17 例。知识产权类案例共发布 21 例，仅次于刑事类和民事类案例，但应用案例只有 32 例，仅高于国家赔偿类案例。

（三）应用地域覆盖全国 31 个省级行政区，北京市增幅明显

指导性案例来源于最高人民法院及江苏省等 21 个省级行政区，而应用案例的地域分布更为广泛。指导性案例应用地域从 2017 年实现覆盖全国除港澳台地区外的 31 个省级行政区。其中，应用最多的 6 个省级行政区依次为广东省、河南省、浙江省、北京市、山东省和四川省，共计 1446 例应用案例，总占比为 47%，是指导性案例的主要应用地域。相比 2017 年的应用地域主要集中在广东省、浙江省、山东省、河南省、江苏

---

① 参见马燕：《论我国一元多层级案例指导制度的构建》，载《法学》2019 年第 1 期，第 185 页。
② 参见于同志：《案例指导研究：理论与应用》法律出版社 2018 年版，第 143 页。

省、四川省等地，2018 年北京市对指导性案例的应用显著提升，赶超江苏省，跃居第四位。

（四）隐性援引仍占多数，法官主动援引近八成都参照指导性案例

指导性案例的参照效力具有强制性，根据最高人民法院《关于案例指导工作的规定》第 7 条的规定，最高人民法院发布的指导性案例，各级人民法院审判类似案例时应当参照。根据《实施细则》第 9 条的规定，各级人民法院正在审理的案件，在基本案情和法律适用方面，与最高人民法院发布的指导性案例相类似的，应当参照相关指导性案例的裁判要点作出裁判。2018 年 6 月 1 日，最高人民法院《印发〈关于加强和规范裁判文书释法说理的指导意见〉的通知》中也专门提及，裁判文书释法说理"要释明法理，说明裁判所依据的法律规范以及适用法律规范的理由；要讲明情理，体现法理情相协调，符合社会主流价值观"。

由于裁判要点的效力定位过低、权威性不足，难以使得法官产生足够的动力去援引指导性案例。[①] 同时，在司法实践中，有法官发现由于指导性案例适用规则的局限性，编写体例中有关案件事实和裁判说理的简略，筛选方式的严格与审慎，导致指导性案例与司法解释实践应用的混同和时效性缺失，制约了指导性案例的司法应用。[②] 而且，对"参照"究竟应该具有何种程度的拘束力，也存在不同理解。胡云腾大法官提出，应通过立法司法解释明确规定如何参照指导性案例，同时对裁判文书能否引用和如何引用指导性案例的裁判要点加以明确。[③]

司法实践中，指导性案例的应用仍以隐性援引占多数，上诉人和法官在应用主体中占有较高比例，总和达到 56%。在 3098 例应用案例中，法官明示援引的有 1101 例，法官隐性援引的有 1736 例。法官明示援引中，法官主动援引的有 734 例，予以参照的有 575 例，总占比为 78%，未参照/未说明的有 159 例，总占比为 22%。法官被动援引的有 367 例，予以参照的有 107 例，总占比为 29%，未参照/未说明的有 260 例，总占比为 71%。对比可知，法官明示援引的数量有限，更倾向于通过隐性援引的方式援引指导性案例。从应用结果来看，在法官主动援引的情况下，近八成应用案例都参照了指导性案例，呈现出逐年增多的趋势。

（五）指导性案例在专门法院应用遇冷，新兴法院零应用

在 3098 例应用案例中，中级人民法院应用指导性案例的频率较高，共有 1651 例，总占比为 53%。专门法院对指导性案例的应用虽然已延伸至铁路运输法院、知识产权法

---

① 参见孙长宁：《反思指导性案例的援引方式》，载《法制与社会发展》2016 年第 4 期，第 98 页。
② 参见马燕：《论我国一元多层级案例指导制度的构建》，载《法学》2019 年第 1 期，第 185 页。
③ 参见胡云腾：《打造指导性案例的参照系》，载《法律适用·司法案例》2018 年第 14 期，第 3 页。

院、海事法院，但专门法院应用指导性案例的较少，仅有56例，40例为铁路运输法院、8例为知识产权法院、8例为海事法院，总占比约为2%。以知识产权专门法院为例，北京市、上海市、广州市均设立了知识产权专门法院，但仅有8例应用案例，其中，广州知识产权法院有4例、北京知识产权法院有3例、上海知识产权法院仅有1例。2017年新设立的互联网法院、2018年设立的金融法院，均属新兴法院，目前均无应用案例。

（六）应用内容集中于裁判要点

最高人民法院发布的《人民法院民事裁判文书制作规范》中裁判理由的第7项规定，正在审理的案件在基本案情和法律适用方面与最高人民法院颁布的指导性案例相类似的，应当将指导性案例作为裁判理由引述，并写明指导性案例的编号和裁判要点。但该文件也明确说明，指导性案例不作为裁判依据引用。① 2018年，胡云腾法官提出，指导性案例的裁判要点既可以作为裁判说理依据引用，也可以作为裁判依据引用的观点。②

指导性案例仍是对法律规则的辅助，辅助法律规则的统一理解与适用，防止"同案不同判"现象的出现。③ 类似案件是指导性案例应用的必要条件。在司法实践中，对于类似案件的判断存在着不同的理解。对于如何判断类似案件目前尚无定论，基本案情相似性的比较仅在简单案件中容易适用，对于复杂案件而言，案情复杂多样不宜作出相似判断。相比较而言，虽然案情不同但是争议焦点相似情况更具有法律适用上的可行性。④ 因此，在司法实践中，应用内容不存在固定的形式，具有多样化的特点，不仅包括裁判要点、基本案情、裁判理由及裁判结果，还包括裁判思路、指导性案例相关法律规定以及仅将指导性案例作为证据提交的情况。其中，裁判要点总占比为53.53%，应用频率最高；基本案情总占比为16.34%；裁判理由总占比为9.72%；裁判结果和裁判思路总占比仅为0.1%；未明确引用内容的总占比为15.33%；仅将指导性案例作为证据提交的总占比为4.15%。

四、结语

从最高人民法院发布的指导性案例应用研究状况的数据分析中可以看出，自指导性案例制度建立以来，司法实践中对指导性案例的关注在近两年更为突出。截至2018年12月31日，在最高人民法院发布的20批共计106例指导性案例中，有78例指导性案例被应用于司法实践中的3098例案例。2018年新增指导性案例14例，应用案例1527

---

① 参见最高人民法院《关于印发〈人民法院民事裁判文书制作规范〉、〈民事诉讼文书样式〉的通知》，载北大法宝—法律法规库（http://www.pkulaw.cn/fbm/，【法宝引证码】CLI.3.274693），访问日期：2019年1月10日。
② 参见胡云腾：《打造指导性案例的参照系》，载《法律适用·司法案例》2018年第14期，第3页。
③ 参见雷槟硕：《如何"参照"：指导性案例的适用逻辑》，载《交大法学》2018年第1期，第72页。
④ 参见张骐：《再论类似案件的判断与指导性案例的使用——以当代中国法官对指导性案例的使用经验为契口》，载《法制与社会发展》2015年第5期，第138页。

例，国家赔偿类指导性案例首次实现应用。指导性案例不仅在应用数量上实现突破，同时在应用案由类型、应用地域、应用法院、应用结果等方面都有不同程度的改变和提高。总体而言，指导性案例的发布呈现专题化趋势，应用呈现出快速增长、稳步发展的态势。理论界对指导性案例的学术研究热度依然不减，对指导性案例在制度和应用层面都有新的观点提出。在如此形势之下，可以认为，我国指导性案例的应用发展已经日渐成熟，相信指导性案例将会更好地发挥司法裁判规范的指导作用。

二、年度对比报告

最高人民法院指导性案例司法应用年度比较分析报告*
——以 2011—2018 年应用案例为研究对象

[摘要] 截至 2018 年 12 月 31 日,最高人民法院已发布 20 批共计 106 例指导性案例。本报告采用年度比较分析的方式,针对最高人民法院发布的 106 例指导性案例,总结其发布规律与特征,同时将"北大法宝—司法案例库"中收录的裁判文书作为数据样本,利用关键词单独或并列进行全文检索,对 2011—2018 年指导性案例的司法应用情况进行对比分析,归纳和总结出指导性案例发布以来在司法实践中的应用现状、规律及特点。

[关键词] 案例指导制度　指导性案例　司法应用　年度比较

2010 年 11 月,最高人民法院《关于案例指导工作的规定》的颁布标志着我国案例指导制度由多年的理论积累迈入了审判实践,中国特色案例指导制度由此形成。① 之后,最高人民法院还出台了《〈最高人民法院关于案例指导工作的规定〉实施细则》等系列有关案例指导制度的规范性文件②,《中华人民共和国人民法院组织法》也有与指导性案例有关的规定。截至 2018 年 12 月 31 日,最高人民法院已发布 20 批共计 106 例指导性案例,已被应用于司法实践的指导性案例共有 78 例,应用案例累计达 3098 例。③ 与 2017 年(65%)同期年度比较分析数据相比,2018 年指导性案例应用率达到 74%,上升 9%。④

---

* 本报告荣获中国法学会案例法学研究会 2019 年学术年会优秀论文一等奖,拟发表在《上海政法学院学报》2019 年第 6 期。本报告对指导性案例发布情况的研究范围为最高人民法院发布的第一批至第二十批指导性案例,发布案例数据和应用案例数据截止时间均为 2018 年 12 月 31 日。2011—2018 年指导性案例应用案例年度比较分析是以"北大法宝—司法案例库"收录的裁判文书作为数据样本,将 3098 例累计应用案例按照应用年份(审结年份)进行分类统计,通过年度比较分析各年度指导性案例的应用现状与规律。

① 参见胡云腾:《中国特色的案例指导制度与指导性案例》,载最高人民法院案例指导工作办公室编著:《中国案例指导》(第一辑),法律出版社 2015 年版,第 341 页。

② 参见最高人民法院《关于案例指导工作的规定》,载北大法宝—法律法规库(http://www.pkulaw.cn/fbm/,【法宝引证码】CLI.3.143870),访问日期:2019 年 3 月 20 日。
参见《〈最高人民法院关于案例指导工作的规定〉实施细则》,载北大法宝—法律法规库(http://www.pkulaw.cn/fbm/,【法宝引证码】CLI.3.249447),访问日期:2019 年 3 月 20 日。
参见最高人民法院《关于印发〈人民法院民事裁判文书制作规范〉、〈民事诉讼文书样式〉的通知》,载北大法宝—法律法规库(http://www.pkulaw.cn/fbm/,【法宝引证码】CLI.3.274653),访问日期:2019 年 3 月 20 日。
参见《中华人民共和国人民法院组织法》(2018 年修订),载北大法宝—法律法规库(http://www.pkulaw.cn/fbm/,【法宝引证码】CLI.1.324530),访问日期:2019 年 3 月 20 日。
参见最高人民法院《关于为深化两岸融合发展提供司法服务的若干措施》,载北大法宝—法律法规库(http://www.pkulaw.cn/fbm/,【法宝引证码】CLI.3.330663),访问日期:2019 年 4 月 10 日。

③ 指导性案例应用案例累计达 3098 例是以"北大法宝—司法案例库"收录的裁判文书作为数据样本,统计分析 2011—2018 年累计应用最高人民法院指导性案例的裁判文书数量。

④ 参见《最高人民法院指导性案例司法应用年度比较分析报告——以 2011—2017 年应用案例为研究对象》,载北大法律信息网组织编写:《最高人民法院指导性案例司法应用研究报告(2017)》,北京大学出版社 2018 年版,第 30 页。

本报告采用年度比较分析的方式，以"北大法宝—司法案例库"收录的近 6000 万份裁判文书作为数据样本，在详细介绍指导性案例发布情况的基础上，通过大数据分析深入研究 2011—2018 年指导性案例应用现状，以期为我国案例指导制度的发展提供一定的参考。

一、指导性案例的发布情况

截至 2018 年 12 月 31 日，最高人民法院已发布 20 批共计 106 例指导性案例。其中 2018 年新发布的有 3 批，共计 14 例，相比 2016 年（21 例）和 2017 年（15 例），发布数量已连续两年下降。

（一）已连续 6 年发布知识产权类指导性案例，2018 年刑事类指导性案例居多

自 2011 年以来，最高人民法院每年发布指导性案例 1~4 批不等。其中发布批次最多的是 2014 年和 2016 年，每年发布 4 批，分别为 22 例和 21 例。2017 年和 2018 年有所回落，分别为（2 批）15 例和（3 批）14 例。2017 年以知识产权类指导性案例为主，有 10 例。2018 年以刑事类指导性案例居多，有 7 例，占年度发布数量的一半。从历年分布情况来看，民事类指导性案例从 2011 年的 1 例上升至 2016 年的 10 例，2017 年未发布，2018 年为 4 例。知识产权类指导性案例在 2013—2018 年每年均有发布，2015—2017 年呈明显增多趋势，2017 年有 10 例，2018 年有 1 例。刑事类指导性案例在 2018 年发布 7 例，2018 年 11 月最高人民法院发布的第二十批共计 5 例指导性案例，均与网络犯罪有关。行政类指导性案例在 6 个年份有分布，2014 年和 2016 年每年发布 5 例，2012 年、2013 年、2017 年及 2018 年每年发布 2~3 例。执行类指导性案例除 2014 年有 4 例发布外，仅在 2011 年有 1 例，发布数量相对较少。国家赔偿类指导性案例在 2014 年有 3 例，2017 年有 1 例，2018 年未发布执行类和国家赔偿类指导性案例。

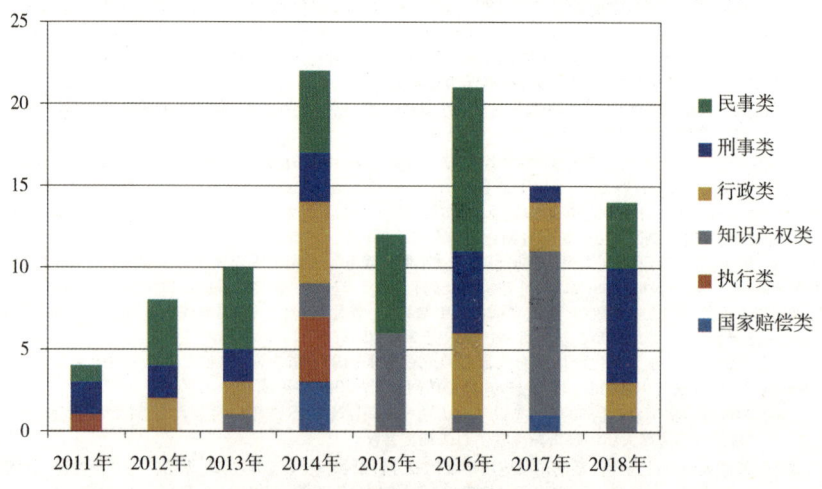

图 2-1　指导性案例历年发布数量

（二）所涉案由在各年份零散分布，发布数量在4例以上的仅有12类案由

最高人民法院发布的指导性案例共涉及76种具体案由，其发布4例以上指导性案例的案由有12类。其中涉及合同纠纷类案由的有14例，位居第一。通过年度对比，仅2017年未涉及合同类案由，其余7年均有发布1～4例不等的指导性案例。排名第二位的有三种案由（扰乱公共秩序罪、执行以及专利权权属、侵权纠纷），分别有5例。涉及扰乱公共秩序罪的5例指导性案例为2018年第二十批集中发布；涉及执行类案由的指导性案例主要集中在2014年和2011年；涉及专利权权属、侵权纠纷案由的指导性案例在2013年、2015年、2017年分别有1例、1例、3例。另外涉及与公司有关的纠纷等8种案由的指导性案例分别有4例，在2～4个年份零星分布。其他类型的案由在各年度有少量零星分布。

图2-2 指导性案例历年案由分布情况

（三）2018年，河北省、湖南省、陕西省成为最高人民法院指导性案例来源地

继2017年甘肃省和贵州省成为最高人民法院指导性案例来源地后，2018年，河北省、湖南省和陕西省成为指导性案例来源地，由此来源地已覆盖最高人民法院及江苏省等21个省级行政区。截至2018年12月31日，指导性案例来源以最高人民法院最多，共计26例。除2011年外，2012—2018年连续7年有来自最高人民法院的案例发布，其中2014年和2017年最多，各7例。位居第二的是江苏省，2011—2017年连续7年都有指导性案例入选，每年1～4例不等。上海市排名第三，除2017年无指导性案例入选外，

其他 7 个年份均有 1~3 例入选。浙江省排名第四位，除 2011 年和 2015 年无入选的指导性案例外，其他 6 个年份均有 1~2 例入选。剩余其他 18 个省级行政区入选的指导性案例均在 6 例以下（含 6 例），于各年份有零星分布。

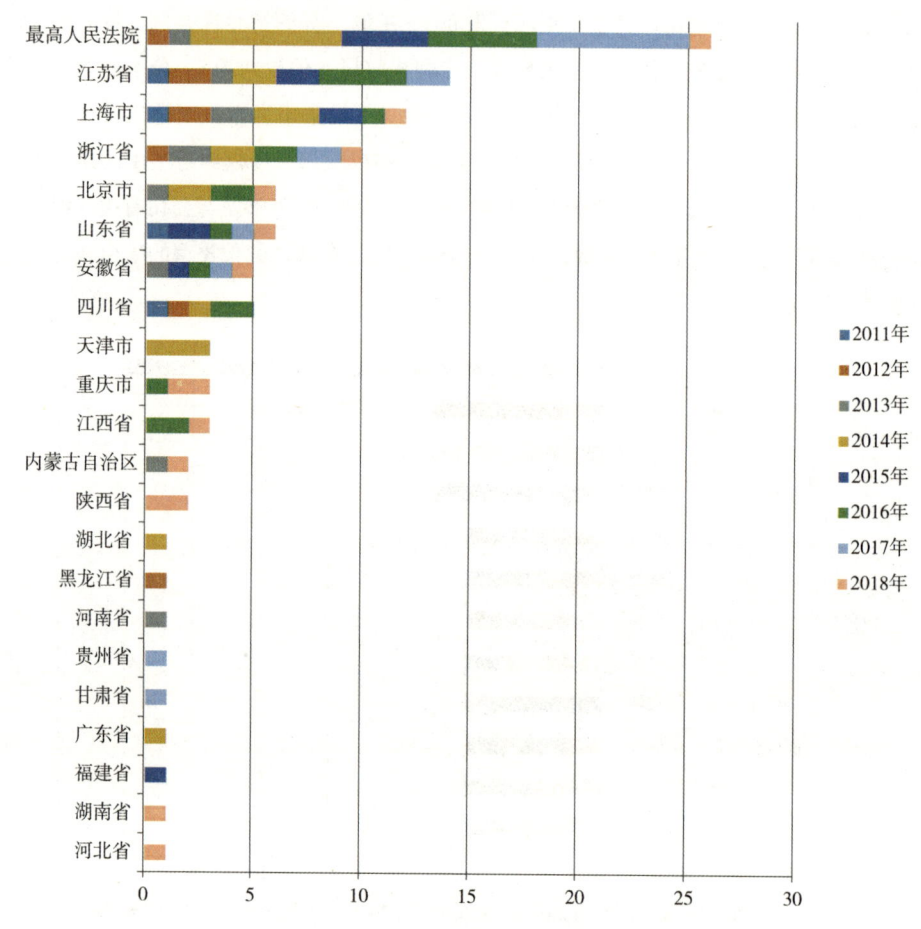

图 2-3　指导性案例的来源地域

（四）由高级人民法院和中级人民法院审理的案例连续 8 年均有发布，2018 年中级人民法院审理发布的案例有所上升，占当年度发布总量的 50%

从最高人民法院发布的指导性案例的审理法院看，以普通法院为主。由高级人民法院和中级人民法院审理的案例连续 8 年均有分布，专门人民法院审理的案例仅 2014 年发布 1 例。具体而言，高级人民法院和中级人民法院审理的案例最多，分别为 29 例。中级人民法院审理的案例数量在 2018 年明显上升，由 2017 年的 3 例上升为 2018 年的 7 例，占当年度发布总量的 50%。高级人民法院审理的案例数量近三年比较平稳，基本维持在 3~4 例。最高人民法院和基层人民法院审理的案例连续 7 年均有分布，其中最高人民法院审理的案例共有 26 例，2018 年仅新增 1 例；基层人民法院审理的案例共计 21 例，2018 年新增 3 例。

图 2-4　指导性案例的审理法院

（五）指导性案例所涉审理程序以二审居多且连续 8 年均有发布，2018 年一审案件数量有所增多，占当年发布总量的 50%

最高人民法院指导性案例所涉及的审理程序以二审程序居多。自 2011 年以来连续 8 年均有适用二审程序的案例，其中 2011 年和 2018 年较少，分别有 3 例和 4 例；2016 年最多，有 12 例；其余 5 个年份均保持在 6~7 例。适用一审程序的案例除 2011 年外，2012—2018 年连续 7 年均有分布，其中 2018 年适用一审程序的案例有 7 例，比 2017 年（3 例）上升了 4 例，占 2018 年度发布总量（14 例）的 50%。适用再审程序的案例数量近四年来比较平稳，在 3~5 例之间。适用执行程序的案例在 2011 年有 1 例，2014 年有 4 例。适用国家赔偿程序的案例仅在 2014 年有 3 例。适用其他（强制医疗）程序的案例在 2016 年仅有 1 例。

图 2-5　指导性案例的审理程序

（六）历年均有涉及的指导性案例的文书类型是判决书和裁定书

2011—2018 年均有涉及的指导性案例的文书类型是判决书和裁定书，其中判决书最多，有 79 例，裁定书有 22 例。从年度比较分析来看，以判决书为文书类型的指导性案例在 2016 年达到历年最高，有 16 例，2017—2018 年略有所下降，分别有 14 例和 10 例；以裁定书为文书类型的指导性案例在 2014 年最多，共有 6 例，2016 年和 2018 年各有 4 例，其他年份均有 1～2 例。以决定书为文书类型的指导性案例在 2014 年和 2016 年分别有 3 例和 1 例。其他文书类型（执督复函）仅 2011 年有 1 例。

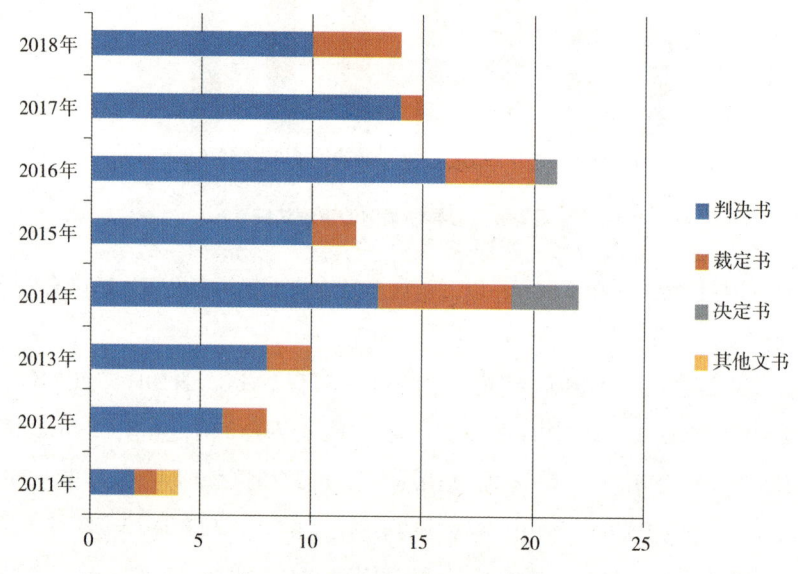

图 2-6 指导性案例的文书类型

（七）裁判要点历年以实体指引为主，2018 年均为实体指引

最高人民法院发布的指导性案例裁判要点涉及实体指引问题的占 91%，其中 2012 年、2013 年、2018 年发布的指导性案例全部涉及实体指引问题，涉及程序指引问题的仅占 9%。从年度比较分析来看，涉及实体指引问题的指导性案例在 2011—2014 年逐年增多，2016 年达到历年最高，共有 20 例，2017—2018 年均为 14 例。而涉及程序指引的指导性案例较少，其中涉及民事程序指引的指导性案例主要分布在 2011 年、2014 年和 2015 年，分别为 1 例、4 例和 1 例。涉及行政程序指引的指导性案例主要分布在 2014 年和 2017 年，分别为 2 例和 1 例。涉及刑事程序指引的指导性案例仅在 2016 年有 1 例。

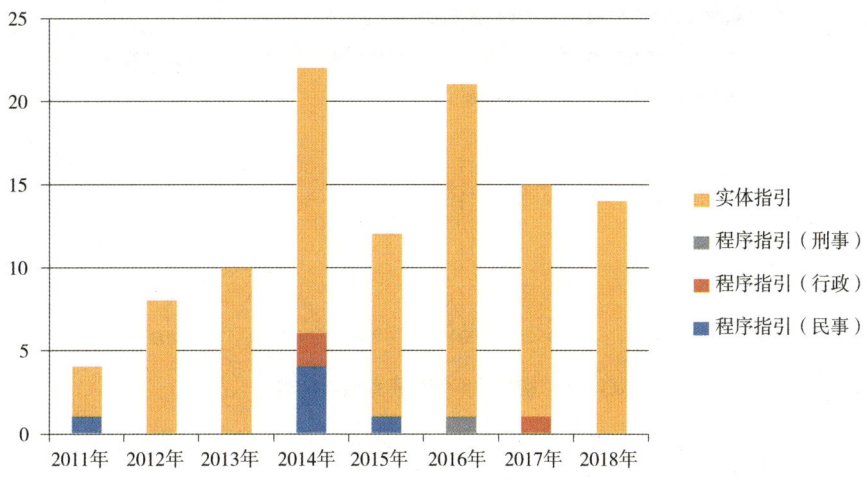

图 2-7 指导性案例的裁判要点指引

二、指导性案例的司法应用

截至 2018 年 12 月 31 日,最高人民法院共发布了 20 批共计 106 例指导性案例,已被应用于司法实践的指导性案例共有 78 例,尚未被应用的有 28 例。与 2017 年同期(60 例)相比,被应用的指导性案例数量增加了 18 例。援引指导性案例的案例,即应用案例累计达 3098 例,比 2017 年同期(1571 例)相比,应用案例新增了 1527 例[①],增长近一倍。[②] 从应用案例的应用年份比较分析来看,2017 年指导性案例应用案例数量达到历年之最,有 1320 例。2018 年有 767 例,应用案例数量明显下降。

(一)指导性案例的整体应用情况

1. 应用案例数量在 2011—2017 年逐年递增,2018 年比 2017 年下降 42%

截至 2018 年 12 月 31 日,在最高人民法院发布的 106 例指导性案例中,已经有 78 例被应用于 3098 例案例中。其中,2011—2013 年应用案例非常少,分别有 2 例、7 例和 16 例。2014 年和 2015 年应用案例出现明显增长,上升至 148 例和 245 例。2016 年和 2017 年应用案例开始大幅增长,上升至 593 例和 1320 例,2017 年达到历年之最。2018 年应用案例 767 例,相比 2017 年应用案例数量下降 42%。值得一提的是,虽然 2018 年应用案例数量有所回落,但 2017—2018 年的应用案例数量合计 2087 例,总体占比高达 67%。

[①] 2018 年新增指导性案例应用案例 1527 例,是以"北大法宝—司法案例库"收录的时间为 2018 年 1 月 1 日—2018 年 12 月 31 日的裁判文书作为数据样本,统计分析应用最高人民法院指导性案例的裁判文书数量。

[②] 参见郭叶、孙妹:《最高人民法院指导性案例司法应用情况 2017 年度报告》,载《中国应用法学》2018 年第 3 期,第 108 页。

图 2-8　指导性案例应用案例年度对比

2. 10 批指导性案例已被全部应用，2018 年度累计应用数量占累计发布数量的 74%，比 2017 年度上升 9%

截至 2018 年 12 月 31 日，最高人民法院各年度累计发布 106 例指导性案例，累计应用数量达到 78 例，总体占比为 74%。与 2017 年同期（65%）相比，上升了 9%。从发布批次来看，除新发布的第二十批尚未发现应用外，其余 19 个批次均有被应用的指导性案例。其中有 10 个批次的指导性案例已全部被应用，分别为第一至七、第十一至十二以及第十四批指导性案例。

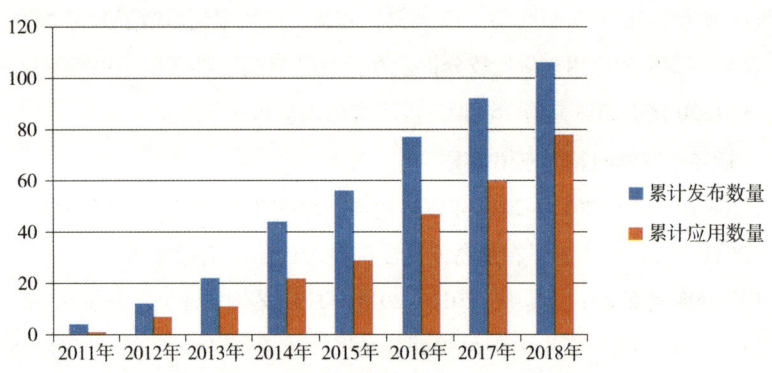

图 2-9　指导性案例累计发布情况与应用情况年度对比

3. 个案应用上，指导案例 24 号、60 号仍然最多，指导案例 72 号应用明显增多

截至 2018 年 12 月 31 日，在最高人民法院发布的 106 例指导性案例中，有 78 例被应用于司法实践，应用案例累计有 3098 例。在 2016—2018 年的应用案例中，存在同时引用两个或三个指导性案例的情况，比如有法官同时引用了指导案例 19 号和 24 号，还有上诉人同时引用指导案例 17 号、23 号和 60 号的情况。从应用年度来看，2014—2017 年度的应用案例数量分别有 148 例、245 例、593 例和 1320 例，2018 年新增 767 例，2018 年增速放缓。

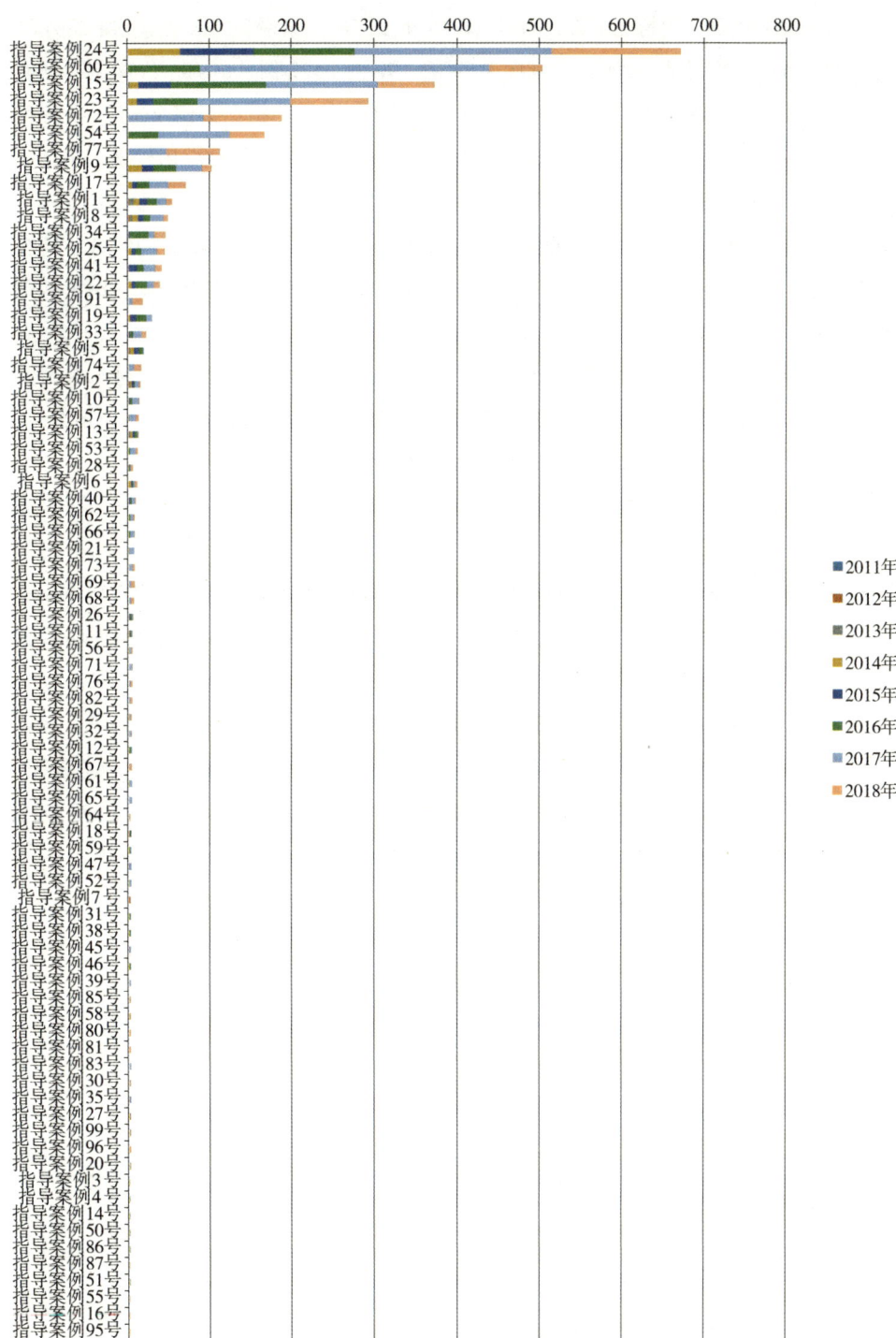

图 2-10　指导性案例个案应用情况

从个案的年度应用情况来看，2014—2018 年度应用数量最多的依然是指导案例 24 号（机动车交通事故责任纠纷），依次为 64 例、90 例、122 例、238 例、157 例，分别占当年度应用案例数量的 43%、37%、21%、18%、20%。指导案例 60 号（工商行政处罚纠纷）于 2016 年 5 月 20 日发布，虽然发布时间较晚，但是应用较多，2016—2018 年分别有 88 例、350 例、65 例应用案例，分别占当年度应用案例数量的 15%、27%、8%。另外，根据 2018 年调研情况，指导案例 72 号（房屋买卖合同纠纷）虽然发布较晚，但最近两年开始出现应用案例且增长较快，2017 年有 92 例，2018 年有 96 例。

除指导案例 24 号和 60 号外，指导案例 15 号、23 号（均为买卖合同纠纷）应用也相对较多。其中指导案例 15 号在 2016—2018 年分别有 116 例、135 例和 68 例应用案例，指导案例 23 号在 2016—2018 年分别有 54 例、113 例和 95 例应用案例。

4. 采用明示援引和隐性援引的应用案例数量比 2017 年均有所下降，新增非法官援引方式

从年度对比分析来看，2011 年最高人民法院发布指导性案例之初，法官对指导性案例的应用主要是采用评析援引①的方式。2012—2013 年度开始出现少量法官采用明示援引②或隐性援引③的应用案例。2014—2017 年法官采用明示援引和隐性援引方式的应用案例呈现出大幅增长的趋势，尤其是 2017 年，法官采用明示援引方式的应用案例有 444 例，采用隐性援引方式的应用案例达到 752 例。2018 年指导性案例应用速度整体放缓，其中法官明示援引有 267 例、法官隐性援引有 378 例，相比于 2017 年分别减少 177 例和 374 例。另外，2018 年新增了非法官援引④方式，共有 244 例，总体占比约为 8%。2018 年法官采用评析援引的案例仅有 3 例。

---

① 评析援引，是指裁判文书正文中并未提及指导性案例，但是在该案例后所附的专家点评、评析、补评及典型意义部分提到指导性案例。
② 法官明示援引，是指法官作出裁判时明确援引了指导性案例进行说理。主要包括法官主动援引和法官被动援引两种情形，前者是指法官主动援引指导性案例进行说理；后者是指法官被动援引指导性案例进行说理，即检察人员建议或诉讼参与人请求参照指导性案例时，法官在审理理由中对此作出了回应。
③ 法官隐性援引，是指在审判过程中，检察人员建议或诉讼参与人请求法官参照指导性案例进行裁判，法官对此在裁判理由部分未明确作出回应，但是其裁判结果与指导性案例的精神是一致的情况。
④ 非法官援引，是指在审判过程中，诉讼参与人请求或检察人员建议法官参照指导性案例进行裁判，法官基于案件本身情况未作出回应，且从裁判结果来看与指导性案例不具有相关性的情况。

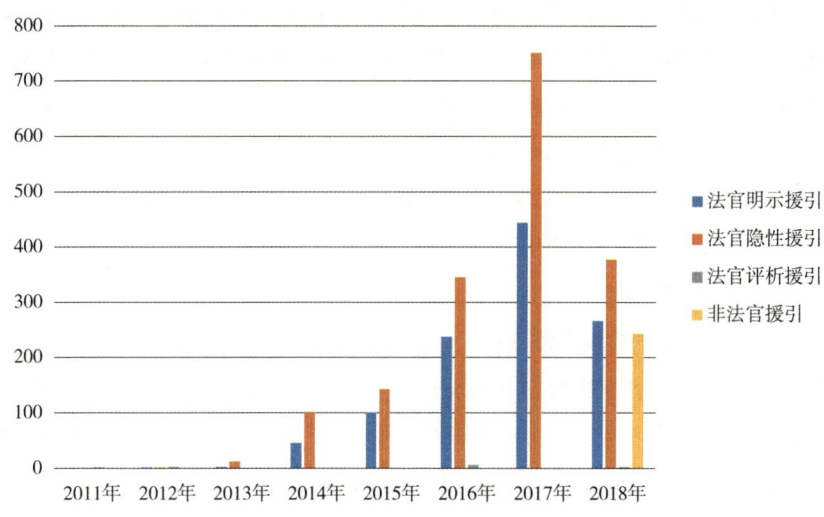

图 2-11 指导性案例的援引方式

(二) 应用案例的案由分析

从对历年应用案例的案由统计来看,最高人民法院指导性案例被应用于约 296 种案由。其中应用案例数量在 80 例以上的案由有七类。与 2017 年同期相比,涉及案外人执行异议之诉案由和网络购物合同纠纷案由的应用案例数量上升明显,分别有 111 例和 81 例。以案外人执行异议之诉为案由的应用案例在 2017 年最多,有 51 例,2018 年有 48 例,有所下降。以网络购物合同纠纷为案由的应用案例主要集中的年份是 2017 年和 2018 年,分别有 40 例和 38 例。

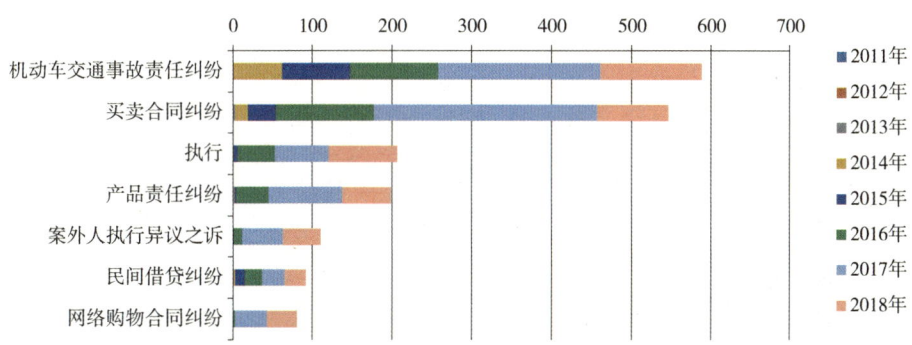

图 2-12 指导性案例的应用案由(80 例以上)

应用案例案由排名前两位的仍然是机动车交通事故责任纠纷和买卖合同纠纷,分别有 589 例和 547 例;涉及执行、产品责任纠纷和民间借贷纠纷案由的应用案例分别有 207 例、199 例和 95 例。从年度比较分析来看,以机动车交通事故责任纠纷为案由的应用案例主要分布在 2016—2018 年，分别为 111 例、202 例和 128 例；以买卖合同纠纷为案由的应用案例在 2013—2018 年连续 6 年有应用案例，分别为 3 例、16 例、35 例、124 例、279 例和 90 例。以执行、产品责任纠纷、民间借贷纠纷为案由的应用案例在 2014—2018 年连续 5 年有应用案例，其中，以执行为案由的应用案例在 2018 年有 86 例；以产品责任纠纷为案由的应用案例在 2016 年和 2017 年增长较快，2017 年有 93 例，2018 年有所下降，有 61 例；以民间借贷纠纷为案由的应用案例主要集中在 2016—2018 年，分别有 22 例、28 例和 27 例。

（三）指导性案例的应用主体分析

最高人民法院指导性案例的应用主体比较广泛，以上诉人和法官为主。其中上诉人应用次数最多且连续 7 年有应用指导性案例，共有 973 次。其中 2017 年和 2018 年应用次数比较集中，分别为 416 次和 303 次，总体占比为 74%。法官是唯一历年都有应用指导性案例的主体，应用次数共计 750 次，2016—2018 年法官的应用指导性案例的次数相对集中，分别为 181 次、276 次和 181 次，总体占比为 85%。原告连续 7 年有应用指导性案例，在 2017 年应用次数最多，共有 311 次，2018 年有 79 次，比 2017 年下降 232 次。被上诉人、被告和申请人在 2013—2018 年连续 6 年有应用指导性案例，其中三类主体在 2017 年应用次数达到顶峰，分别为 112 例、87 例和 83 例，2018 年均有所下降，分别有 69 例、37 例和 58 例。其他应用主体的历年应用次数相对较少。

图 2-13　指导性案例的应用主体情况

（四）指导性案例的应用地域分析

从应用地域来看，共涉及最高人民法院及除港澳台地区外的 31 个省级行政区，且以广东省、河南省、浙江省、北京市、山东省为主，其中北京市的应用次数近两年明显上升，2017 年有 125 次，2018 年有 43 次。2018 年度仅西藏自治区和海南省未发现应用指导性案例，其余省份均有应用。

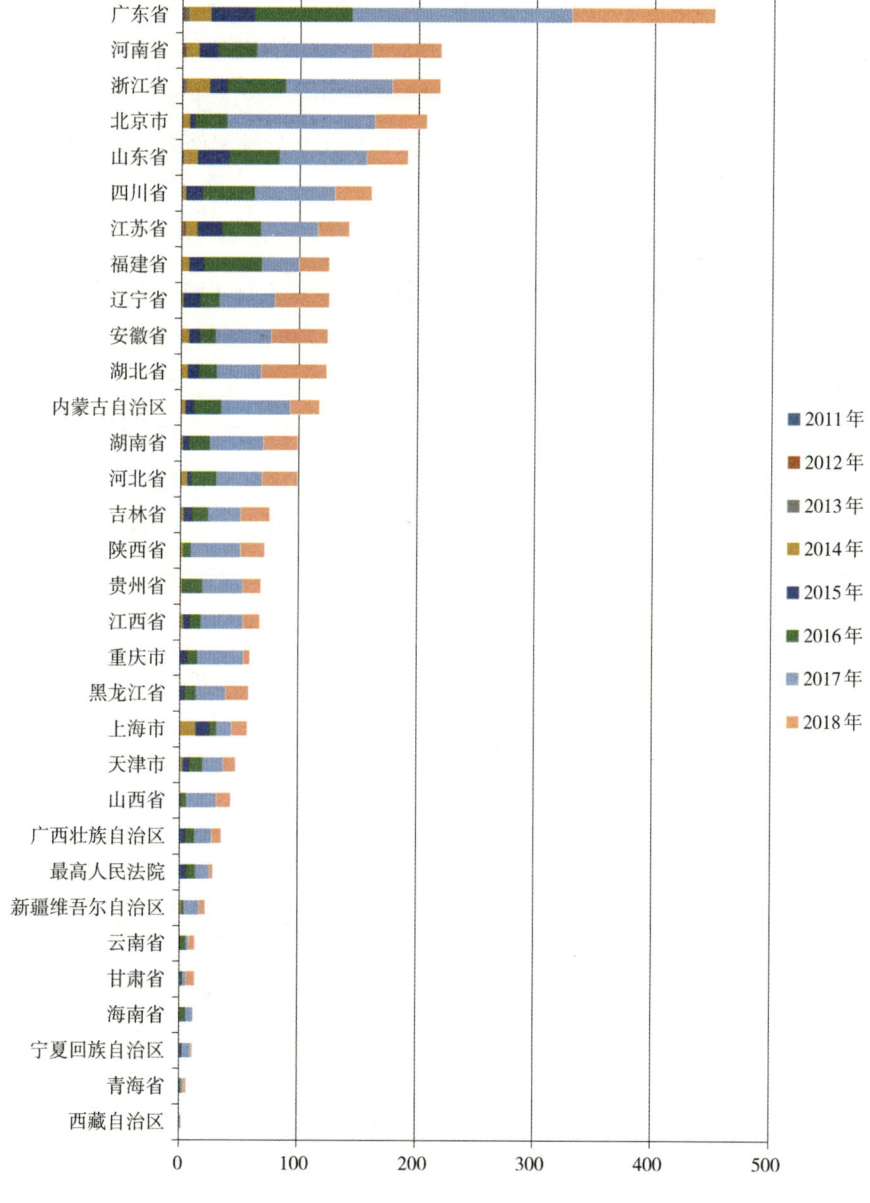

图 2-14　指导性案例应用案例的地域分布

2011—2018年累计应用指导性案例的次数在100次以上的分别为广东省、河南省、浙江省、北京市、山东省、四川省等12个省级行政区,其中广东省的应用次数最多且连续8年有应用指导性案例,累计应用450次,其中2016—2018年分别应用82次、186次、120次,其他年份应用较少。另外,连续8年有应用指导性案例的还有江苏省,共计142次,其中2015—2018年分别应用21次、33次、48次和26次,其他年份应用较少。

连续7年有应用指导性案例的有浙江省、山东省和河南省。浙江省在2016—2018年分别应用49次、90次和40次,其他年份应用较少;山东省在2016—2018年分别应用42次、74次和34次,其他年份应用较少;河南省在2016—2018年分别应用33次、97次和58次,其他年份应用较少。其他省级行政区应用指导性案例的次数主要集中在2016—2018年,年度应用次数多在50次以下。

(五)应用案例的审理法院分析

从应用案例的审理法院来看,以中级人民法院和基层人民法院为主,分别有1651例和1127例,总体占比约为90%。专门人民法院在2017年和2018年审理的应用案例数量有所增多,2017年有29例,2018年有17例。中级人民法院和基层人民法院在2011—2018年连续8年有应用案例,且从2014年起增长趋势明显,2018年有所下降。其中,中级人民法院审理的应用案例主要集中在2016—2018年,分别有292例、662例和470例。基层人民法院审理的应用案例也集中在2016—2018年,分别有235例、532例和208例;2014年、2015年次之,分别有55例和91例;其他年份均在5例以下。高级人民法院审理的应用案例从2013年起连续6年有分布,2017年应用数量最高,有85例,2018年(69例)有所下降。最高人民法院历年的应用案例数量非常少。

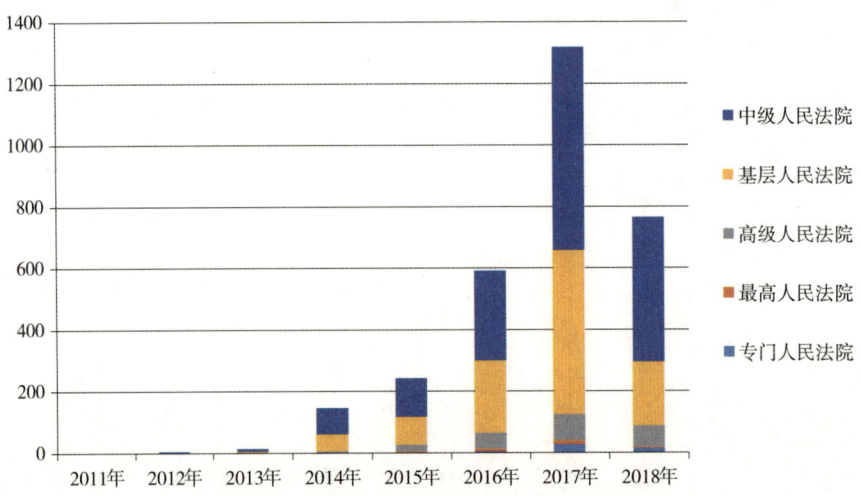

图2-15 指导性案例应用案例的审理法院

（六）应用案例的审理程序分析

最高人民法院指导性案例的应用案例，以适用二审和一审程序的居多，分别有 1627 例和 1126 例，且在 2011—2018 年连续 8 年都有适用二审和一审程序的应用案例。除执行程序外，适用其他审理程序的应用案例数量在 2013—2017 年呈逐年上升趋势，在 2018 年有所减少。其中适用二审程序的应用案例在 2016—2018 年较集中，分别有 277 例、652 例和 475 例；2014 年和 2015 年分别有 86 例和 122 例；其他年份适用二审程序的应用案例较少。适用一审程序的应用案例在 2017 年最多，共有 542 例；其次是 2016 年和 2018 年，分别有 235 例和 184 例。相比于 2017 年，2018 年下降了 358 例；2014 年和 2015 年分别有 57 例和 101 例；其他年份均在 5 例以下。适用再审程序的应用案例在 2012—2016 年连续 5 年均有少量分布，2017 年有明显增加，共有 85 例，2018 年有所减少，有 65 例。适用执行程序的应用案例主要集中在 2016—2018 年，分别有 46 例、34 例和 37 例。

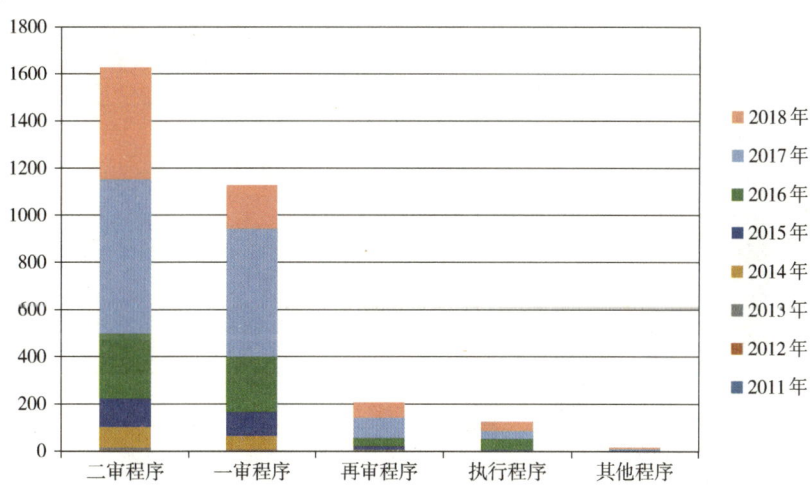

图 2-16 指导性案例应用案例的审理程序

（七）指导性案例的应用内容分析

2015 年 5 月 13 日发布的《〈最高人民法院关于案例指导工作的规定〉实施细则》第 9 条规定，各级人民法院正在审理的案件，在基本案情和法律适用方面，与最高人民法院发布的指导性案例相类似的，应当参照相关指导性案例的裁判要点作出裁判。从司法实践的应用情况来看，应用内容以裁判要点和基本案情为主，2018 年新增了仅将指导性案例作为证据提交以及引述指导性案例相关法律规定的情况。其中仅将指导性案例作为证据提交的情况主要集中在 2017 年和 2018 年，分别有 71 例和 45 例，其他年份较少。

引述指导性案例相关法律规定的情况在 2018 年有 16 例，其他年份较少。

2011 年到 2018 年连续 8 年都有应用裁判要点和基本案情的应用案例。其中裁判要点应用主要集中在 2016—2018 年，分别为 357 例、605 例和 423 例，其他年份应用案例数量较少。基本案情是仅次于裁判要点的应用内容，主要集中在 2016—2018 年，分别有 105 例、208 例和 90 例。未明确应用内容的情况，2013 年仅有 1 例，2017 年上升至 339 例，2018 年有所下降，有 177 例。裁判理由的应用主要集中在 2016—2018 年，分别有 51 例、167 例和 74 例。另外，极少数应用案例提到指导性案例的裁判思路或裁判结果具有参照性。

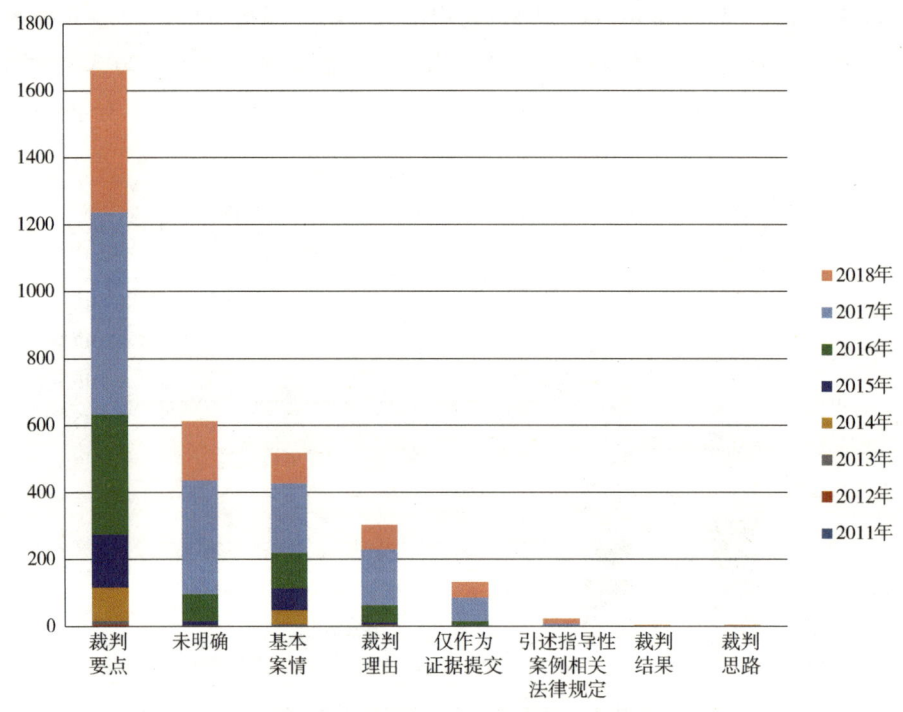

图 2-17　指导性案例应用案例的应用内容①

（八）指导性案例的应用表述分析

根据《〈最高人民法院关于案例指导工作的规定〉实施细则》第 11 条第 1 款的规定，在办理案件过程中，案件承办人员应当查询相关指导性案例。在裁判文书中引述相关指导性案例的，应在裁判理由部分引述指导性案例的编号和裁判要点。

---

① 说明：应用内容中的"未明确"，是指在引用指导性案例时未明确说明其引用的具体内容，且根据裁判文书也不能判断其引用的内容。

司法实践中，援引指导性案例时的应用表述主要包括：发布主体、发布日期、发布批次、指导性案例编号、指导性案例发文字号、指导性案例案件字号、指导性案例标题、裁判要点、指导性案例相关法律规定 9 个要素。

图 2-18　指导性案例的应用表述要素组合

根据 2018 年的调研情况，司法实践中新出现了 6 例同时引述 7 个要素的情况。从应用案例达到 100 例以上的表述要素组合方式来看，"发布主体 + 指导性案例编号"的表述方式最多，主要集中在 2016—2018 年，分别为 110 例、281 例和 123 例。"发布主体 + 指导性案例编号 + 裁判要点"的表述方式居第二，主要集中在 2016—2018 年，尤其是在 2016 年出现大幅增长，在 2018 年成为应用案例最多的表述方式。仅提到发布主体及指导性案例字样的位居第二，主要分布在 2016 年和 2017 年，在 2018 年仅有少量应用案例。而"发布主体 + 指导性案例编号 + 指导性案例标题 + 裁判要点"的表述方式有 179 例，主要分布在 2017 年、2018 年，分别为 99 例和 46 例。

（九）指导性案例的应用结果分析

由于法官隐性援引比较隐晦，往往不会在裁判文书的理由阐述部分进行明确提示或说明，所以，为了保证研究结果的准确性，本报告仅对法官明示援引的应用结果进行分析。在 3098 例应用案例中，法官明示援引的有 1011 例。除 2011 年外，2012—2018 年均有法官明示援引。从法官明示援引的案例来看，法官主动援引的 734 例中予以参照的有 575 例，参照率为 78%。法官主动援引且予以参照的案例主要集中在 2015—2018 年，分别为 62 例、115 例、227 例和 134 例，其他年份较少；法官主动援引但未参照或未说明的案例相对较少，2014—2018 年分别为 1 例、5 例、59 例、54 例和 40 例。法官被动援引中，未参照的案例相对较多，以 2017 年最多，有 122 例；2016 年和 2018 年分别为 42 例和 63 例。法官被动援引且予以参照的案例主要集中在 2016—2018 年，分别为 22 例、44 例和 27 例。

图 2-19　指导性案例的应用结果（明示援引）①

三、调研综述

自 2011 年确立案例指导制度以来，最高人民法院每年均有相应数量的指导性案例发布，近两年来指导性案例在司法实践中的应用数量不断增多。通过对指导性案例发布情况和司法应用的年度对比分析，得出如下结论。

（一）2017—2018 年指导性案例发布数量有所回落，知识产权类和刑事类指导性案例有所增多

自 2011 年以来，最高人民法院每年均发布指导性案例 4～22 例不等。2017 年和 2018 年有所回落，分别为 15 例和 14 例。2017 年以知识产权类为主，有 10 例。2018 年以刑事类居多，有 7 例，占当年发布数量的一半。截至 2018 年 12 月 31 日，民事类指导性案例已发布 35 例，发布总量稳居第一。民事类指导性案例除 2017 年未发布外，其余年份均有发布，2018 年新增 4 例。刑事类指导性案例已发布 22 例，2018 年新增 7 例，其中有 5 例均与网络犯罪相关。知识产权类指导性案例已发布 21 例，仅次于民事类和刑事类，2013—2018 年连续 6 年有发布知识产权类指导性案例，2017 年发布 10 例，2018 年新增 1 例。另外，2018 年行政类指导性案例仅有 2 例，执行类和国家赔偿类指导性案例未涉及。

---

① 说明：主动援引中的"未说明"，是指一审法官在审理该案件时援引了某一指导性案例，但是二审法官在终审判决中并未对此进行回应和说明。

（二）累计应用案例总量翻倍增长，2018年指导性案例年应用率为74%，比2017年上涨9%

指导性案例的应用案例数量近两年出现大幅增长，截至2018年12月31日，已发布的106例指导性案例已经有78例被应用于3098例案例。指导性案例年应用率已达到74%，与2017年同期（65%）相比，上升了9%。累计应用案例3098例，与2017年同期（1571例）相比，增长近一倍。其中2017年有1320例，2018年有767例，2017—2018年的应用案例数量合计总体占比67%。

（三）应用主体以上诉人和法官居多，法官是唯一历年都在应用指导性案例的主体

最高人民法院发布的指导性案例的应用主体比较广泛，包括法官、上诉人、被上诉人、原告、被告、申请人、被申请人以及公诉人等。其中，以上诉人和法官的应用最多，其中上诉人连续7年有应用指导性案例。法官是唯一历年都在应用指导性案例的主体，从2011—2018年，累计应用750次，仅次于上诉人。2013—2017年，法官援引指导性案例的次数呈现大幅增长的趋势，2018年有所下降。原告连续7年有应用指导性案例，被上诉人、被告和申请人在2013—2018年连续6年有应用指导性案例。原告、申请人和被告应用指导性案例的次数在2013—2017年均逐年递增，2018年均有所下降。

（四）应用案由中案外人执行异议之诉和网络购物合同纠纷上升明显

最高人民法院指导性案例被应用于约296种案由，其中案外人执行异议之诉案由和网络购物合同纠纷案由的应用案例数量上升明显，分别为111例和81例。以案外人执行异议之诉为案由的应用案例以2017年最多，有51例，2018年有48例，有所下降。以网络购物合同纠纷为案由的应用案例主要集中在2017—2018年，分别有40例和38例。应用案例案由排名前两位的仍然是机动车交通事故责任纠纷和买卖合同纠纷，分别有589例和547例。以机动车交通事故责任纠纷为案由的除2011年和2013年无应用案例外，其余年份均有不同程度的应用，主要集中应用的年份为2016—2018年。以买卖合同纠纷为案由的在2013—2018年连续6年有应用案例。产品责任纠纷案由和民间借贷纠纷案由分别有199例和95例应用案例，且在2014—2018年连续5年有应用案例。

（五）应用地域中除西藏自治区和海南省2018年未发现应用案例外，其余省级行政区均有应用，其中北京市应用案例数量上升明显

指导性案例的应用地域从2017年起已全面覆盖除港澳台地区外的31个省级行政区，且以广东省、河南省、浙江省、北京市、山东省为主，但各地域的应用差异明显。2018年仅西藏自治区和海南省未发现应用案例，其余省份均有新增应用案例。北京市应用指导性案例次数近两年明显上升，2017年有125次，2018年有43次。2011—2018年累计应用指导性案例次数在100次以上的分别为广东省、河南省、浙江省、北京市、山

东省、四川省等 12 个省级行政区，其中广东省应用次数最多（450 次）且连续 8 年有应用指导性案例。连续 8 年应用指导性案例的还有江苏省（142 次），浙江省、山东省和河南省连续 7 年有应用指导性案例。其余省级行政区应用指导性案例的次数相对较少。

（六）专门人民法院的应用案例数量有所上升

应用案例的审理法院中专门法院应用指导性案例数量有 56 例，相比于 2017 年同期（18 例）有所增加，其中有 27 例为铁路运输中级人民法院应用，13 例为铁路运输基层人民法院应用，8 例为知识产权法院应用，8 例为海事法院应用。专门人民法院 2017—2018 年应用案例数量有所增多，2017 年有 29 例，2018 年有 17 例。

中级人民法院和基层人民法院的应用案例最多，分别有 1651 例和 1127 例，总体占比约为 90%。中级人民法院和基层人民法院在 2011—2018 年连续 8 年有指导性案例的应用，应用案例主要集中在 2016—2018 年。最高人民法院历年应用案例数量都非常少。

（七）应用内容以裁判要点为主，法官历年主动援引参照率多保持在 50% 以上

司法实践中，指导性案例的应用内容从 2011 年到 2018 年连续 8 年均以裁判要点为主，分别为 1 例、5 例、11 例、99 例、159 例、357 例、605 例和 423 例，占当年应用案例的比例分别为 50%、71%、69%、67%、64%、60%、45% 和 55%，2018 年所占比重比 2017 年有所上升。

虽然隐性援引指导性案例的数量最多，但是法官隐性援引比较隐晦，一般不会在裁判文书的理由阐述部分进行明确提示或说明，因此，从法官明示援引的应用结果分析指导性案例的应用结果较为准确和科学。从法官明示援引的案例看，截至 2018 年 12 月 31 日，法官主动援引且予以参照的应用案例数量历年均为最多，2012—2018 年分别为 1 例、1 例、35 例、62 例、115 例、227 例和 134 例，占当年明示援引应用案例的比例分别为 50%、33%、76%、61%、48%、51% 和 50%。除 2012 年和 2016 年外，其余年份法官主动援引的参照率均保持在 50% 以上。

三、刑事分报告

最高人民法院刑事指导性案例 2018 年度司法应用报告*

[摘要] 最高人民法院发布的指导性案例是法律实践与法学理论相互探讨、有机结合的衍生物。在司法体制不断深入改革的当下,指导性案例的现实作用已愈发凸显。截至 2018 年 12 月 31 日,最高人民法院共发布 22 例刑事指导性案例。本报告以"北大法宝—司法案例库"中收录的裁判文书作为数据样本,通过分析发现,刑事指导性案例在 2018 年首次出现了整批发布的情况;裁判要点以基本事实归类型为主;已有 13 例被应用于司法实践,应用率较高;应用案例较少,仅 55 例,以非法制造、买卖、运输、储存危险物质罪为主。

[关键词] 刑事指导性案例 司法应用 基本事实归类型 应用率 参照率

刑事指导性案例制度具有贯彻刑法客观主义立场、使规范明确化、使当事人获得公正感、减轻法官压力、统一解释和适用法律等功能。① 截至 2018 年 12 月 31 日,最高人民法院发布了 20 批共计 106 例指导性案例,其中刑事指导性案例有 22 例,总数在各类指导性案例中排名第二,仅低于民商事指导性案例,具体包括故意杀人罪、破坏计算机信息系统罪、开设赌场罪等 18 个具体罪名。其中,以故意杀人罪和破坏计算机信息系统罪最多,各有 3 例,总体占比为 27%;已被应用于司法实践的刑事指导性案例共有 13 例,应用率为 59%;尚未被应用的有 9 例。援引刑事指导性案例的案例,即应用案例,仅有 55 例。其中应用频率最高的是指导案例 13 号("王召成等非法买卖、储存危险物质案"),应用次数为 13 次。指导案例 3 号、4 号、14 号、17 号和 87 号,应用次数都在 3 次及以下。应用案由种类比较有限,包括非法制造、买卖、运输、储存危险物质罪等 25 类。应用地域主要分布在广东省、内蒙古自治区、浙江省、北京市及重庆市等省级行政区。应用案例的审理法院主要是基层人民法院和中级人民法院。应用案例的审理程序以一审程序为主。

---

* 本报告对刑事指导性案例发布情况的研究范围为最高人民法院发布的第一至二十批指导性案例,发布案例数据和应用案例数据截止时间均为 2018 年 12 月 31 日。

① 参见周光权:《刑事案例指导制度:难题与前景》,载《中外法学》2013 年第 3 期,第 481 页。

一、刑事指导性案例的发布情况

(一) 刑事指导性案例的发布规律

1. 2018 年发布的刑事指导性案例数量第一,首次出现整批发布

最高人民法院发布的 20 批指导性案例中,涉及刑事指导性案例的有 11 个批次共 22 例,分别是第一批、第三批、第四批、第七批、第八批、第十三批、第十五批、第十六批、第十八批、第十九批、第二十批。2011 年至 2013 年每年仅有 2 例,2014 年有 3 例,2016 年、2017 年分别有 5 例、1 例,2018 年上升至 7 例。与 2018 年最高人民法院发布的 14 例指导性案例相比,刑事指导性案例总体占比为 50%,发布数量居于首位。其中第 20 批发布的 5 例指导性案例均为涉及网络犯罪的刑事指导性案例,首次出现整批发布。

2. 刑事指导性案例的发布日期 50% 集中在 12 月

最高人民法院刑事指导性案例的发布日期不固定。从发布年份来看,除 2015 年外,其余每年均有发布刑事指导性案例。从发布的月份来看,上半年主要集中在 1 月、3 月、6 月,下半年集中在 9 月、12 月。在最高人民法院发布的 22 例刑事指导性案例中,有 11 例刑事指导性案例在 12 月发布,总体占比为 50%。

3. 刑事指导性案例多为 3 年内审结的案件

审结日期与发布日期间隔在 3 年之内的案例数量有 19 例,总体占比为 86%。间隔时间在 3 年以上的案例有 3 例,即指导案例 11 号、63 号和 102 号。其中指导案例 11 号是审结日期最早的案例,审结日期为 2009 年 3 月,发布日期为 2012 年 9 月,审结日期与发布日期间隔约为 3.5 年。间隔在 1 年之内的有 4 例,即指导案例 4 号、13 号、61 号、93 号,发布日期和审结时间的间隔分别约为 7 个月、10 个月、6 个月和 11 个月。审结最早的案例可以追溯到 2009 年 3 月的"杨延虎等贪污案",最新案例的审结时间是 2017 年 6 月的"于欢故意伤害案"(如图 3-1 所示)。

图 3-1 刑事指导性案例整体发布情况

（二）刑事指导性案例的发布特点

1. 刑事指导性案例的案由集中在六大类 18 种案由，网络犯罪相关案由居多

2018 年最高人民法院发布 7 例刑事指导性案例，即指导案例 93 号（故意伤害罪）、指导案例 97 号（非法经营罪）、指导案例 102—106 号（网络犯罪相关罪名）。至此，最高人民法院发布的 22 例刑事指导性案例所涉案由，主要分布在危害公共安全罪，破坏社会主义市场经济秩序罪，侵犯公民人身权利、民主权利罪，侵犯财产罪，妨害社会管理秩序罪，贪污贿赂罪共六大类 18 种案由。其中，网络犯罪相关案由有 5 例，总体占比约为 23%，分别为破坏计算机信息系统罪 3 例（指导案例 102—104 号）及开设赌场罪 2 例（指导案例 105—106 号）。指导案例 11 号和指导案例 27 号涉及双重案由，分别为受贿罪/贪污罪和盗窃罪/诈骗罪。

同时，故意杀人罪案由的数量也高居首位，有 3 例，其余 14 例为危险驾驶罪、假冒注册商标罪等案由，分别有 1 例。此外，危害国家安全罪、危害国防利益罪、渎职罪、军人违反职责罪这四大类案由尚未有相应的指导性案例发布（如表 3-1 所示）。

表 3-1　刑事指导性案例的案由分布

序号	案由	具体案由	数量
1	危害公共安全罪	危险驾驶罪	1
		非法制造、买卖、运输、储存危险物质罪	1
2	破坏社会主义市场经济秩序罪	合同诈骗罪	1
		生产、销售有毒、有害食品罪	1
		利用未公开信息交易罪	1
		假冒注册商标罪	1
		非法经营罪	1
3	侵犯公民人身权利、民主权利罪	故意杀人罪	3
		故意伤害罪	1
4	侵犯财产罪	抢劫罪	1
		盗窃罪/诈骗罪	1
		拒不支付劳动报酬罪	1
5	妨害社会管理秩序罪	拒不执行判决、裁定罪	1
		破坏计算机信息系统罪	3
		开设赌场罪	2
6	贪污贿赂罪	受贿罪/贪污罪	1
		受贿罪	1

2. 刑事指导性案例的裁判要点以基本事实归类型为主

根据刑事指导性案例裁判要点所反应的问题，可以将其分为六种类型：条文含义解释型、基本事实归类型、诉讼要点指示型、量刑行刑指导型、程序规则确认型和刑事政策宣示型。① 条文含义解释型的裁判要点主要涉及对现行法律适用的解释；基本事实归类型裁判要点涉及对某种事实或状态是否属于某一特定法律概念的判断；诉讼要点指示型裁判要点涉及诉讼过程中的因果关系、罪名的判断；量刑行刑指导型裁判要点涉及确定刑罚的种类与幅度；程序规则确认型裁判要点涉及诉讼具体程序问题的指导；刑事政策宣示型裁判要点涉及我国现行刑事政策的提示。② 经分析，22 例刑事指导性案例中共涉及 34 条裁判要点，其中基本事实归类型最多，有 22 条，总体占比为 64.7%；条文含义解释型和量刑行刑指导型各有 5 条，总体占比分别为 14.7%；程序规则确认型有 2 条，总体占比为 5.9%。裁判要点中并未发现诉讼要点指示型和刑事政策宣示型（如表 3-2 所示）。

表 3-2　刑事指导性案例裁判要点的类型

	最高人民法院	
	裁判要点数量（条）	比例（％）
条文含义解释型	5	14.7
基本事实归类型	22	64.7
诉讼要点指示型	0	0
量刑行刑指导型	5	14.7
程序规则确认型	2	5.9
刑事政策宣示型	0	0
总计	34	100

3. 刑事指导性案例中的指引依据侧重于刑法分则

相关法条是刑事指导性案例编写结构不可或缺的内容之一。在一篇指导性案例中，相关法条与裁判要点是相呼应的，裁判要点的总结往往来源于相关法条。22 例刑事指导性案例中，有 21 例裁判要点为实体指引，仅有 1 例为刑事诉讼程序问题。相关法条涉及刑法总则的有 6 例，总体占比为 27%，具体包括指导案例 4 号、12 号、14 号、62 号、63 号、93 号；涉及刑法分则的有 16 例，总体占比为 73%，具体包括指导案例 3 号、11 号、13 号、27 号、28 号、32 号、61 号、70 号、71 号、87 号、97 号、102—106 号（如图 3-2 所示）。

---

① 参见陈兴良主编：《中国案例指导制度研究》，北京大学出版社 2014 年版，第 134 页。
② 参见付玉明、汪萨日乃：《刑事指导性案例的效力证成与司法适用——以最高人民法院的刑事指导性案例为分析进路》，载《法学》2018 年第 9 期，第 168 页。

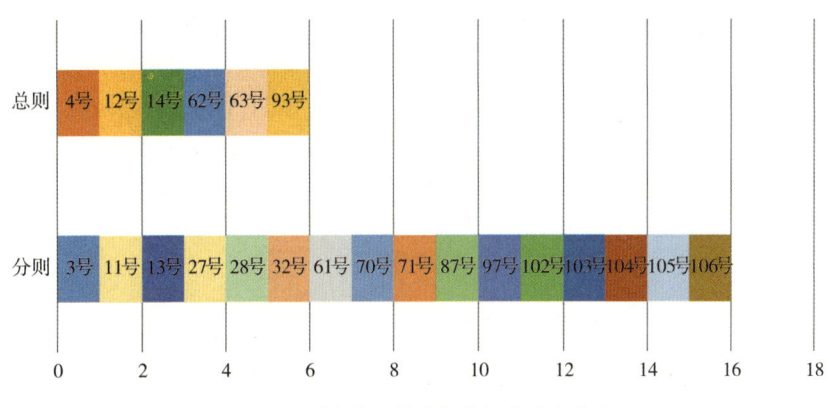

图 3-2 刑事指导性案例的相关法条分布

4. 刑事指导性案例中网络犯罪的关键词有所增多，总计出现 7 次

最高人民法院发布的指导性案例，每篇有 3~7 个关键词不等。经统计，已发布的 22 例刑事指导性案例共有 64 个关键词，其中，"刑事"累计出现 21 次，次数最多；其次，破坏计算机信息系统罪（3 次）、开设赌场罪（2 次）、微信群（2 次）等网络犯罪关键词总计出现 7 次；出现 2 次的关键词有"故意杀人罪""死刑缓期执行""限制减刑"；另外，"盗窃"等 56 个关键词分别出现 1 次（如表 3-3 所示）。

表 3-3 刑事指导性案例关键词统计表

出现次数（次）	数量（个）	具体关键词（个）
21 次	1 个	刑事
3 次	1 个	破坏计算机信息系统罪
2 次	6 个	故意杀人罪；死刑缓期执行；限制减刑；开设赌场罪；网络赌博；微信群
1 次	56 个	盗窃；"合办"公司受贿；不具备用工主体资格的单位或者个人；毒害性物质；非法经营数额；非法买卖、储存危险物质；合同诈骗；婚恋纠纷引发；既遂；假冒注册商标罪；禁止令；拒不支付劳动报酬罪；拒不执行判决、裁定罪；累犯；利用未公开信息交易罪；利用信息网络；民间矛盾引发；骗取土地使用权；起算时间；强制医疗；抢劫罪；亲属协助抓捕；情节恶劣；情节特别严重；生产、销售有毒、有害食品罪；受贿罪；数额犯；刷信誉；贪污罪；坦白悔罪；网络销售；危险驾驶罪；未成年人犯罪；未遂；刑事诉讼；有毒有害的非食品原料；有继续危害社会可能；援引法定刑；诈骗；职务便利；追逐竞驶；故意伤害罪；非法限制人身自由；正当防卫；防卫过当；非法经营罪；严重扰乱市场秩序；社会危害性；刑事违法性；刑事处罚必要性；DNS 劫持；后果严重；后果特别严重；机械远程监控系统；干扰环境质量监测；微信群抢红包

5. 刑事指导性案例的案例来源新增内蒙古自治区、湖南省、陕西省、江西省的各级人民法院

刑事指导性案例主要来源于最高人民法院及浙江省等 12 个省级行政区的各级法院。2018 年刑事指导性案例的来源地新增内蒙古自治区、湖南省、陕西省及江西省 4 个省级行政区的各级人民法院，分别有 1 例。其中，浙江省最多，有 5 例；其次为江苏省，有 3 例；四川省、山东省和上海市分别有 2 例；最高人民法院以及北京市、河南省、黑龙江省等各级人民法院，分别有 1 例（如图 3-3 所示）。

图 3-3　刑事指导性案例的来源地域

6. 刑事指导性案例的审理法院以基层人民法院和中级人民法院为主，中级人民法院占比上升

在已发布的 22 例刑事指导性案例中，基层人民法院审理的案件数量最多，共计 8 例，总体占比为 36%；中级人民法院和高级人民法院的案件审理数量依次为 7 例、6 例，总体占比分别为 32% 和 27%。其中，中级人民法院的案件审理数量从 2017 年的 3 例上升到 2018 年的 7 例，相比 2017 年（占比 20%）提升了 12%，总量超过高级人民法院。最高人民法院仅有 1 例，总体占比为 5%（如图 3-4 所示）。

图 3-4　刑事指导性案例的审理法院

7. 刑事指导性案例的审理程序以二审为主

在刑事指导性案例中，审理程序为二审的共有 10 例，总体占比约为 45%；审理程序为一审的有 9 例，总体占比约为 41%；审理程序为再审程序和其他程序的共计 3 例，总体占比合计约为 14%（如图 3-5 所示）。

图 3-5　刑事指导性案例的审理程序

8. 刑事指导性案例的文书类型中判决书有近七成

在最高人民法院发布的 22 例刑事指导性案例中，文书类型为判决书的有 15 例，总体占比约为 68%；文书类型为裁定书的有 6 例，总体占比约为 27%；文书类型为决定书的有 1 例，总体占比约为 5%（如图 3-6 所示）。

图 3-6　刑事指导性案例的文书类型

二、刑事指导性案例的司法应用

指导性案例被援引的情况可以分为确定性援引和不确定性援引。① 为了确保研究结果的准确性，本报告仅对确定性援引进行分析，并对确定性援引作了类型化区分，按照法官在裁判案件时是否明确援引了指导性案例进行说理，将确定性援引分为法官明示援引和法官隐性援引。② 在最高人民法院发布的 22 例刑事指导性案例中，共有 55 例应用案例，其中涉及法官明示援引③的有 27 例，涉及法官隐性援引④的有 23 例。另外，还有一种特殊援引方式即法官评析援引⑤，共涉及 5 例。刑事指导性案例并未涉及非法官援引方式⑥。

（一）刑事指导性案例的整体应用情况

1. 从整体来看，近六成的刑事指导性案例被应用

截至 2018 年 12 月 31 日，最高人民法院共发布了 22 例刑事指导性案例。其中，已被应用的指导性案例有 13 例，应用率达到 59%。未被应用的指导性案例有 9 例，总体占比为 41%（如表 3-4 所示）。

表 3-4　刑事指导性案例的整体应用情况

应用情况	应用数量	指导性案例编号
已被应用	13	3 号、4 号、11 号、12 号、13 号、14 号、27 号、28 号、32 号、61 号、62 号、71 号、87 号
未被应用	9	63 号、70 号、93 号、97 号、102—106 号

2. 在个案应用上，指导案例 62 号和 28 号应用数量上升

最高人民法院发布的 22 例刑事指导性案例中，有 13 例已被应用于司法实践，应用案例共计 55 例。其中指导案例 13 号应用频率最高，共有 13 次。其次是指导案例 62 号和 28 号，应用次数分别为 8 次和 6 次，应用数量相比 2017 年同期（4 例和 2 例）有所上升；再次是指导案例 11 号和 71 号，应用次数均为 5 次。指导案例 12 号、32 号和 61

---

① 确定性援引，是指根据裁判文书内容（包括评析）的表述，能够直接确定其援引了几号指导性案例；不确定性援引，是指根据裁判文书内容（包括评析）的表述，不能确定其是否援引了指导性案例。
② 参见张骐：《再论类似案件的判断与指导性案例的使用》，载《法制与社会发展》2015 年第 5 期，第 138 页。
③ 法官明示援引，是指法官作出裁判时明确援引了指导性案例进行说理。主要包括法官主动援引和法官被动援引两种情形，前者是指法官主动援引指导性案例进行说理；后者是指法官被动援引指导性案例进行说理，即检察人员建议或诉讼参与人请求参照指导性案例时，法官在裁判理由中对此作出了回应。
④ 法官隐性援引，是指在审判过程中，检察人员建议或诉讼参与人请求法官参照指导性案例进行裁判，法官对此在裁判理由部分未明确作出回应，但是裁判结果与指导性案例的精神是一致的情况。
⑤ 法官评析援引，是指裁判文书正文中并未提及指导性案例，但是在该案例后所附的专家点评、评析、补评及典型意义部分提到指导性案例的情况。
⑥ 非法官援引，是指在审判过程中，诉讼参与人请求或检察人员建议法官参照指导性案例进行裁判，法官基于案件本身情况未作出回应，且从裁判结果来看与指导性案例不具有相关性的情况。

号,分别被应用 4 次。指导案例 17 号被应用 2 次。指导案例 3 号、4 号、14 号、87 号,分别仅被应用 1 次,应用较少(如图 3-7 所示)。

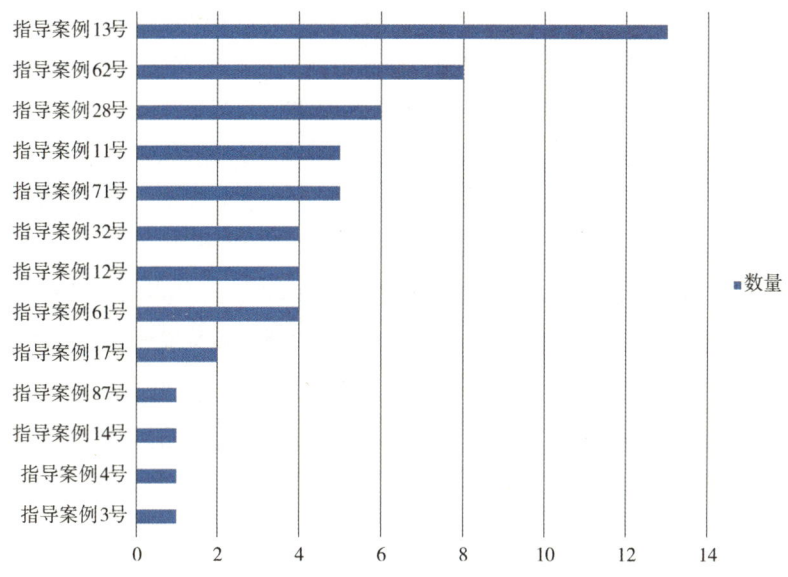

图 3-7　刑事指导性案例的个案应用情况

3. 援引方式上,法官明示援引上升 10%,隐形援引下降 14%

在法官明示援引、法官隐性援引及法官评析援引三种援引方式下,法官采用明示援引的共涉及 27 例,总体占比为 49%,包括法官主动援引的 23 例和法官被动援引的 4 例,相比 2017 年同期(总体占比 39%)上升了 10%;法官采用隐性援引共涉及 23 例,总体占比为 42%,相比 2017 年同期(总体占比 56%)下降了 14%。另外,法官评析援引的应用案例共有 5 例,总体占比为 9%(如图 3-8 所示)。

图 3-8　刑事指导性案例援引情况

4. 应用案例的案由种类增加6类，指导案例28号首次被应用于同类案由

在55例刑事应用案例中，共涉及非法制造、买卖、运输、储存危险物质罪及拒不执行判决、裁定罪等25类案由，与2017年同期（19类）相比增加了6类。指导案例28号（拒不支付劳动报酬罪）首次被应用于同类案由，共有2例。其中，非法制造、买卖、运输、储存危险物质罪案由数量最多，共计11例，总体占比为20%；案由为拒不执行判决、裁定罪的有5例，超过贪污罪/受贿罪、故意杀人罪案由，排名上升至第二位；案由为贪污罪/受贿罪、故意杀人罪、利用未公开信息交易罪、受贿罪的各有4例，总体占比分别为7%；案由为危险驾驶罪，拒不支付劳动报酬罪，盗窃罪，非法制造、买卖、运输、邮寄、储存枪支、弹药、爆炸物罪各有2例，总体占比分别为4%；非法吸收公众存款罪，生产、销售伪劣产品罪，故意伤害罪，敲诈勒索罪，抢劫罪，贪污罪，诈骗罪等15类案由，均各有1例（如图3-9所示）。

图3-9　刑事指导性案例案由的应用

(二)刑事指导性案例与应用案例的对比分析

1. 刑事指导性案例的应用案由(如表3-5所示)

表3-5 刑事指导性案例案由与应用案例案由的对比

案例编号	指导性案例中的案由	应用案例中的案由
指导案例3号	受贿罪	受贿罪
指导案例4号	故意杀人罪	故意杀人罪
指导案例11号	受贿罪/贪污罪	贪污罪/受贿罪
		贪污罪
		治安/其他行政行为
		受贿罪
指导案例12号	故意杀人罪	故意伤害罪
		故意杀人罪
指导案例13号	非法制造、买卖、运输、储存危险物质罪	非法制造、买卖、运输、储存危险物质罪
		非法制造、买卖、运输、储存危险物质罪/盗窃罪
		非法制造、买卖、运输、邮寄、储存枪支、弹药、爆炸物罪
指导案例14号	抢劫罪	抢劫罪
指导案例27号	盗窃罪/诈骗罪	盗窃罪/非法利用信息网络罪/侵犯公民个人信息罪
		盗窃罪
指导案例28号	拒不支付劳动报酬罪	拒不支付劳动报酬罪
		劳动和社会保障/其他行政行为
		房屋拆迁/行政赔偿
		其他劳动争议、人事争议
		故意伤害罪/拒不支付劳动报酬罪/逃税罪
指导案例32号	危险驾驶罪	受贿罪
		危险驾驶罪
		非法吸收公众存款罪
指导案例61号	利用未公开信息交易罪	利用未公开信息交易罪
指导案例62号	合同诈骗罪	诈骗罪
		贪污罪/受贿罪
		敲诈勒索罪
		盗窃罪
		受贿罪
		非法制造、买卖、运输、邮寄、储存枪支、弹药、爆炸物罪
		非法持有毒品罪/走私、贩卖、运输、制造毒品罪
指导案例71号	拒不执行判决、裁定罪	拒不执行判决、裁定罪
指导案例87号	假冒注册商标罪	生产、销售伪劣产品罪

（1）有 5 例刑事指导性案例仅被应用于同类案由的案件

已被应用的 13 例刑事指导性案例中，有 11 例被应用于同类案由。其中，有 5 例刑事指导性案例，即指导案例 3 号、4 号、14 号、61 号、71 号目前仅被应用于同类案由的案件尚未被发现应用于不同案由的案件；有 6 例指导性案例既被应用于同类案由的案件，又被应用于不同案由的案件。在指导案例 13 号的 13 例应用案件中，应用案由相同的案例有 11 例，总体占比约为 85%。

（2）新增 2 例刑事指导性案例既被应用于同类案由的案件，又被应用于不同案由的案件

2018 年新增 2 例既被应用于同类案由的案件又被应用于不同案由的案件的刑事指导性案例，即指导案例 27 号和 28 号。故而，有 6 例刑事指导性案例既被应用于同类案由的案件又被应用于不同案由的案件，具体包括指导案例 11 号、12 号、13 号、27 号、28 号和 32 号。例如，指导案例 13 号为非法制造、买卖、运输、储存危险物质罪类案件。司法实践中，该指导性案例不仅主要被应用于同类案由的案件中，而且被应用于非法制造、买卖、运输、邮寄、储存枪支、弹药、爆炸物罪类案件中，两者虽然案由不同，但均围绕危害公共安全罪展开，存在一定的相似性。

（3）只被应用于不同案由的有 2 例刑事指导性案例

在已被应用的 13 例刑事指导性案例中，有 2 例指导性案例目前仅被应用于不同案由的案件，即指导案例 62 号、87 号。虽然两者的案由不同，但是案件在关键案情或者争议焦点上存在着相似性。例如，指导案例 62 号为合同诈骗类案件，被法官应用于诈骗类案件中，两者均围绕诈骗问题展开，存在一定的相关性。

2. 刑事指导性案例的应用地域

（1）2018 年刑事指导性案例应用地域新增河南省、吉林省、湖南省、陕西省的各级人民法院，浙江省和重庆市排名上升

已发布的 22 例刑事指导性案例来源于最高人民法院和浙江省、江苏省、四川省、北京市、河南省等 12 个省级行政区的法院，而应用刑事指导性案例的法院涉及广东省、内蒙古自治区、浙江省、北京市、重庆市等 20 个省级行政区，二者不完全重合。应用案例主要集中在广东省、内蒙古自治区、浙江省、北京市、重庆市等地，2018 年新增河南省、吉林省、湖南省、陕西省。相比 2017 年应用地域主要集中在广东省、内蒙古自治区、北京市、四川省、浙江省等地，2018 年浙江省对指导性案例的应用率显著提升，赶超北京市，跃居第三位；重庆市超过四川省，排名第五位。其余省级行政区的应用率较低。

（2）内蒙古自治区首次遴选出刑事指导性案例，河南省出现应用案例

刑事指导性案例的来源地 2018 年新增内蒙古自治区、湖南省、陕西省及江西省 4 个省级行政区的各级人民法院。其中，陕西省和湖南省作为刑事指导性案例的来源地，

首次被遴选就有了应用案例。特别值得指出的是，应用率较高的内蒙古自治区首次遴选出刑事指导性案例（指导案例97号）；河南省作为刑事指导性案例的来源地首次出现应用案例，共有2例。

(3) 最高人民法院及上海市、黑龙江省作为刑事指导性案例的来源地均未发现应用案例

目前，刑事指导性案例的来源地以浙江省、江苏省、四川省为主，广东省、重庆市、山西省、贵州省、吉林省和河北省等10个省级行政区尚未遴选出指导性案例，但在审判实践中均已应用了刑事指导性案例。相反，曾遴选出刑事指导性案例的最高人民法院、上海市、黑龙江省，尚未发现有应用案例（如图3-10所示）。

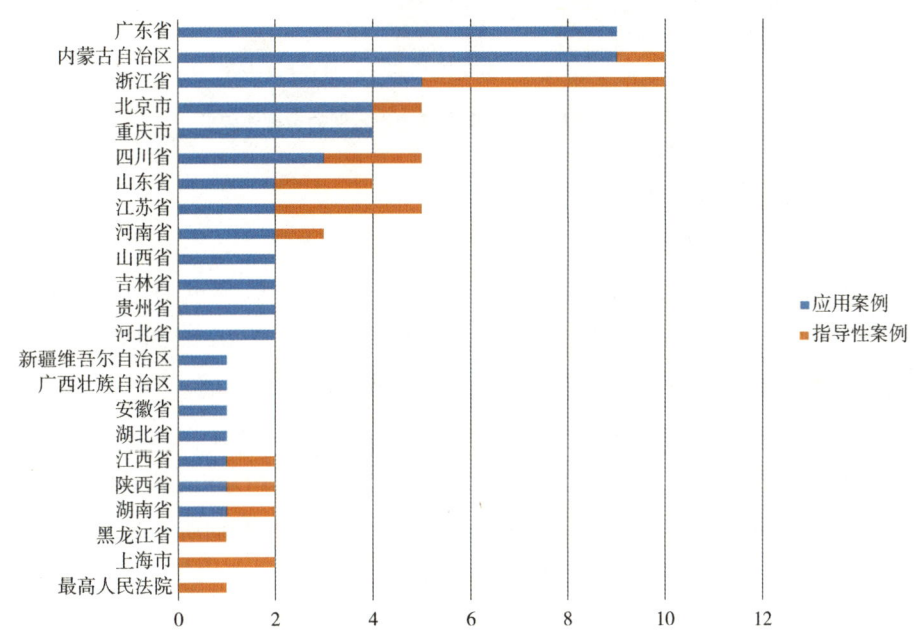

图3-10 刑事指导性案例及其应用案例的地域分布

3. 刑事应用案例的审理法院

(1) 刑事应用案例的审理法院均为普通法院，未发现专门法院

在审判实践中，应用刑事指导性案例的法院均为普通法院，共计55例。尚未发现专门法院应用刑事指导性案例。

(2) 中级人民法院和基层人民法院的应用案例最多，最高人民法院没有应用案例

中级人民法院和基层人民法院应用刑事指导性案例的频率最高，分别为25例、24例，应用率分别为45%和44%。高级人民法院应用较少，仅有6例，应用率约为11%。刑事指导性案例有1例来源于最高人民法院，但司法实践中，尚未发现最高人民法院对

刑事指导性案例的应用（如图 3-11 所示）。

图 3-11　刑事指导性案例及其应用案例的审理法院

4. 刑事应用案例的审理程序

（1）刑事应用案例的审理程序仅涉及一审程序和二审程序

最高人民法院发布的刑事指导性案例涉及一审程序、二审程序、再审程序和其他审理程序，而司法实践中的刑事应用案例与 2017 年相同，仍然仅涉及一审程序和二审程序。

（2）刑事指导性案例的主要审理程序与应用案例不同

在刑事指导性案例的审理程序中，适用二审程序的最多，共有 10 例，而在应用案例的审理程序中，则以一审程序的适用为主，共计 30 例，比 2017 年同期（19 例）增加了 11 例，总体占比为 55%；适用二审程序的有 25 例，比 2017 年同期（17 例）增加了 8 例，总体占比为 45%（如图 3-12 所示）。

图 3-12　刑事指导性案例及其应用案例的审理程序

5. 刑事指导性案例及其应用案例的终审结果

刑事指导性案例中涉及二审和再审程序的，共有12例。55例应用案例中，涉及二审程序的案件共计25例，不涉及再审案件。

（1）刑事指导性案例及其应用案例的终审结果中二审维持原判的占比在50%以上

涉及二审和再审程序的刑事指导性案例中，二审维持原判的比例最高，总体占比为50%；部分维持、部分改判的，总体占比为25%；二审改判的，总体占比为17%；再审改判的，总体占比为8%（如图3-13所示）。应用案例中，二审维持原判的案件，总体占比为60%；部分维持、部分改判的，总体占比为20%；二审改判的，总体占比为16%；部分维持、部分加判的，总体占比为4%（如图3-14所示）。可见，与指导性案例相比，应用案例中，二审维持原判的比例略高，二审改判及部分维持、部分改判的比例更小一些。

图3-13　刑事指导性案例的终审结果　　图3-14　刑事应用案例的终审结果

（2）刑事指导性案例及其应用案例的改判案例涉及不同领域

在刑事指导性案例中，改判的案例包括指导案例4号、12号和97号，涉及的案由为故意杀人罪和非法经营罪。刑事应用案例的改判案件，其主要援引的指导性案例包括指导案例13号、61号和71号。改判的刑事应用案例涉及的案由包括利用未公开信息交易罪，非法制造、买卖、运输、储存危险物质罪和拒不执行判决、裁定罪。

（三）刑事应用案例的应用情况分析

1. 刑事指导性案例的首次应用日期和发布日期间隔有4例在半年之内

在已被司法实践应用的13例刑事指导性案例中，除指导案例12号之外，其余12例指导性案例的应用均发生在其发布以后。刑事指导性案例被首次应用的时间分别为其发布后的1~57个月不等。其中，指导案例61号的发布时间为2016年6月30日，首次应用的时间为 2016 年 8 月 26 日，前后间隔仅 50 天的时间。间隔较短的还有指导案例 13 号、71 号和 62 号，间隔时间分别为 124 天、141 天和 168 天（如图 3-15 所示）。

图 3-15　刑事指导性案例的发布日期与首次应用日期

2. 刑事指导性案例的应用主体

（1）刑事指导性案例的应用主体广泛，其中以法官居多，总体占比增加 9%

司法实践中，刑事指导性案例的应用主体有七类，包括法官、原告、被告、公诉人、辩护人、上诉人、被上诉人。其中，法官的应用比例最高，总体占比为 51%，相比 2017 年同期（占比为 42%）增加 9%；其次为被告、上诉人和公诉人，总体占比分别为 14%、13% 和 9%；最后为辩护人、原告和被上诉人，总体占比分别为 7%、4% 和 2%（如图 3-16 所示）。

图 3-16　刑事指导性案例的应用主体

(2) 在法官主动援引的 11 例刑事应用案例中，未涉及指导案例 32 号和 87 号

司法实践中，法官主动援引指导性案例的，裁判时基本上都参照指导性案例作出了相同判决。法官主动援引的 26 例应用案例中，共涉及 11 例刑事指导性案例，未涉及指导案例 32 号和 87 号。其中，援引最多的是指导案例 13 号和 62 号，分别被引用 5 次；指导案例 71 号被引用 4 次；指导案例 11 号、12 号、28 号、61 号，分别被引用 2 次；其他 4 例指导性案例均被援引 1 次（如图 3-17 所示）。

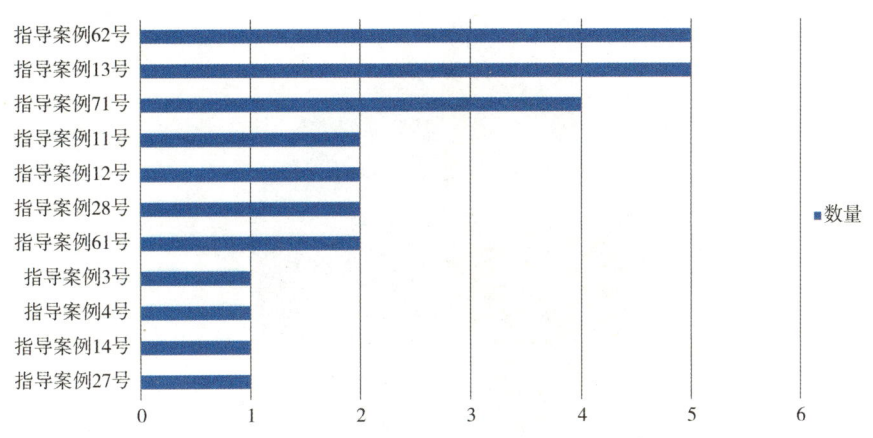

图 3-17 法官主动援引刑事应用案例的数量

(3) 当事人援引的刑事应用案例共涉及 8 例刑事指导性案例

在司法实践中，当事人应用刑事指导性案例的，共计 19 例，总体占比为 35%。当事人，既包括审理程序中的当事人，也包括执行程序中的当事人，其在起诉、上诉、答辩和举证、质证等环节均可以援引指导性案例来证明自己的主张。在当事人引用的 19 例刑事应用案例中，共涉及 8 例刑事指导性案例，其中，指导案例 13 号被引用的次数最多，共计引用 8 次。

(4) 公诉人引用的刑事应用案例引用方式单一

对于公诉人而言，其应用指导性案例的方式比较单一，即向人民法院提出检察建议。被公诉人作为参考依据向人民法院提出检察建议的刑事指导性案例共计 5 例，分别为指导案例 11 号、12 号、13 号、28 号、32 号，均被引用 1 次。

3. 刑事指导性案例的应用内容

根据 2011 年 12 月 30 日发布的最高人民法院研究室《关于印发〈关于编写报送指导性案例体例的意见〉、〈指导性案例样式〉的通知》① 的规定，每篇指导性案例均由七个

---

① 参见最高人民法院研究室《关于印发〈关于编写报送指导性案例体例的意见〉、〈指导性案例样式〉的通知》，载北大法宝—法律法规库（http：//www.pkulaw.cn/fbm/，【法宝引证码】CLI. 3. 175399），访问日期：2019 年 3 月 18 日。

部分组成,即标题、关键词、裁判要点、相关法条、基本案情、裁判结果及裁判理由。在审判实践中,无论是法官、公诉人还是当事人,在引用指导性案例时,其引用的内容不仅包括裁判要点,还包括基本案情和裁判理由。在55例刑事应用案例中,裁判要点被引用的频率最高,为31次,总占比为56%;引用基本案情的,为9次,总占比为16%;应用裁判理由的,为2次,总占比为4%;另外,还有部分未明确引用内容的,总占比为24%(如图3-18所示)。

图3-18 刑事指导性案例应用内容参照情况①

4. 刑事指导性案例的应用表述

根据2015年5月13日发布的《〈最高人民法院关于案例指导工作的规定〉实施细则》② 第11条第1款的规定,在办理案件过程中,案件承办人员应当查询相关指导性案例。在裁判文书中引述相关指导性案例的,应在裁判理由部分引述指导性案例的编号和裁判要点。

援引刑事指导性案例时的应用表述主要包括发布主体、发布日期、发布批次、指导性案例编号、指导性案例标题、裁判要点等六个要素。2018年调研过程中新出现一种七要素组合模式,在刑事应用案例中并不涉及。

(1)发布主体、指导性案例编号和裁判要点是应用频率较高的三个要素

在55例刑事应用案例中,发布主体被援引的次数最多,为53次,总体占比达到了96%。主要的表述形式有:参照/依据/根据最高人民法院发布的指导性案例、与最高人

---

① 说明:应用内容中的"未明确",是指在引用指导性案例时未明确说明其引用的具体内容,且根据裁判文书也不能判断其引用的内容。

② 参见《〈最高人民法院关于案例指导工作的规定〉实施细则》,载北大法宝—法律法规库(http://www.pkulaw.cn/fbm/,【法宝引证码】CLI.3.249447),访问日期:2019年3月18日。

民法院发布的指导性案例、请求/建议/应当参照最高人民法院发布的指导性案例等。其次是指导性案例编号,仅次于发布主体,被援引次数为 35 次,总体占比达到了 64%。再次是裁判要点,被援引的次数为 30 次。裁判要点主要的表述方式有:最高人民法院发布的指导性案例××号裁判要点、最高人民法院发布的指导性案例中的××号案件认定等。除此以外,其他要素被援引的次数较少(如图 3-19 所示)。

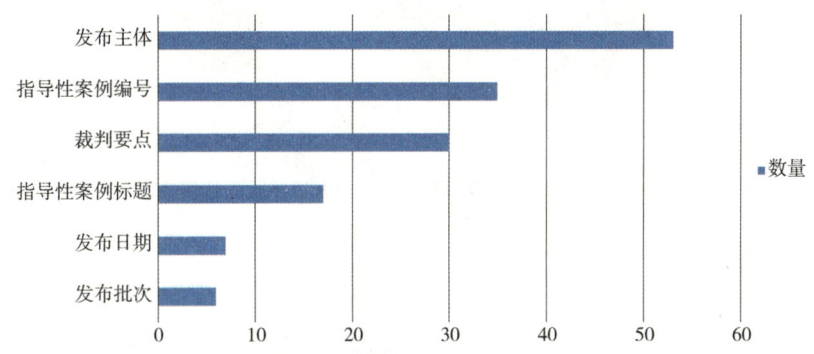

图 3-19　刑事指导性案例应用表述要素的使用情况

(2)应用表述模式以三要素为主,表述要素中以"主体+编号+要点"为主导模式

根据应用表述所涉及的六个要素的引述情况,可将其分为单要素表述、双要素表述、三要素表述、四要素表述、五要素表述和六要素表述六大类。六种不同的表述类别所涉及的要素种类和组合模式各不相同,即使是相同的表述类别,具体的要素种类和组合模式也存在差异。通过对 55 例应用案例的统计分析,其中,三要素的表述最多,有 21 例,双要素表述的有 14 例,单要素表述的有 9 例,四要素表述的有 7 例,五要素表述的有 3 例,六要素表述的仅有 1 例。

三要素表述中包含六种表述模式,其中,"主体+编号+要点"模式有 15 例,占三要素表述模式中的一半以上,属于主导模式。双要素表述中,以"主体+编号"为表述模式。单要素表述中,以"主体"为单一表述模式,同时一般表述构成为"主体"+"指导性案例"字样。四要素的表述模式有 3 例,五要素表述模式有 2 例,六要素表述模式为"主体+日期+批次+编号+标题+要点"。

(3)法官同时引述指导性案例编号和裁判要点的情况相对较多

在 55 例应用案例中,法官明示援引共有 27 例,总体占比为 49%,其中包含法官主动援引 23 例,法官被动援引 4 例。法官在援引指导性案例时,在裁判理由部分同时引述指导性案例编号和裁判要点的共有 17 例,总体占比为 31%,引述其他要素的涉及 10 例,总体占比为 18%(如图 3-20 所示)。

图 3-20　法官援引刑事指导性案例时表述要素的使用情况

5. 刑事指导性案例的应用结果

（1）法官主动援引指导性案例的全部予以参照

在 55 例应用案例中，法官明示援引的共有 27 例。其中，法官主动援引的有 23 例，在裁判时全部予以参照；法官被动援引的有 4 例，在裁判时有 2 例予以参照，2 例不予以参照。

（2）裁判要点成为法官主动援引参照与否的重要标准

在 27 例法官明示援引的应用案例中，法官主动援引指导性案例的，参照内容无论为裁判要点还是基本案情，其应用结果均为参照指导性案例。其中，在法官主动援引中，参照裁判要点的有 18 例，相比 2017 年同期（8 例）增加了 10 例；参照基本案情的有 3 例，未明确参照内容的有 2 例。而在法官被动援引中，参照/不参照裁判要点的各有 2 例（如表 3-6 所示）。

表 3-6　刑事指导性案例的参照标准

明示援引	参照标准	参照（例）	未参照（例）
法官主动援引	裁判要点	18	0
	基本案情	3	0
	未明确	2	0
法官被动援引	裁判要点	2	2

三、刑事指导性案例的应用空间

最高人民法院已发布 20 批共计 106 例指导性案例，刑事指导性案例有 22 例，仅低于民事指导性案例，排名第二位。2018 年最高人民法院发布了 14 例指导性案例，刑事指导性案例有 7 例，总体占比为 50%。但是刑事指导性案例仅有 55 例刑事应用案例，比行政类和执行类指导性案例的应用案例数量少，仅高于知识产权类和国家赔偿类指导性案例。为进一步探究刑事指导性案例在司法实践中是否存在应用空间，本报告对"北大法宝—司法案例库"中的数据作了如下调研。

（一）刑事指导性案例发布后，案由相同案件的审理情况

案情相似，是指导性案例应用于司法实践的前提和基础。而在刑事领域，判断两个案件是否相似的重要标准之一就是案由。因此，从某种程度上看，案由相同的案件可以视为相似案件，当然这种判断并不准确，但是至少可以提供一定的参考价值。

根据 2018 年 12 月 31 日对"北大法宝—司法案例库"中收录的裁判文书查询结果，自各类刑事指导性案例发布以来，与其案由相同的各类案件中，除破坏计算机信息系统罪以外均有审结的情况，尤其是侵犯财产类犯罪，其审结的数量总体占比具有绝对优势。自 2014 年 6 月 23 日发布指导案例 27 号、2013 年 1 月 31 日发布指导案例 14 号以来，截至 2018 年 12 月 31 日，盗窃犯罪案件已审结 1 222 280 例，诈骗犯罪案件已审结 242 378 例，抢劫犯罪案件已审结 500 015 例。但是，在如此高的结案量中，参照指导案例 27 号和指导案例 14 号作出的裁判仅各有 1 例。2018 年发布的第二十批 5 例涉及网络犯罪的指导性案例中，由于发布时间较短，因此相同案由的案件较少且并未应用。不过，这从另一个侧面也反映出，指导性案例在同类案件中的司法应用空间还是比较大的（如图 3-21 所示）。

图 3-21 各类刑事指导性案例发布后相同案由案件的审理情况

(二)刑事指导性案例发布后,其审理法院所在的省级行政区同类案件审结情况

一般而言,曾遴选出指导性案例的地域应该更加关注和重视对指导性案例的应用,但是,在刑事领域,此规律尚未呈现。为了进一步了解刑事指导性案例的应用空间,本报告以浙江省为例,对其在指导性案例发布后审结的同类案件进行了调研(如图3-22所示)。

图3-22 浙江省审理同类案件的情况①

最高人民法院发布的由浙江省人民法院审理的刑事指导性案件共涉及7类案由,即贪污罪、受贿罪、盗窃罪、诈骗罪、拒不执行判决、裁定罪及非法制造、买卖、运输、储存危险物质罪,开设赌场罪。根据2018年12月31日对"北大法宝—司法案例库"中收录的裁判文书的查询结果,自各类刑事指导性案例发布以后,浙江省关于这7类案由,均有同类案件审结。其中,审结数量最多的是涉及盗窃罪的案件,从2014年6月23日至2018年12月31日,已审结112 123例;审结数量最少的是涉及开设赌场罪的案件,仅有1例,其原因是发布日期为2018年12月25日,发布时间较短。根据以上数据可知,尽管浙江省对同类案件的审理数量有所差异,但至少可以说明,由其审理的指导性案例在该省未来的司法实践中,具有更广泛的应用可能性。

---

① 说明:浙江省审理的指导性案例涉及的罪名相对较多,故以该省数据为例。

（三）刑事指导性案例发布后，其审理法院审结同类案件的情况

根据上文对浙江省审理同类案件情况的总结可以推知，在曾遴选出指导性案例的地域，法院审理同类案件的数量还是相当可观的，其司法应用的空间也是存在的。为了进一步印证这一结论，本报告将从审理法院的角度，对指导性案例发布后法院审结同类案件的情况进行了调研（如表3-7所示）。

表3-7 刑事指导性案例的审理法院审理同类案件的情况

案由	刑事指导性案例的审理法院	同类案件审理数量（例）（截至2018年12月31日）
故意杀人罪	山东省高级人民法院	3459
故意杀人罪	黑龙江省高级人民法院	1909
危险驾驶罪	上海市浦东新区人民法院	1350
合同诈骗罪	北京市第一中级人民法院	195
盗窃罪	浙江省高级人民法院	159
受贿罪	江苏省高级人民法院	127
诈骗罪	浙江省高级人民法院	113
受贿罪	浙江省高级人民法院	37
假冒注册商标罪	江苏省宿迁市中级人民法院	24
贪污罪	浙江省高级人民法院	19
生产、销售有毒、有害食品罪	江苏省扬州市中级人民法院	19
抢劫罪	河南省平顶山市新华区人民法院	17
故意杀人罪	四川省成都市武侯区人民法院	12
故意伤害罪	山东省高级人民法院	9
拒不支付劳动报酬罪	四川省成都市双流区人民法院	8
利用未公开信息交易罪	最高人民法院	6
拒不执行判决、裁定罪	浙江省温州市平阳县人民法院	6
非法制造、买卖、运输、储存危险物质罪	浙江省绍兴市越城区人民法院	0
非法经营罪	内蒙古自治区巴彦淖尔盟中级人民法院	0
破坏计算机信息系统罪	上海市浦东新区人民法院	0
破坏计算机信息系统罪	湖南省长沙市中级人民法院	0
破坏计算机信息系统罪	陕西省西安市中级人民法院	0
开设赌场罪	江西省赣州市章贡区人民法院	0
开设赌场罪	浙江省杭州市中级人民法院	0

根据 2018 年 12 月 31 日对"北大法宝—司法案例库"中收录的裁判文书的查询结果，自各类刑事指导性案例发布以后，刑事指导性案例的审理法院中，有 7 家人民法院没有同类案例，具体包括浙江省绍兴市越城区人民法院、内蒙古自治区巴彦淖尔盟中级人民法院、上海市浦东新区人民法院、湖南省长沙市中级人民法院、陕西省西安市中级人民法院、江西省赣州市章贡区人民法院、浙江省杭州市中级人民法院。其余审理法院均有同类案件审结，数量各不相同（如表 3-7 所示）。其中，数量最多的是山东省高级人民法院，自 2011 年 12 月 20 日至 2018 年 12 月 31 日，已审结故意杀人罪案件共计 3459 例。其次是黑龙江省高级人民法院，自 2011 年 12 月 20 日至 2018 年 12 月 31 日，已审结故意杀人罪案件共计 1909 例。尽管各地对同类案件的审理数量有所差异，但刑事指导性案例依然有广泛的应用空间。

四、调研综述

受同案同判、个案公正等司法职业需求以及公众诉求的影响，我国从 2010 年年底开始逐步建立和完善中国特色的案例指导制度，通过指导性案例的遴选、发布以及援引活动，实现同案同判的司法公正价值。① 为解决刑事案件同案异判、统一法律适用标准问题，最高人民法院多措并举，建立和规范案例指导制度等。同时，理论界对指导性案例的关注度普遍较高，但是司法实践中刑事指导性案例的应用并不理想，通过对刑事指导性案例的研究得出如下结论：

（一）刑事指导性案例总体发布数量排名第二，应用案例仅高于知识产权类和国家赔偿类指导性案例

从 2011 年发布第一批指导性案例以来，最高人民法院已发布 20 批共计 106 例指导性案例，其中刑事指导性案例有 22 例。从发布比例来看，刑事指导性案例的发布数量仅低于民事指导性案例，排名第二位。虽然 22 例刑事指导性案例已有 13 例被应用于司法实践，应用率达到了 59%，但是应用案例共有 55 例，仅高于知识产权类指导性案例（32 例）和国家赔偿类指导性案例（17 例）。刑事指导性案例的应用案例如此之少，是由于刑事审判中对罪与非罪、此罪与彼罪的认定及罚当其罪的衡量，需要更加严格、统一的认定标准，不容许各级人民法院对尚无明文规定的犯罪行为进行自由裁度，否则不仅会使同案异判成为各方口诛笔伐的对象，还会直接影响司法公正和法治权威。②

（二）刑事指导性案例在 2018 年首次出现整批发布的现象

最高人民法院发布的第二十批指导性案例共有 5 例，针对目前实践中高发的网络犯

---

① 参见张婷婷：《论指导性案例援引的经验主义逻辑》，载《北方法学》2018 年第 6 期，第 15 页。
② 参见张阳：《向度与纬度：刑事指导案例的再思考》，载《中国人民公安大学学报（社会科学版）》2018 年第 1 期，第 75 页。

罪案件审判实践中突出的法律适用问题进行整理编写，均为与网络犯罪相关的指导性案例，涵盖破坏计算机信息系统、网上开设赌场等犯罪行为。随着互联网及社会的发展变化，类型新颖、争议问题较多的案件会频繁发生，相应的在法律适用的统一性上也会越发迫切地需要刑事指导性案例的指引。因此，未来刑事指导性案例的发布也不排除仍会出现整批发布的现象。

（三）裁判要点以基本事实归类型为主，指引依据侧重于刑法分则

经调研发现，在 22 例刑事指导性案例中，共涉及 34 条裁判要点，其中基本事实归类型最多，有 22 条，总体占比为 64.7%；条文含义解释型和量刑行刑指导型各有 5 条，总体占比分别为 14.7%；程序规则确认型有 2 条，总体占比为 5.9%。另外，调研针对刑事指导性案例的相关法条进行了分析，发现指引依据更侧重于刑法分则。相关法条涉及刑法总则的有 6 例，总体占比为 27%；涉及刑法分则的有 16 例，总体占比为 73%。

（四）刑事指导性案例以新型网络犯罪案由居多，指导案例 28 号首次被应用于同类案由

最高人民法院发布的 22 例刑事指导性案例案由，仅涉及刑事十大类案由中的六大类，具体包括危害公共安全罪，破坏社会主义市场经济秩序罪，侵犯公民人身权利、民主权利罪，侵犯财产罪，妨害社会管理秩序罪，贪污贿赂罪等。危害国家安全罪、危害国防利益罪、渎职罪、军人违反职责罪这四大类案由尚未有相应的指导性案例发布。

22 例刑事指导性案例包括的具体罪名有故意杀人罪、危险驾驶罪、合同诈骗罪、抢劫罪等共计 18 种。其中，涉及新型网络犯罪的指导性案例案由最多，分别为破坏计算机信息系统罪，有 3 例，开设赌场罪，有 2 例，总占比为 23%。

55 例应用案例中，非法制造、买卖、运输、储存危险物质罪案由的数量最多，共计 11 例，总占比为 20%。其他案由应用案例相对较少。另外，生产、销售有毒、有害食品罪，假冒注册商标罪，破坏计算机信息系统罪及开设赌场罪等指导性案例目前尚未发现应用案例。其中，指导案例 28 号（拒不支付劳动报酬罪）首次被应用于同类案由，共有 2 例。

（五）应用地域范围覆盖 20 个省级行政区，主要集中在广东省、内蒙古自治区、浙江省、北京市、重庆市等地

刑事指导性案例主要来源于最高人民法院及浙江省等 12 个省级行政区的各级人民法院，以浙江省、江苏省、四川省等地的人民法院为主。2018 年刑事指导性案例的来源地新增内蒙古自治区、湖南省、陕西省及江西省 4 个省级行政区的各级人民法院。应用刑事指导性案例的人民法院共涉及广东省、内蒙古自治区、北京市、四川省等 20 个省级行政区，主要集中在广东省、内蒙古自治区、浙江省、北京市、重庆市等地，2018 年

应用地域新增河南省、吉林省、湖南省、陕西省 4 个省级行政区的各级人民法院。应用率较高的内蒙古自治区首次遴选出刑事指导性案例；河南省作为刑事指导性案例的来源地首次出现应用案例。

（六）法官主动援引都参照指导性案例，应用内容集中在裁判要点

在 55 例应用案例中，27 例为法官明示援引，共涉及 12 例刑事指导性案例。其中，法官主动援引指导性案例，其应用结果均为参照指导性案例。在 23 例法官主动援引中，参照裁判要点的有 18 例，总占比为 78%，参照率最高。参照基本案情的有 3 例，未明确参照内容的有 2 例。而在法官被动援引中，参照/不参照裁判要点的各有 2 例。

四、民商事分报告

最高人民法院民商事指导性案例 2018 年度司法应用报告*

[摘要] 截至 2018 年 12 月 31 日,最高人民法院已发布民商事指导性案例 35 例,在已发布的各类指导性案例中排名第一。本报告以"北大法宝—司法案例库"中收录的裁判文书作为数据样本,通过分析发现,已有 33 例民商事指导性案例被应用,应用率高达 94%。应用案例共计 2171 例,占应用案例总量的 70%,应用案由以机动车交通事故责任纠纷和买卖合同纠纷为主,应用地域广泛,法官和上诉人的引用最多,参照率较高。

[关键词] 民商事指导性案例　发布数量　司法应用　应用率　参照率

截至 2018 年 12 月 31 日,最高人民法院发布了 20 批共计 106 例指导性案例,司法实践中,民商事指导性案例共有 35 例,涉及合同纠纷、侵权责任纠纷、公司纠纷等 13 类案由。其中合同纠纷最多,共有 14 例,总体占比为 40%。已被应用于司法实践的民商事指导性案例共有 33 例,应用率高达 94%。尚未被应用的有 2 例。援引民商事指导性案例的案例,即应用案例,累计共有 2171 例,相比于 2017 年(1127 例)①,2018 年应用案例数量增幅明显。其中应用频率最高的是指导案例 24 号("荣宝英诉王阳、永诚财产保险股份有限公司江阴支公司机动车交通事故责任纠纷案"),应用数量高达 671 次。应用较多的还有指导案例 15 号和 23 号。应用案由主要集中在机动车交通事故责任纠纷和买卖合同纠纷。应用案例主要集中分布在广东省、浙江省、山东省、河南省及四川省等地,审理法院和审理程序分别以中级人民法院和二审程序为主。

一、民商事指导性案例的发布状况

(一)民商事指导性案例的发布规律

1. 16 批指导性案例均涉及民商事指导性案例,近两年发布数量不稳定

20 批指导性案例中,仅第九批、第十六批、第十七批和第二十批没有民商事指导性案例发布,其他 16 批均有民商事指导性案例发布。尽管最高人民法院发布指导性案例

---

* 本报告对民商事指导性案例发布情况的研究范围为最高人民法院发布的第一至二十批民事类指导性案例,不含知识产权类和执行类指导性案例,知识产权类和执行类指导性案例司法应用分析报告参见本书相应部分。本报告发布案例数据和应用案例数据截止时间均为 2018 年 12 月 31 日。

① 参见北大法律信息网组织编写:《最高人民法院指导性案例司法应用研究报告(2017)》,北京大学出版社 2018 年版,第 73 页。

的日期不固定，但是从2011—2016年，每年均有民商事指导性案例发布。2011年仅有1例，2012年上升至4例，2013—2015年基本保持在每年5～6例，2016年上升至10例，2017年未发布民商事指导性案例，2018年发布4例民商事指导性案例。

2. 民商事指导性案例的发布日期与发布频率不固定

最高人民法院从2011—2018年，除2017年外每年均有民商事指导性案例发布，发布批次在1～4批不等。其中第十四批和第十五批涉及民商事指导性案例最多，分别有4例。第一批、第七批、第八批、第十二批和第十三批分别有1例民商事指导性案例发布。其余发布的9个批次的指导性案例，每批有2～3例民商事指导性案例。从发布的月份来看，上半年主要集中在1月、4月、5月、6月，下半年主要集中在9月、11月、12月。

3. 民商事指导性案例的审结日期集中在2009—2016年，审结日期与发布日期间隔多在5年之内

在最高人民法院发布的35例民商事指导性案例中，审结最早的案例可以追溯到2004年7月，最新案例的审结时间是2018年2月。审结时间主要集中于2009年之后，共有31例，总体占比为89%。审结日期与发布日期二者间隔在5年之内的案例数量为30例，总体占比为86%。间隔时间在10年以上的案例有1例，即指导案例52号，是审结日期最早的案例，审结日期为2004年7月，发布日期为2015年4月，审结日期与发布日期间隔近11年之久。间隔在1年之内的有7例案例，其中，有1例案例的发布日期和审结日期的间隔在9个月左右，即指导案例7号。有1例案例的发布日期和审结日期的间隔在10个月左右，即指导案例98号，是审结日期最新的案例，审结日期为2018年2月，发布日期为2018年12月。有5例案例的发布日期和审结日期的间隔在11个月左右，即指导案例24号、66号、67号、68号、75号。

图4-1　民商事指导性案例的发布情况

(二) 民商事指导性案例的发布特点

1. 民商事指导性案例的案由以合同纠纷居多，新增人格权纠纷

2018年，民商事指导性案例新增2例人格权纠纷类案例，即指导案例98号和指导案例99号。由此，最高人民法院发布的35例民商事指导性案例所涉案由包括合同纠纷、侵权责任纠纷、公司纠纷等13类。其中合同纠纷最多，共有14例案例，总体占比为40%。其次为侵权责任纠纷和公司纠纷，各有4例案例，总体占比分别为11%。以人格权纠纷、海事海商纠纷及保险纠纷为案由的，各有2例案例，总体占比分别为6%。另外，执行异议之诉、物权纠纷、破产纠纷、离婚纠纷、劳动争议、继承纠纷及海事诉讼特别程序七类案由，各有1例案例，总体占比极少。

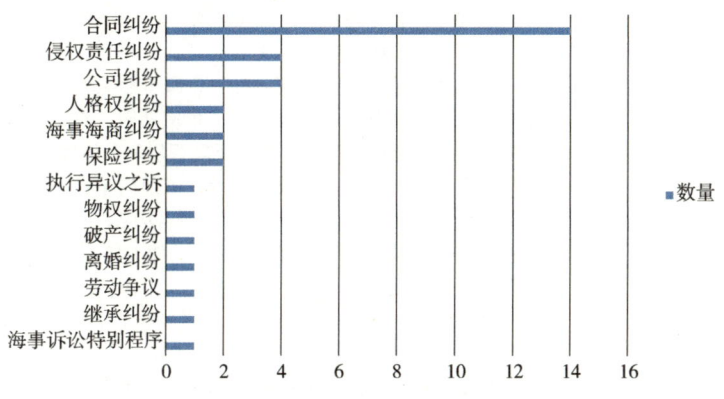

图4-2 民商事指导性案例的案由分布

2. 民商事指导性案例的裁判要点以实体指引为主，约占94%

民商事指导性案例的裁判要点为实体指引的，共有33例，总体占比为94%，发布于2011—2013年、2016年及2018年5个年份；裁判要点为民事诉讼程序指引的，有2例，即指导案例25号和指导案例56号，发布于2014年和2015年。

图4-3 民商事指导性案例裁判要点指引

3. 民商事指导性案例的关键词中,"民事"出现的最多,出现1次的关键词有97个

表4-1 民商事指导性案例关键词统计表

出现次数	数量	具体关键词
30次	1个	民事
4次	1个	民事诉讼
3次	1个	金融借款合同
2次	4个	买卖合同;告知义务;连带责任;违约
1次	97个	保险代位求偿权;保险人代位求偿;别除权;财产保险合同;财产返还;出质登记;船舶碰撞损害赔偿;单方解除;第三者对保险标的的损害;电信服务合同;恶意串通;二手房买卖;法定义务;法律效力;分期付款;公司僵局;公司解散;公司决议撤销;公司清算义务;股权转让;关联公司;管辖;管辖异议;过错责任;海上货物运输保险合同;海事;海事赔偿责任限额计算;海事赔偿责任限制基金;海事诉讼;行使期限;航班延误;航空旅客运输合同;合同解除;合意违反航行规则;环境污染公益诉讼;婚生子女;机动车交通事故;继承;家用汽车;交通事故;借款合同;金钱质押;经营管理严重困难;居间合同;抗诉;劳动合同;离婚;离婚时;连带清偿责任;赔偿责任;欺诈;企业借贷;起算点;清偿债务;确认合同无效;人格混同;人工授精;擅自处分共同财产;商品房买卖合同;申请撤诉;审查;十倍赔偿;食品安全;收益权质押;司法审查范围;诉讼时效;套牌;特定化;外来原因;违约行为;虚假诉讼;业主共有权;一切险;移交占有;优先受偿权;有效期限;再审期间;责任;责任认定;执行异议之诉;质权实现;终结审查;专门从事环境保护公益活动的社会组织;专项维修资金;最高额担保;担保;最高额抵押权;股东资格确认;初始章程;股权转让限制;回购;生命权;见义勇为;名誉权;荣誉权;英雄烈士;社会公共利益

最高人民法院发布的指导性案例,每篇有3~7个关键词不等。经统计,已发布的35例民商事指导性案例共有104个关键词,其中,作为关键词的"民事"一词,累计出现30次,次数最多;其次是"民事诉讼",出现4次;"金融借款合同"出现3次;"买卖合同""告知义务""连带责任""违约"4个关键词分别出现了2次;另外"保险代位求偿权"等97个关键词仅出现1次。

4. 民商事指导性案例的来源以最高人民法院及上海市、江苏省、北京市等地的人民法院为主,陕西省、河南省首次成为民商事指导性案例来源省份

2018年,陕西省和河北省首次成为民商事指导性案例来源省份。民商事指导性案例的主要来源不仅包括最高人民法院,同时覆盖上海市、江苏省、北京市等8个省级行政区的各级人民法院。已发布的35例民商事指导性案例中,来源于最高人民法院和上海

市的指导性案例数量占绝对优势,分别有 8 例;其次为江苏省,共有 7 例;来源于北京市、安徽省和浙江省的,分别有 4 例、3 例、2 例;来源于福建省、陕西省和河北省的,各有 1 例。

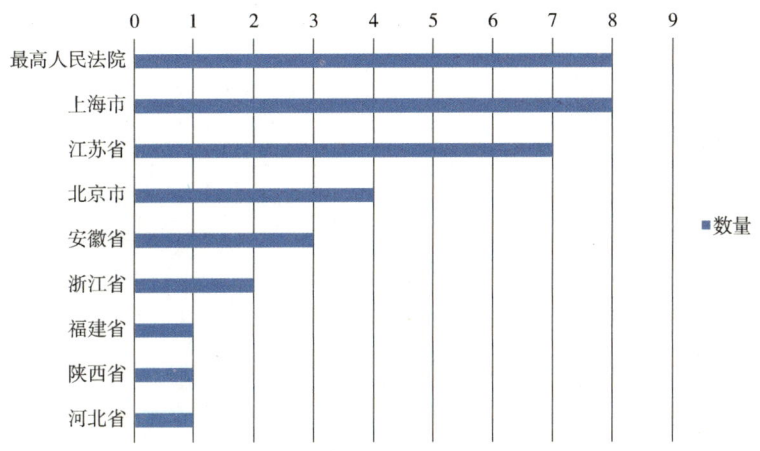

图 4-4 民商事指导性案例的来源地域

5. 民商事指导性案例的审理法院以中级人民法院最多,专门人民法院最少

在已发布的 35 例民商事指导性案例中,由普通法院审理的案件占绝大部分,由专门法院审理的案件仅有 1 例。其中,由中级人民法院审理的案件数量最多,共计 11 例,总体占比为 31%;由高级人民法院、最高人民法院以及基层人民法院审理的案件数量相近,依次为 9 例、8 例和 6 例,总体占比分别为 26%、23% 和 17%。

图 4-5 民商事指导性案例的审理法院

6. 民商事指导性案例审理程序中二审程序达到60%

在已发布的35例民商事指导性案例中,审理程序为二审的共有21例,总体占比为60%;审理程序为一审和再审的各有7例,总体占比分别为20%。

图4-6　民商事指导性案例的审理程序

7. 民商事指导性案例的文书类型以判决书为主,约占80%

在最高人民法院已发布的35例民商事指导性案例中,文书类型为判决书的,共有28例,总体占比为80%;文书类型为裁定书的,共有7例,总体占比为20%。

图4-7　民商事指导性案例的文书类型

二、民商事指导性案例的司法应用

指导性案例被援引的情况可以分为确定性援引和不确定性援引。① 为了确保研究结

---

① 确定性援引,是指根据裁判文书内容(包括评析)的表述,能够直接确定其援引了几号指导性案例;不确定性援引,是指根据裁判文书内容(包括评析)的表述,不能确定其是否援引了指导性案例。

果的准确性,本报告仅对确定性援引进行分析。在最高人民法院发布的 35 例民商事指导性案例中,为了对确定性援引作更为深入的剖析,本报告对确定性援引作了进一步类型化区分,按照法官在裁判案件时是否明确援引了指导性案例进行说理,将确定性援引分为法官明示援引、法官隐性援引①和非法官援引。在最高人民法院已发布的 35 例民商事指导性案例中,共有 2171 例应用案例,其中,涉及法官明示援引②的有 854 例,涉及法官隐性援引③的有 1147 例。2018 年新增非法官援引方式④,共有 160 例。另外,还有一种特殊的援引方式,即法官评析援引⑤,共有 10 例应用案例。

(一)民商事指导性案例的整体应用情况

1. 从整体来看,除指导案例 75 号和指导案例 98 号以外,其余 33 例民商事指导性案例均已被应用

表 4-2 民商事指导性案例的整体应用情况

应用情况	应用数量	指导性案例编号
已被应用	33	1 号、7 号、8 号、9 号、10 号、15 号、16 号、17 号、18 号、19 号、23 号、24 号、25 号、31 号、33 号、50 号、51 号、52 号、53 号、54 号、56 号、57 号、64 号、65 号、66 号、67 号、68 号、72 号、73 号、74 号、95 号、96 号、99 号
未被应用	2	75 号、98 号

在最高人民法院发布的 35 例民商事指导性案例中,除指导案例 75 号和指导案例 98 号以外,其余 33 例民商事指导性案例均已被应用,应用率高达 94%。2018 年民商事指导性案例的应用率比 2017 年(应用率为 87%)提高了 7%,增幅明显。

2. 从个案来看,仍然以指导案例 24 号应用案例最多,指导案例 72 号应用案例增幅最大

在最高人民法院发布的 35 例民商事指导性案例中,有 33 例已被应用于司法实践,共有 2171 例应用案例。应用次数位列前六的指导性案例分别是指导案例 24 号、15 号、

---

① 参见张骐:《再论类似案件的判断与指导性案例的使用》,载《法制与社会发展》2015 年第 5 期,第 138 页。
② 法官明示援引,是指法官作出裁判时明确援引了指导性案例进行说理。主要包括法官主动援引和法官被动援引两种情形,前者是指法官主动援引指导性案例进行说理;后者是指法官被动援引指导性案例进行说理,即检察人员建议或诉讼参与人请求参照指导性案例时,法官在裁判理由中对此作出了回应。
③ 法官隐性援引,是指在审判过程中,检察人员建议或诉讼参与人请求法官参照指导性案例进行裁判,法官对此在裁判理由部分未明确作出回应,但是裁判结果与指导性案例的精神是一致的情况。
④ 非法官援引,是指在审判过程中,诉讼参与人请求或检察人员建议法官参照指导性案例进行裁判,法官基于案件本身情况未作出回应,且从裁判结果来看与指导性案例不具有相关性的情况。
⑤ 评析援引,是指裁判文书正文中并未提及指导性案例,但是在该案例后所附的专家点评、评析、补评及典型意义部分提到指导性案例的情况。

23号、72号、54号、9号,其中应用次数最多的是指导案例24号,应用次数高达671次,其次依次为372次、294次、188次、167次、102次。2018年,指导案例72号应用案例数量(150次)比2017年(38次)增加了近三倍,增幅最大。还有2例指导性案例应用次数在50~100次之间,分别是指导案例17号、1号。有8例指导性案例应用次数在10~50次之间,分别是指导案例8号、25号、19号、33号、74号、10号、57号、53号。另外其他17例指导性案例的应用次数均在10次以下,应用率较低。

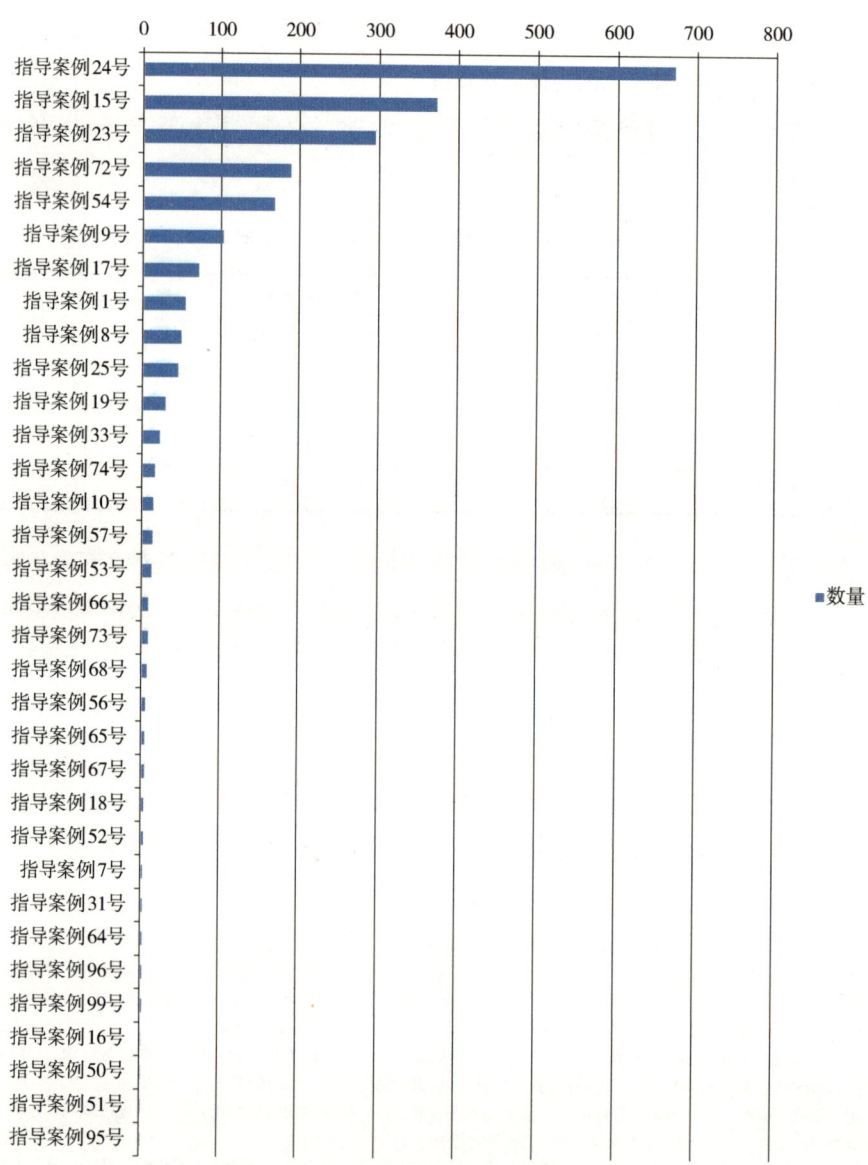

图4-8 民商事指导性案例的个案应用情况

3. 从援引方式上看，法官隐性援引占 52.83%，较 2017 年下降 5.29%，新增非法官援引方式

在明示援引、隐性援引、非法官援引及法官评析援引四种援引方式下，法官采用明示援引的应用案例共有 854 例，总体占比约为 39.34%，包括法官主动援引的 630 例和法官被动援引的 224 例；法官采用隐性援引的应用案例共有 1147 例，总体占比为 52.83%，相比 2017 年（约占 58%）下降 5.29%。非法官援引是新增的援引方式，应用案例共有 160 例，总体占比为 7.37%。另外，法官评析援引的应用案例共有 10 例，总体占比为 0.46%，包括 2 例相关指导性案例发布前的案例评析援引和 8 例相关指导性案例发布后的案例评析援引。

图 4-9　民商事指导性案例援引方式

4. 应用案由主要集中在机动车交通事故责任纠纷和买卖合同纠纷，案外人执行异议之诉和网络购物合同纠纷应用案例数量显著增长

民商事指导性案例被应用于机动车交通事故责任纠纷等 126 种案由，与 2017 年同期（88 种）相比，增加 38 种案由。其中，案外人执行异议之诉和网络购物合同纠纷案件数量显著增长，案外人执行异议之诉应用案例由 2017 年同期的 28 例上升至 109 例；网络购物合同纠纷应用案例的数量由 2017 年同期的 17 例上升至 63 例。以机动车交通事故责任纠纷为案由的应用案例仍然最多，共计 588 例，总体占比为 27%。以买卖合同纠纷为案由的应用案例有 267 例，总体占比为 12%。以借款合同纠纷、案外人执行异议之诉、产品责任纠纷、执行、商品房预售合同纠纷、网络购物合同纠纷为案由的应用案例依次为 137 例、109 例、95 例、77 例、69 例、63 例，总体占比分别为 6%、5%、4%、

4%、3%、3%。另外,居间合同纠纷等20种案由的应用案例均在10例以上50例以下,应用相对较少。保证合同纠纷等98种案由的应用案例均在10例以下,应用较少。

图4-10 民商事指导性案例的应用案由

(二)民商事应用案例与指导性案例的对比分析

1. 民商事指导性案例案由的应用

(1)有27例民商事指导性案例被应用于同类案由的案件

在已被应用的33例民商事指导性案例中,被应用于同类案由的民商事指导性案例有27例。其中,指导案例8号、16号、51号、99号目前仅被应用于相同案由的案件,尚未发现应用于不同案由的案件。另外23例民商事指导性案例,既被应用于同类案由的案件,又被应用于不同案由的案件。值得一提的是,指导案例24号的671例应用案例中,应用案由相同的应用案例有561例,总体占比约为84%。

(2)有23例民商事指导性案例既被应用于同类案由,又被应用于不同案由的案件

有23例民商事指导性案例既被应用于同类案由,又被应用于不同案由的案件,具体包括指导案例1号、7号、9号、10号、15号、17号、18号、19号、23号、24号、25号、31号、33号、52号、53号、54号、56号、57号、64号、66号、67号、72号、

74号。例如指导案例24号的裁判要点为,"交通事故的受害人没有过错,其体质状况对损害后果的影响不属于可以减轻侵权人责任的法定情形",该裁判要点在司法实践中不仅被应用于同类案由,还常被法官或当事人应用于医疗损害责任纠纷、财产损害赔偿纠纷、财产保险合同纠纷和运输合同纠纷等案由的具体案件中。其中,应用于医疗损害责任纠纷和财产损害赔偿纠纷类案件时,法官适用的裁判规则均为"被侵权人或受害人没有过错,其体质状况对损害后果的影响不属于可以减轻侵权人责任的法定情形",而应用于财产保险合同纠纷案件时,其应用的原因是引发该保险合同纠纷的基础案情与指导案例24号的案情相似,均为交通事故引发的事故责任或赔偿纠纷。另外,运输合同纠纷虽然与机动车交通事故责任纠纷不完全一致,但是其所涉及的内容存在交叉,均涉及交通运输问题。

(3) 有6例民商事指导性案例目前仅被应用于不同案由的案件

目前仅被应用于不同案由的6例民商事指导性案例,具体包括指导案例50号、65号、68号、73号、95号、96号。虽然两者的案由不同,但案件关键案情或者争议焦点存在着相似性。例如,指导案例65号为业主共有权纠纷类案件,被法官应用于股权转让纠纷和其他劳动争议、人事争议案件中,虽然两者案情不同,但是争议焦点均涉及诉讼时效的认定。指导案例50号为遗嘱继承类纠纷,被法官应用于监护权纠纷类案件的分析,主要围绕父母子女关系认定问题。另外,指导案例73号为别除权纠纷案件,被当事人应用于建设工程价款优先受偿权纠纷案件,是因为两者争议的焦点均为优先受偿权的计算起点问题。指导案例96号为股东资格确认纠纷案件,被当事人应用于股权转让纠纷,二者争议焦点均为"有限责任公司支付合理对价回购股东股权,且通过转让给其他股东等方式进行合理处置"的问题。

2. 民商事指导性案例的应用地域

(1) 民商事指导性案例的应用地域主要集中在广东省、浙江省、山东省、河南省、四川省等地,河南省、四川省、北京市民商事应用案例数量上升明显

2018年陕西省和河北省首次成为民商事指导性案例的来源省份。至此,已发布的民商事指导性案例共涉及最高人民法院及浙江省、江苏省、上海市、安徽省、福建省、北京市、陕西省、河北省8个省级行政区的人民法院。民商事指导性案例的应用案例已覆盖全国除港澳台地区以外的31个省级行政区,主要集中在广东省、浙江省、山东省、河南省等地。特别值得指出的是,河南省、四川省和北京市的民商事应用案例数量相比于2017年同期上升明显,分别从61例上升至129例、从59例上升至113例、从18例上升至94例。应用率最高的仍然是广东省,有320例,总体占比约为15%。其次是浙江省、山东省、河南省、四川省、福建省、江苏省,应用案例均在200例以下100例以

上。北京市、内蒙古自治区、安徽省、辽宁省、河北省、湖北省、吉林省、湖南省、重庆市应用案例均在100例以下50例以上。其余省级行政区的应用率较低。

图4-11 民商事指导性案例及其应用的地域分布情况

(2) 指导性案例的来源地更注重应用,广东省等23个非来源地均有应用案例

在应用案例超过40例的20个省级行政区中,浙江省、江苏省、北京市、安徽省、福建省、河北省、陕西省和上海市8个省级行政区均曾遴选过指导性案例。其中,新增来源地陕西省和河北省的应用案例分别有49例、80例。可见在审判实践中,曾遴选出指导性案例的省份更加注重对指导性案例的应用。

尽管民商事指导性案例的来源地以东部地区或经济发达地区为主，但是应用案例的地域却并不仅局限于此。广东省、山东省、河南省、四川省、内蒙古自治区、湖北省、辽宁省、吉林省、湖南省、江西省、贵州省、重庆市、黑龙江省、天津市、新疆维吾尔自治区、山西省、广西壮族自治区、海南省、云南省、宁夏回族自治区、甘肃省、青海省、西藏自治区23个省级行政区，虽然没有涉及指导性案例的发布，但均在审判实践中应用了民商事指导性案例。

3. 民商事应用案例的审理法院

（1）民商事应用案例的审理法院以普通法院居多，专门法院增幅明显

审判实践中，应用民商事指导性案例的法院主要是普通法院，其应用案例共有2147例，总体占比超过98%；专门法院应用民商事指导性案例共有24例，相比2017年同期（9例）增幅明显，其中有9例为铁路运输中级人民法院应用，7例为铁路运输基层人民法院应用，8例为海事法院应用。

（2）民商事指导性案例对中级人民法院和基层人民法院更具有指导意义

在应用民商事指导性案例的法院中，中级人民法院和基层人民法院的应用案例较多，总体占比分别为56%和35%。高级人民法院的应用案例较少，总体占比为7%，最高人民法院和专门人民法院的应用案例总体占比均不足1%。

（3）最高人民法院应用的民商事指导性案例较少

在最高人民法院发布的35例民商事指导性案例中，有8例来源于最高人民法院，总体占比约为23%。但在司法实践中，最高人民法院的民商事应用案例仅有17例，总体占比不足1%。应用较少的原因是司法实践中由最高人民法院审理的案件普遍具有一定的特殊性和复杂性，从而在一定程度上减少了最高人民法院对民商事指导性案例的应用。

图4-12　民商事指导性案例及其应用的审级情况

4. 民商事应用案例的审理程序

(1) 民商事应用案例涉及普通诉讼程序居多，执行程序增幅明显，特殊程序成倍增长

民商事应用案例涉及的审理程序比民商事指导性案例的审理程序更丰富。在应用案例中，适用普通诉讼程序（包括一审、二审、再审程序）的案例由 2017 年同期的 1083 例上升至 2081 例，总体占比为 96%；适用执行程序的案例有 76 例，比 2017 年同期（39 例）增长 95%；适用特殊程序的有 14 例，与 2017 年同期（5 例）相比，增长 1.8 倍。

(2) 民商事应用案例的审理程序以二审程序为主，约占 55%

在最高人民法院发布的 35 例民商事指导性案例的审理程序中，以二审程序居多，共有 21 例；而在民商事应用案例的审理程序中，也以二审程序为主，共计 1185 例，总体占比约为 55%。

图 4-13　民商事指导性案例及其应用案例的审理程序情况

5. 民商事指导性案例及其应用案例的终审结果

最高人民法院发布的 35 例民商事指导性案例中涉及二审和再审程序的共有 28 例，2171 例应用案例中涉及二审和再审程序的共有 1356 例。

(1) 民商事指导性案例及其应用案例的终审结果均以二审维持原判为主，二审改判均有所下降

在涉及二审和再审程序的指导性案例中，二审维持原判的比例最高，总体占比为 50%；二审改判的，总体占比为 17.87%，相比 2017 年同期（占比 21%）下降了 3.13%；驳回再审申请的，总体占比为 10.71%；再审改判的，总体占比为 7.14%；发回重审，部分维持、部分改判和裁定终结再审的，总体占比分别为 3.57%。在应用案例中，二审维持原判的比例最高，总体占比为 61.15%；二审改判的，总体占比为

14.09%，相比2017年同期（占比16%）下降了1.91%；部分维持、部分改判的，总体占比为12.09%；驳回再审申请的，总体占比为7.96%；再审改判的，总体占比为1.70%。可见，与指导性案例相比，应用案例中维持原判的比例更高，二审或者再审改判的比例更小。

图4-14 民商事指导性案例的终审结果

图4-15 民商事指导性案例应用案例的终审结果

(2) 民商事指导性案例及其应用案例的改判案例涉及合同纠纷的较多

在指导性案例中，改判的案例包括指导案例 1 号、8 号、10 号、52 号、54 号、72 号、74 号等。这些指导性案例涉及的领域主要包括合同纠纷、公司纠纷、保险纠纷、海事海商纠纷、执行异议之诉等。在应用案例中，改判的案件主要援引了指导案例 1 号、8 号、9 号、10 号、15 号、17 号、19 号、23 号、24 号、25 号、31 号、33 号、50 号、53—54 号、56—57 号、64 号、66 号、68 号、72—74 号，这些改判类的应用案例以合同纠纷（尤其是买卖合同纠纷）和机动车交通事故责任纠纷为主。

(三) 民商事应用案例的应用情况分析

1. 民商事指导性案例的首次应用日期和发布日期间隔最短的仅有 17 天，最长的有 5 年

在已被司法实践应用的 33 例民商事指导性案例中，除指导案例 1 号、8 号、24 号和 99 号，其余 29 例指导性案例的应用均发生在其发布以后。指导性案例被首次应用的时间分别为其发布后的 1~24 个月不等。其中，指导案例 72 号的发布日期为 2016 年 12 月 28 日，首次应用日期为 2017 年 1 月 16 日，前后间隔仅为 19 天。间隔时间较短的还有指导案例 54 号、57 号，间隔时间依次为 37 天、50 天。间隔时间最长的为指导案例 16 号，发布日期为 2013 年 1 月 31 日，首次应用时间为 2018 年 3 月 9 日，前后间隔时间有 5 年之久。

图 4-16　民商事指导性案例首次应用时间

2. 民商事指导性案例的应用主体

（1）应用主体广泛，上诉人占比有所上升，法官占比略有下降

在审判实践中，民商事指导性案例的应用主体非常广泛，包括法官、原告、被告、上诉人、被上诉人、申请人和被申请人等。其中法官和上诉人应用比例最高，总体占比分别为29.48%和29.03%，相比2017年同期，法官占比（31%）下降了1.52%，上诉人占比（27%）上升了2.03%；其次为原告和被上诉人，总体占比分别为15.06%和10.82%；再次为再审申请人、被告，总体占比分别为5.53%和5.20%；而案外人、申请执行人和异议人等的应用很少。

图4-17　民商事指导性案例的应用主体

（2）法官主动援引共涉及24例民商事指导性案例

司法实践中，法官主动援引指导性案例的，裁判时基本上都参照指导性案例作出了相同的判决。在法官主动援引的630例应用案例中共涉及24例民商事指导性案例，其中援引最多的是指导案例24号，共被援引317次；其次是指导案例15号、54号、72号、9号、23号和17号，分别被援引138次、32次、26次、18次、15次、15次。其他17例指导性案例被援引的次数均在10次以下。

图 4-18 民商事指导性案例的应用数量

(3) 属于当事人援引的民商事应用案例中,共涉及 31 例民商事指导性案例,应用率为 71%,指导案例 72 号、54 号应用数量进入前五名

当事人在审判中应用指导性案例的频率最高,涉及 1531 例,总体占比约为 71%。这里的当事人,既包括审理程序中的当事人也包括执行程序中的当事人,其在起诉、上诉、答辩和举证、质证等环节,均可援引指导性案例来证明自己的主张。在当事人引用的 31 例民商事指导性案例中,引用最多的是指导案例 24 号,其次是指导案例 23 号、15 号、72 号、54 号。其中,指导案例 72 号、54 号位次超过指导案例 9 号、23 号,应用数量进入前五名。

3. 民商事指导性案例的应用内容

根据 2011 年 12 月 30 日发布的最高人民法院研究室《关于印发〈关于编写报送指导性案例体例的意见〉、〈指导性案例样式〉的通知》① 的规定,每篇指导性案例均由七个

---

① 参见最高人民法院研究室《关于印发〈关于编写报送指导性案例体例的意见〉、〈指导性案例样式〉的通知》,载北大法宝—法律法规库(http://www.pkulaw.cn/fbm/,【法宝引证码】CLI.3.175399),访问日期:2019 年 3 月 18 日。

部分组成，即标题、关键词、裁判要点、相关法条、基本案情、裁判结果及裁判理由。在审判实践中，无论是法官、公诉人，还是当事人，在引用民商事指导性案例时，其引用的内容不仅包括裁判要点、基本案情、裁判理由及裁判结果，还包括裁判思路，2018年还出现了将指导性案例仅作为证据提交的情况。从民商事指导性案例各部分的参照频率看，引用裁判要点的，总体占比为58.47%，应用频率最高；引用基本案情的，总体占比为16.05%；引用裁判理由的，总体占比为9.74%；引用裁判结果和裁判思路的，总体占比分别为0.14%；当事人仅将指导性案例作为证据提交，且根据裁判文书不能判断其引用内容的，总体占比为2.70%。另外，还有部分未明确引用内容的，总体占比为12.76%。

图4-19　民商事指导性案例应用内容参照情况①

4. 民商事指导性案例的应用表述

根据2015年5月13日发布的《〈最高人民法院关于案例指导工作的规定〉实施细则》② 第11条第1款的规定，在办理案件过程中，案件承办人员应当查询相关指导性案例。在裁判文书中引述相关指导性案例的，应在裁判理由部分引述指导性案例的编号和裁判要点。

援引指导性案例时的应用表述主要包括发布主体、发布日期、发布批次、指导性案例编号、指导性案例发文字号、指导性案例案号、指导性案例标题、裁判要点、指导性

---

① 说明：应用内容中的"未明确"，是指在引用指导性案例时未明确说明其引用的具体内容，且根据裁判文书也不能判断其引用的内容。

② 参见《〈最高人民法院关于案例指导工作的规定〉实施细则》，载北大法宝—法律法规库（http://www.pkulaw.cn/fbm/，【法宝引证码】CLI.3.249447），访问日期：2019年3月18日。

案例法律规定九个要素。其中，指导性案例法律规定是2018年新增的要素类型。

（1）发布主体、指导性案例编号和裁判要点是应用次数较高的三个要素

在2171例民商事应用案例中，发布主体被援引的次数最多，为2095次，引用率达到了96%。其主要的表述形式有：参照/依据/根据最高人民法院发布的指导性案例、与最高人民法院发布的指导性案例、请求/建议/应当参照最高人民法院发布的指导性案例等。其次是指导性案例编号，仅次于发布主体，被援引次数为1632次，引用率达到了75%。其主要的表述方式有：指导案例×号、第×号指导性案例、指导性案例第×号等。再次是裁判要点，被援引的次数为1078次。除此以外，援引次数较多的还有指导性案例标题、发布日期和发布批次，分别有563次、482次、353次。另外还有少量使用指导性案例发文字号、指导性案例法律规定和指导性案例案号的情形，援引次数分别为63次、12次和10次。

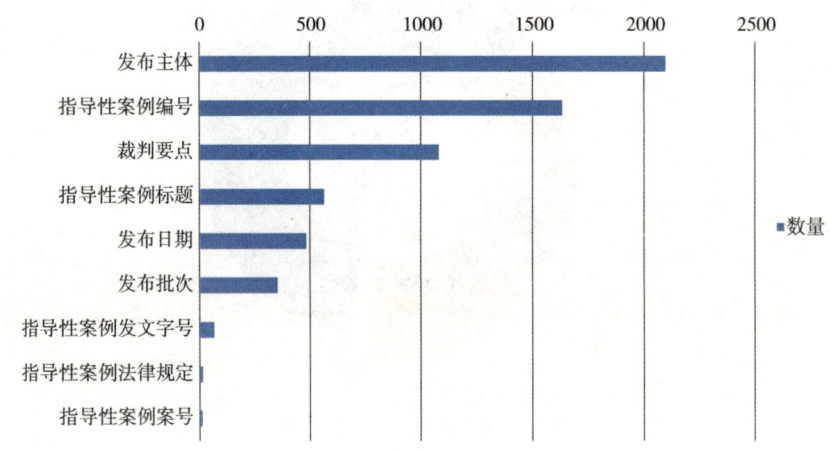

图4-20 民商事指导性案例应用表述的要素使用情况

（2）应用表述模式以三要素表述为主，表述要素中以"主体+编号""主体+编号+要点""主体"为主导模式，新增七要素组合模式

根据应用表述所涉及的九个要素的引述情况，可将其分为单要素表述、双要素表述、三要素表述、四要素表述、五要素表述、六要素表述和七要素表述七大类。其中七要素表述为2018年调研新增的表述模式。通过对2171例应用案例的统计和分析，七种不同的表述类别所涉及的要素种类和组合模式各不相同，即使是相同的表述类别，具体的要素种类和组合模式也存在差异。

①民商事指导性案例应用表述中包含1~2个要素的，组合等级较低

民商事指导性案例应用表述中包含1~2个要素的表述类别，特指单要素表述和双要素表述。单要素表述的具体组合方式有5种，即主体、编号、要点、标题及"指导

(性)案例"字样,"主体"单要素表述构成一般为"主体"+"指导性案例"字样;双要素表述的具体组合方式有10种,以"主体+编号"模式为主,其次是"主体+要点"模式。这两类表述的具体组合方式涉及的民商事应用案例数量总计为854例,总体占比约为39%,尽管不占主导地位,但是可以证明司法实践中在一定范围内有大量这种相对较单一的表述方式。

②民商事指导性案例应用表述中包含3~4个要素的,其组合等级适中

民商事指导性案例应用表述中包含3~4个要素的民商事应用案例数量相对较多,三要素和四要素表述共有1085例,总体占比为50%,但是存在各种各样的要素组合模式。在三要素表述的682例民商事应用案例中包含了16种表述方式,但以"主体+编号+要点"模式为主,为351例,约占51%;四要素表述中同样包含17种要素组合模式,以"主体+编号+标题+要点""主体+日期+编号+要点"两种为主要组合模式,分别涉及民商事应用案例127例、123例。可见,在三要素表述中,以一种表述模式为主,基本可以确定,其为主导的表述组合模式,能指引三要素表述的模式发展方向;在四要素表述中,存在两种表述模式并驾齐驱的情况,统一性和指引性较差。

③民商事指导性案例应用表述中包含5~7个要素的,其组合等级较高

民商事指导性案例应用表述中包含5~7个要素的组合情况相对较少。其中,包含五要素表述的,有201例案件共16种表述模式,以"主体+日期+编号+标题+要点"模式为主;包含六要素表述的,有26例案件共5种表述模式,以"主体+日期+批次+编号+标题+要点"模式为主;包含七要素表述的,仅有1种,即"主体+日期+批次+编号+标题+字号+要点"模式,共有5例。七要素表述为2018年调研过程中新出现的一类组合模式。由此可知,这三类要素组合包含的要素种类较多,但是案例数量很少,共有232例,总体占比约为11%。

(3)法官同时引述民商事指导性案例编号和裁判要点的情况较少,仅占24%

在2171例民商事应用案例中,法官明示援引的共有854例,其中包含法官主动援引的630例,法官被动援引的224例。法官在援引指导性案例时,在裁判理由部分同时引述指导性案例编号和裁判要点的共有520例,总体占比约为24%;引述其他要素的共有334例,总体占比约为15%。

5. 民商事指导性案例的应用结果

(1)在法官主动援引的民商事应用案例中,参照率约为77%

在2171例民商事应用案例中,涉及法官明示援引的有854例。其中,在法官主动援引的630例中,参照指导性案例作出裁判的有486例,总体占比约为77%,与2017年持平;法官未参照/未说明的有144例(未参照的有34例,未说明的有110例),总体

占比约为23%。在法官被动援引的224例中，法官参照指导性案例作出裁判的有79例，总体占比约为35%；法官未参照的有145例，总体占比约为65%。涉及法官隐性援引的有1147例。法官主动援引的应用案例参照率较高，被动援引的参照率较低。法官主动援引但未参照，主要是因为指导性案例的案情或裁判要点不适用该案，法官就此特别进行了说明。法官被动援引的参照率较低，主要是因为指导性案例的基本案情或裁判要点与应用案例不同，法官大多对此进行了明确回应。

图4-21 民商事指导性案例的应用结果（明示援引）①

（2）民商事指导性案例的裁判要点和基本案情是法官判断参照与否的重要标准

表4-3 民商事指导性案例的参照标准

明示援引	参照标准	参照	未参照	未说明
法官主动援引	裁判要点	403	26	98
	基本案情	26	5	5
	裁判理由	37	2	2
	未明确	20	1	5
法官被动援引	裁判要点	60	69	0
	基本案情	8	28	0
	裁判理由	8	9	0
	裁判结果	0	2	0
	裁判思路	0	2	0
	未明确	3	35	0

① 说明：主动援引中的"未说明"，是指一审法官在审理该案件时援引了某一指导性案例，但是二审法官在终审判决中并未对此进行回应和说明。

在法官明示援引的情况下,应用结果分为三种情况,即参照、未参照和未说明。首先,对于参照而言,总共有565例应用案例,且主动援引和被动援引都有涉及,法官参照指导性案例进行审理的主要原因是裁判要点和基本案情相似。在法官主动援引的应用案例中,参照裁判要点的有403例,参照基本案情的有26例,参照裁判理由的有37例,未明确具体参照内容的有20例。而在法官被动援引的应用案例中,参照裁判要点的有60例,参照基本案情的有8例,参照裁判理由的有8例,未明确具体参照内容的有3例。其次,对于未参照而言,法官主动援引和法官被动援引都有涉及,总共有179例应用案例,法官不予参照民商事指导性案例进行审理的主要原因是裁判要点和基本案情不同。其中,在法官主动援引的应用案例中,因裁判要点不同而不予参照的有26例,因法官认为基本案情不相似而不予参照的有5例,因裁判理由不同而不予参照的有2例,未明确不予参照的具体内容的有1例;而在法官被动援引的应用案例中,因裁判要点不同而不予参照的有69例,因法官认为基本案情不相似而不予参照的有28例,因裁判理由不同而不予参照的有9例,因裁判结果不同而不予参照的有2例,因裁判思路不同而不予参照的有2例,未明确不予参照的具体内容的有35例。经调研,110例未说明的案例中,一审法官参照裁判要点的有98例,参照基本案情的有5例,参照裁判理由的有2例,未明确参照的具体内容的有5例。

三、调研综述

(一)民商事指导性案例发布数量在总体发布数量中仍占主导地位,应用率相比2017年上升7%

最高人民法院目前已发布35例民商事指导性案例,占总体发布数量的1/3。2011年仅有1例,2012年上升至4例,2013—2015年基本保持在每年5~6例,2016年上升至10例,2017年未发布民商事指导性案例,2018年发布4例民商事指导性案例。除2017年,基本上每年均有民商事指导性案例发布。

在35例民商事指导性案例中,已有33例被应用于司法实践,应用率高达94%;与2017年同期(应用率为87%)相比,民商事指导性案例应用率提高了7%。应用案例数达到2171例,占总应用量(3098例)的70%,应用状况较好。

(二)民商事指导性案例发布案由新增人格权纠纷,应用案例的案由类型明显增加,案外人执行异议之诉和网络购物合同纠纷应用案例数量增幅明显

根据最高人民法院关于修改《民事案件案由规定》的决定,民事案由共计424类。最高人民法院发布的35例民商事指导性案例所涉案由包括合同纠纷、侵权责任纠纷、公司纠纷等13类案由。相比于2017年,民商事指导性案例增加了"人格权纠纷"案由。其中,合同纠纷案件最多,共计14例,总体占比约为40%。35例民商事指导性案

例被应用于机动车交通事故责任纠纷等 126 种案由,与 2017 年同期(88 种)相比,2018 年增加了 38 种案由。其中位居前六位的是机动车交通事故责任纠纷、买卖合同纠纷、借款合同纠纷、案外人执行异议之诉、产品责任纠纷、执行,总体占比分别约为 27%、12%、6%、5%、4%、4%。值得提出的是,案外人执行异议之诉应用案例由 2017 年同期的 28 例上升至 109 例;另外,排名第八位的网络购物合同纠纷应用案例由 2017 年同期的 17 例上升至 63 例,增幅明显。

(三)应用主体以上诉人和法官为主,在法官主动援引的应用案例中,近八成是参照,与 2017 年持平

最高人民法院《关于案例指导工作的规定》第 7 条规定:"最高人民法院发布的指导性案例,各级人民法院审判类似案例时应当参照。"对于"应当参照"的效力定位如何理解,争议激烈。有学者认为,指导性案例具有事实上的拘束力,对法官裁判同类或类似案件产生影响。法官在处理同类或类似案件时,应当充分注意、参照指导性案例。指导性案例的拘束力是内在的、事实上的作用,而不能直接作为裁判依据适用。[①] 也有学者认为,司法先例具有天然正当的法源地位,指导性案例应具有法源效力。[②] 但还有学者指出,有关指导性案例研究的文献不断涌现,强调其具有拘束力的学者已经不多。[③] 值得一提的是,无论有关参照效力具体类型的争议如何激烈,均无人否认法官的回应义务,也即参照效力应当是一种完全(完整)的效力,人们对此问题的看法并无二致。[④]

在民商事指导性案例的应用主体中,法官和上诉人应用比例最高,总体占比分别为 29.48% 和 29.02%。无论是法官援引还是当事人援引,主要集中在指导案例 24 号、15 号、23 号、72 号、54 号,这些指导性案例为机动车交通事故责任纠纷、买卖合同纠纷、房屋买卖合同纠纷和执行异议之诉。在 2171 例民商事应用案例中,法官采用明示援引的案例有 854 例,总体占比为 39.34%,包括法官主动援引的 630 例和法官被动援引的 224 例;法官采用隐性援引的案例有 1147 例,总体占比为 52.83%。对比可知,法官明示援引的案例数量有限,更倾向通过隐性援引的方式应用指导性案例。从应用结果来看,在法官主动援引的情况下,约有 77% 的应用案例都参照了指导性案例,参照率与 2017 年持平。

[①] 参见胡云腾、罗东川、王艳彬、刘少阳:《〈关于案例指导工作的规定〉的理解与适用》,载《人民司法》2011 年第 3 期,第 33 页。
[②] 参见泮伟江:《论指导性案例的效力》,载《清华法学》2016 年第 1 期,第 20—37 页。
[③] 参见吴建斌:《公司纠纷指导性案例的效力定位》,载《法学》2015 年第 6 期,第 54 页。
[④] 参见张华:《论指导案例的参照效力——基于 1545 份已公开裁判文书的实证分析》,载《甘肃政法学院学报》2018 年第 2 期,第 119 页。

（四）应用区域广泛，河南省、四川省、北京市民商事应用案例数量增长较快

民商事指导性案例主要来源于最高人民法院及上海市等 8 个省级行政区，而其应用案例的来源不仅包括最高人民法院，而且包括广东省等 31 个省级行政区。其中应用最多的五个省为广东省、浙江省、山东省、河南省、四川省，五省的应用案例共有 860 例，总体占比约为 40%。与 2017 年相比，广东省、浙江省和山东省应用案例数量仍保持在前三位，河南省、四川省和北京市民商事应用案例数量增幅明显。

在应用案例超过 40 例的 20 个省级行政区中，浙江省、江苏省、北京市、安徽省、福建省、河北省、陕西省和上海市 8 个省级行政区均曾遴选过民商事指导性案例。同时，广东省、山东省、河南省、四川省、湖北省、辽宁省等 23 个省级行政区，虽然未涉及指导性案例的发布，但均在审判实践中应用了民商事指导性案例。

（五）民商事指导性案例的援引表述方式不统一，援引方式新增非法官援引，应用表述新增七要素组合模式

2015 年 5 月 13 日发布的《〈最高人民法院关于案例指导工作的规定〉实施细则》第 11 条第 1 款规定："在办理案件过程中，案件承办人员应当查询相关指导性案例。在裁判文书中引述相关指导性案例的，应在裁判理由部分引述指导性案例的编号和裁判要点。"但是，在审判实践中，无论是法官还是非法官，对于指导性案例的援引表述均无统一模式，应用方式也比较混乱，尤其是非法官的援引。不同的援引主体往往采用不同的表述方式，而有时即使是相同的援引主体，其援引的表述方式也不尽相同。这种比较混乱的应用现状，不仅不利于指导性案例在审判实践中充分发挥其指导作用，也不利于维护指导性案例的权威性。我国的案例指导制度虽然是已经在实践中的制度，但是在理念和方法上还需要更深层的积淀。① 对于指导性案例的应用方式，也亟须相关法律或规定作出统一规定并保证落实。

在司法实践中，民商事指导性案例的应用仍以法官隐性援引为主，共涉及 1147 例，总体占比为 52.83%。其中，非法官援引是新增的援引方式，共有 160 例，总体占比为 7.37%。法官明示援引中，法官主动援引的有 630 例，其中予以参照的有 486 例，总体占比为 77%；法官未参照/未说明的有 144 例，总体占比为 23%。在法官被动援引的 224 例中，予以参照的有 79 例，总体占比为 35%；法官未参照的有 145 例，总体占比为 65%。

民商事指导性案例的应用表述模式以三要素居多，共有 682 例。其中，以"主体+编号+要点"模式为主，共有 351 例，约占 51%。2018 年新增七要素组合模式，共有 5 例。

---

① 参见彭中礼：《司法判决中的指导性案例》，载《中国法学》2017 年第 6 期，第 129 页。

（六）应用内容仍集中在裁判要点上，2018 年应用频率有所下降，少量案例存在仅作为证据提交的情况

类似案件是指导性案例应用的必要条件，在司法实践中，对于类似案件的判断存在着不同的理解①，在民商事指导性案例的应用内容上也存在着一些不同，这不仅包括对民商事指导性案例的裁判要点、基本案情、裁判理由及裁判结果的应用，还包括对裁判思路的应用。裁判要点是指导性案例构成的核心部分，在外形上具有一般性规范的特征，旨在陈述一项所涉法律部门的法律命题或学说。就某一法律主题，已发布的指导性案例，并不排斥嗣后同主题或类似主题之指导性案例的继续发布。② 在 2171 例民商事应用案例中，对裁判要点的应用频率最高，总体占比为 58.47%，较 2017 年同期下降了约 2%。对裁判结果和裁判思路的应用较少，总体占比分别为 0.14%。2018 年新增了仅作为证据提交的情况，总体占比为 2.70%。

---

① 参见张骐：《再论类似案件的判断与指导性案例的使用——以当代中国法官对指导性案例的使用经验为契口》，载《法制与社会发展》2015 年第 5 期，第 138 页。

② 参见张双根：《指导案例制度的功能及其限度——以指导案例 8 号的引用情况为分析样本》，载《清华法学》2017 年第 3 期，第 130 页。

五、合同分报告

最高人民法院合同类指导性案例 2018 年度司法应用报告[*]

[摘要] 最高人民法院在 2011—2018 年期间，除 2017 年，每年均发布合同类指导性案例，共计 14 例，在各类民商事指导性案例中排名第一，且全部被应用，应用案例有 1139 例，高于行政、刑事等各类应用案例。合同类指导性案例不仅应用于合同纠纷，还涉及公司纠纷、侵权纠纷、案外人执行异议之诉纠纷、申请宣告公民无民事行为能力纠纷、抵押权纠纷等多类案由。法官主动援引少，但参照情况较好。

[关键词] 合同类指导性案例　司法应用　案由广泛　参照率

截至 2018 年 12 月 31 日，最高人民法院已陆续发布了 20 批共 106 例指导性案例，其中，在 35 例民商事指导性案例中，共涉及 14 类不同的民商事法律关系，而合同类指导性案例最多，2018 年新增合同指导案例 95 号，达到 14 例，占民商事指导性案例的 40%。合同类指导性案例是最高人民法院发布指导性案例的关注重点之一。本报告以"北大法宝—司法案例库"中收录的裁判文书作为数据样本，通过分析发现，14 例合同类指导性案例已全部被应用，应用案例总计 1139 例，占民商事指导性案例应用案例总量的 52%，应用情况较好。其中应用频率最高的是指导案例 15 号，应用 372 次；其次是指导案例 23 号，应用 294 次。应用地域主要分布在广东省、浙江省、北京市、福建省、四川省、江苏省等地，审理法院以中级人民法院为主，审理程序以二审程序为主。

一、合同类指导性案例的发布情况

（一）合同类指导性案例的发布规律

1. 从发布批次来看，有 14 批指导性案例涉及合同类指导性案例

自 2011 年 12 月 20 日最高人民法院发布第一批指导性案例以来，截至 2018 年 12 月 31 日，最高人民法院已发布了 20 批指导性案例，从发布的批次来看，除第七批、第九批、第十六批、第十七批、第十九批、第二十批没有发布合同纠纷指导性案例之外，其他批次均有发布；从发布年份来看，除 2017 年未发布涉及合同纠纷指导性案例，每年

---

[*] 本报告对合同类指导性案例发布情况的研究范围为最高人民法院发布的第一至二十批民事类指导性案例，不含知识产权类及执行类指导性案例，知识产权类及执行类指导性案例司法应用分析报告请分别详见本书相应部分。本报告发布案例数据和应用案例数据截止时间均为 2018 年 12 月 31 日。

都有发布。

2. 合同类指导性案例的发布日期和审结日期间隔在 3 年之内的有 11 例，其中在 1 年之内的有 2 例

在最高人民法院发布的 14 例合同类指导性案例中，发布日期和审结日期的间隔在 3 年之内的有 11 例，分别是指导案例 1 号、7 号、9 号、15 号、23 号、33 号、53 号、57 号、68 号、72 号、95 号，总体占比为 79%。其中，指导案例 7 号和 68 号，分别于 2011 年 7 月和 2015 年 10 月审结，最高人民法院分别于 2012 年 4 月和 2016 年 9 月发布，审结日期与发布日期的间隔均不足 1 年。其余 3 例案例的时间间隔都在 5 年以上，其中，指导案例 51 号于 2006 年 2 月 24 日审结，2015 年 4 月 15 日最高人民法院第十批指导案例发布，审结时间与发布时间间隔长达 9 年。

3. 合同类指导性案例最早发布的与最新审结的日期间隔近 10 年

指导案例 51 号是最高人民法院发布的 14 例合同类指导性案例中审结日期最早的一例指导性案例，于 2006 年 2 月 24 日审结；指导案例 68 号是审结日期最新的一例合同类指导性案例，于 2015 年 10 月 27 日审结，两者时间间隔近 10 年。剩下的 12 例指导性案例，除 2 例是 2010 年前审结的之外，其他 10 例都是在 2011 年到 2015 年期间审结的（如图 5-1 所示）。

图 5-1 合同类指导性案例的发布情况

（二）合同类指导性案例的发布特点

1. 合同类指导性案例的案由涉及 7 类，仍以买卖合同纠纷为主，2018 年新增 1 例借款合同纠纷

最高人民法院合同类指导性案例所涉案由包括买卖合同纠纷、借款合同纠纷、居间合同纠纷、建设工程合同纠纷、确认合同效力纠纷、运输合同纠纷和服务合同纠纷共 7 类。其中，买卖合同纠纷案例最多，有 5 例，总体占比为 35.7%，相比 2017 年同期（占比 38%）下降了近 3 个百分点；其次是借款合同纠纷，共有 4 例，2018 年新增 1 例（指导案例 95 号），总体占比为 28.6%，相比 2017 年同期（占比 23%）上升了近 6 个百分点；居间合同纠纷、建设工程合同纠纷、确认合同效力纠纷、运输合同纠纷和服务合同纠纷最少，各有 1 例，总体占比为 35.7%（如图 5-2 所示）。

图 5-2　合同类指导性案例的案由分布

2. 合同类指导性案例中的裁判要点全部为实体指引，不涉及程序指引

最高人民法院发布的合同类指导性案例中，裁判要点均涉及案件实体问题，2018 年新增的指导案例 95 号依旧为实体指引，尚未涉及程序问题。

3. 合同类指导性案例中的关键词以"民事"居多，"金融借款合同"出现 3 次

最高人民法院发布的指导性案例，每篇有 3~7 个关键词不等。经统计，已发布的 14 例合同类指导性案例中共有 41 个关键词，其中，累计出现次数最多的是"民事"，出现频率高达 12 次。其次是"金融借款合同"，出现频率为 3 次，同 2017 年（2 次）相比，出现频率增加 1 次。再次是"告知义务""买卖合同""民事诉讼""违约"，出现频率均为两次。2018 年新增的合同类指导案例 95 号的关键词为"民事""金融借款合同""担保""最高额抵押权"。能够突出个案核心内容及主要法律适用问题的关键词出现频次较少（如表 5-1 所示）。

表 5-1 合同类指导性案例关键词统计表

关键词出现次数（次）	关键词数量（个）	具体关键词
12	1	民事
3	1	金融借款合同
2	4	告知义务；买卖合同；民事诉讼；违约
1	35	财产返还；出质登记；电信服务合同；恶意串通；二手房买卖；法律效力；公司清算义务；关联公司；航班延误；航空旅客运输合同；家用汽车；借款合同；居间合同；抗诉；连带清偿责任；连带责任；赔偿责任；欺诈；企业借贷；清偿债务；确认合同无效；人格混同；商品房买卖合同；申请撤诉；审查；十倍赔偿；食品安全；收益权质押；虚假诉讼；有效期限；质权实现；终结审查；最高额担保；担保；最高额抵押权

4. 合同类指导性案例的来源以最高人民法院和上海市、江苏省的法院为主，安徽省首次成为合同类指导性案例的来源省份

2018 年安徽省首次成为合同类指导性案例的来源省份。至此，合同类指导性案例主要来源覆盖最高人民法院及江苏省等 6 个省级行政区的法院。其中，来源于最高人民法院的指导性案例数量占优势，共计 4 例；其次是来源于江苏省和上海市的案例，分别有 3 例；来源于北京市、浙江省、福建省和安徽省的案例分别有 1 例（如图 5-3 所示）。

图 5-3　合同类指导性案例的来源地域

5. 合同类指导性案例的审理法院以中级人民法院居多，各级法院审理的案件数量呈递减状态

在已发布的 14 例合同类指导性案例中，由中级人民法院审理的案件数量最多，共计 5 例，总体占比约为 36%；最高人民法院审理的案件数量次之，有 4 例，总体占比约为 29%；再次是高级人民法院审理的案例，共有 3 例，2018 年新增 1 例，总体占比约为

21%；基层人民法院审理的案件数量最少，有 2 例，总体占比约为 14%（如图 5-4 所示）。

图 5-4 合同类指导性案例的审理法院

6. 合同类指导性案例的审理程序近八成为二审程序

在已发布的合同类指导性案例中，审理程序为二审的案件共有 11 例，2018 新增 1 例，总体占比为 79%；审理程序为一审的案例共有 2 例，总体占比为 14%；审理程序为再审的案例只有 1 例，总体占比为 7%（如图 5-5 所示）。

图 5-5 合同类指导性案例的审理程序

7. 合同类指导性案例的文书类型以判决书为主

在最高人民法院已发布的 14 例合同类指导性案例中，文书类型主要包括两类，即判决书和裁定书。其中，文书类型为判决书的，共有 13 例，2018 年新增 1 例，总体占比为 93%；文书类型为裁定书的，有 1 例，总体占比约为 7%（如图 5-6 所示）。

图 5-6 合同类指导性案例的文书类型

二、合同类指导性案例的司法应用

指导性案例被援引的情况可以分为确定性援引和不确定性援引。① 为保证数据来源的权威性和准确性，本报告以"北大法宝—司法案例库"收录的裁判文书作为数据样本，利用指导性案例相关的关键词进行多个关键字单独或并列的全文检索，揭示最高人民法院在 2011—2018 年发布的合同纠纷指导性案例的司法应用现状，并在此基础上归纳和总结出其应用的规律和特点。截至 2018 年 12 月 31 日，最高人民法院发布的 14 例合同纠纷指导性案例已全部被应用于 1139 例案件中。其中法官明示援引②的应用案例共有 320 例，包含法官主动援引的 237 例，法官被动援引的 83 例。法官隐性援引③的应用案例共涉及 701 例；发布后的案例评析援引④有 5 例；2018 年新增非法官援引⑤，共有 113 例应用案例。

（一）合同类指导性案例的整体应用情况

1. 从整体情况看，14 例合同类指导性案例全部被应用

截至 2018 年 6 月 20 日，最高人民法院共发布了 14 例合同类指导性案例，在司法实践中已全部被应用，应用率高达 100%（如表 5-2 所示）。

表 5-2　合同类指导性案例的整体应用情况

应用情况	应用数量	指导性案例编号
已被应用	14	1 号、7 号、9 号、15 号、17 号、23 号、33 号、51 号、53 号、57 号、64 号、68 号、72 号、95 号

2. 从个案情况看，指导案例 15 号和 23 号的应用频率最高，2018 年新增 3 例合同类应用案例

最高人民法院发布的合同纠纷指导性案例 14 例已全被应用于司法实践，2018 年新增 3 例被应用的指导性案例，分别是指导案例 51 号、64 号、95 号，应用案例共有 1139 例。其中，应用频率最高的是指导案例 15 号，应用次数高达 372 次；其次是指导案例 23 号，应用次数为 294 次。以上两者合计占合同类应用案例总数的 58%。其中，有 2 例应用案例

---

① 确定性援引，是指根据裁判文书内容（包括评析）的表述，能够直接确定其援引了几号指导案例；不确定性援引，是指根据裁判文书内容（包括评析）的表述，不能确定其是否援引了指导性案例。
② 法官明示援引，是指法官作出裁判时明确援引了指导性案例进行说理。主要包括法官主动援引和法官被动援引两种情形，前者是指法官主动援引指导性案例进行说理；后者是指法官被动援引指导性案例进行说理，即检察人员建议或诉讼参与人请求参照指导性案例时，法官在裁判理由中对此作出了回应。
③ 法官隐性援引，是指在审判过程中，检察人员建议或诉讼参与人请求法官参照指导性案例进行裁判，法官对此在裁判理由部分未明确作出回应，但是其裁判结果与指导性案例的精神是一致的情况。
④ 法官评析援引，是指裁判文书正文并未提及指导性案例，但是在该案例后所附的专家点评、评析、补评及典型意义部分提到指导性案例的情况。
⑤ 非法官援引，是指在审判过程中，诉讼参与人请求或检察人员建议法官参照指导性案例进行裁判，法官基于案件本身情况未作出回应，且从裁判结果来看与指导性案例不具有相关性的情况。

同时援引指导案例 17 号和 23 号。还有 7 例指导案例应用次数在 10 次以上，依次为指导案例 72 号、9 号、17 号、1 号、33 号、57 号、53 号，它们被应用的次数分别为 188 次、102 次、71 次、54 次、22 次、13 次、12 次。还有 5 例指导性案例应用次数均在 10 次以下，分别是指导案例 68 号、7 号、64 号、95 号、51 号，应用率相对较低（如图 5-7 所示）。

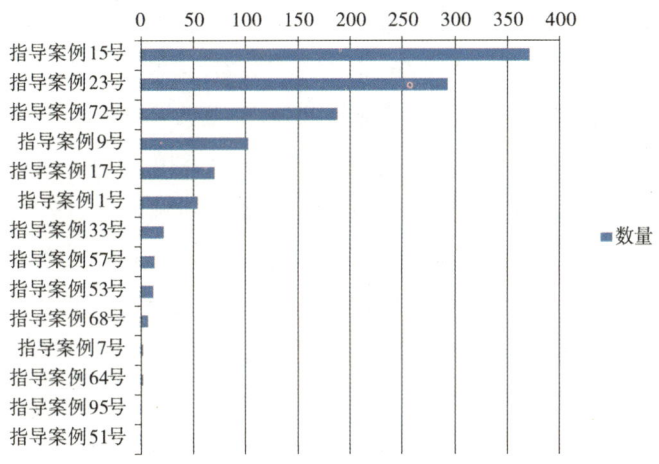

图 5-7　合同类指导性案例的个案应用情况

3. 援引方式上，以法官隐性援引方式居多，新增非法官援引方式

在法官明示援引、法官隐性援引、非法官援引及法官评析援引四种援引方式中，非法官援引是 2018 年新增的一种援引方式，应用案例共涉及 113 例，总体占比为 9.92%。法官采用明示援引的应用案例共涉及 320 例，包括法官主动援引的 237 例和法官被动援引的 83 例，总体占比为 28.09%，比 2017 年（占比 32%）下降约 4%。法官采用隐性援引的应用案例共涉及 701 例，总体占比为 61.55%，比 2017 年（占比 67%）下降约 5%。另外，法官评析援引的应用案例共有 5 例，占比不足 1%，包括 1 例指导性案例发布前的案例评析援引和 4 例发布后的案例评析援引（如图 5-8 所示）。

图 5-8　合同类指导性案例的援引情况

4. 应用案由不局限于合同纠纷，网络购物合同纠纷案件数量显著增长

合同类指导性案例被应用于 97 种案由，与 2017 年同期（62 种）相比，增加 35 种案由。其中合同纠纷类案由有 54 种，与 2017 年同期（39 种）相比，增加 15 种。应用案例共计 800 例，总体占比为 70%。主要涉及买卖合同纠纷、民间借贷纠纷、产品责任纠纷、商品房预售合同纠纷、网络购物合同纠纷。其中，网络购物合同纠纷案件数量应用案例由 2017 年同期的 17 例上升至 63 例，排进应用案例案由的前五。非合同纠纷类案由有 43 种，应用案例有 339 例，总体占比为 30%，主要涉及股东出资纠纷、股东损害公司债权人利益责任纠纷等与公司有关的纠纷、产品责任纠纷等侵权责任纠纷、抵押权纠纷、执行类纠纷等，其中有 1 例为劳动和社会保障/行政确认的行政案件。在具体案由中，买卖合同纠纷最多，共计 269 例，总体占比约为 24%。民间借贷纠纷、产品责任纠纷和商品房预售合同纠纷分别有 95 例、87 例和 69 例，总体占比分别约为 9%、8% 和 6%。还有网络购物合同纠纷等 19 种案由的应用案例在 10 例以上。另外，执行类纠纷、房屋买卖合同纠纷等 74 种案由的应用案例在 10 例以下，应用较少（如图 5-9 所示）。

图 5-9 合同类指导性案例案由的应用

（二）合同类应用案例与指导性案例的对比分析

1. 合同类指导性案例案由的应用

（1）新增 1 例合同类指导性案例，既被应用于同类案由的案例，又被应用于不同案由的案例

2018 年新增 1 例指导性案例，既被应用于同类案由的案例，又被应用于不同案由的

案例，即指导案例 64 号。故而，已被应用的 14 例合同类指导性案例中，有 11 例指导性案例既被应用于同类案由的案件，又被应用于不同案由的案件。具体包括指导案例 1 号、7 号、9 号、15 号、17 号、23 号、33 号、53 号、57 号、64 号及 72 号。例如指导案例 64 号（刘超捷诉中国移动通信集团江苏有限公司徐州分公司电信服务合同纠纷案）为电信服务合同类案件，裁判要点为："1. 经营者在格式合同中未明确规定对某项商品或服务的限制条件，且未能证明在订立合同时已将该限制条件明确告知消费者并获得消费者同意的，该限制条件对消费者不产生效力。2. 电信服务企业在订立合同时未向消费者告知某项服务设定了有效期限限制，在合同履行中又以该项服务超过有效期限为由限制或停止对消费者服务的，构成违约，应当承担违约责任。"司法实践中，主要被应用于同类案由的案件中，同时也发现有被应用于其他与公司、证券、保险、票据等有关的民事纠纷案件中，二者虽然案情不同，但基本都涉及经营者未告知消费者合同中约定的限制条件的情况，案件存在一定的相似性。

（2）指导案例 68 号和 95 号目前仅被应用于不同案由

在已被应用的 14 例合同类指导性案例中，有 2 例指导性案例目前只被应用于不同案由案件，即指导案例 68 号和 95 号。虽然二者案由不同但是案件关键案情或者争议焦点存在相似性。指导案例 95 号为金融借款合同纠纷类案件，被当事人应用于其他合同、无因管理、不当得利纠纷案件中，虽然两者案情不同，但是争议焦点均涉及抵押权问题。

（3）有 1 例合同类指导性案例只被应用于相同案由

已被应用的 14 例合同类指导性案例中，有 1 例指导性案例目前只被应用于同类案由的案件，即 51 号。指导案例 51 号案由为航空旅客运输合同纠纷，被原告应用于相同案由的案件。

2. 合同类指导性案例的应用地域

（1）合同类指导性案例的应用地域新增甘肃省和青海省，首次实现覆盖全国 31 个省级行政区

2018 年合同类指导性案例应用地域新增甘肃省和青海省，从而，应用地域首次覆盖全国除港澳台地区以外的 31 个省级行政区。尽管合同类指导性案例的来源地域范围狭窄，除最高人民法院外仅有江苏省、上海市、浙江省、福建省、安徽省及北京市 6 个省级行政区，其中，安徽省首次成为合同类指导性案例的来源省份。但是应用案例的地域却并不仅仅局限于此。广东省、四川省、河南省、山东省、辽宁省、内蒙古自治区、河北省、吉林省、重庆市、湖南省、贵州省、陕西省、湖北省、黑龙江省、江西省、广西壮族自治区、山西省、新疆维吾尔自治区、海南省、天津市、宁夏回族自治区、云南

省、甘肃省、青海省、西藏自治区 25 个省级行政区的法院,虽然没有涉及合同类指导性案例的发布,但均在审判实践中应用了合同类指导性案例(如图 5-10 所示)。

图 5-10　合同类指导性案例及其应用案例的地域分布情况

(2)合同类应用案例主要集中在广东省、浙江省、北京市、福建省、四川省等地,北京市上升至第三位,指导性案例的来源地域更注重应用

已发布的 14 例合同类指导性案例来源于最高人民法院及江苏省等 6 个省级行政区的人民法院,而应用案例共涉及最高人民法院及广东省等 31 个省级行政区,且二者不完全重合。其中,应用率最高的是广东省和浙江省,其次是北京市、福建省、四川省和江苏省,北京市的合同类应用案例数量相比 2017 年同期上升明显,从 12 例上升至 80 例,应用案例数量上升至第三位。然后依次为河南省、山东省、辽宁省、内蒙古自治

区,其余省份均在40例以下,应用率较低。

在应用案例超过50例的7个省级行政区中,除广东省、四川省、河南省外,有4个省份均曾遴选出合同类指导性案例。可见,在司法实践中,曾遴选出合同类指导性案例的省级行政区的法院注重对合同类指导性案例的司法应用。

3. 合同类应用案例的审理法院

(1) 合同类指导性案例应用在专门法院增幅明显

在审判实践中,应用合同类指导性案例的法院大多数为普通法院,其应用案例共计1139例,专门法院的合同类应用案例有10例,相比2017年同期(2例)增幅明显,其中,7例为海事法院应用,1例为铁路运输中级人民法院应用,2例为铁路运输基层人民法院应用。

(2) 合同类应用案例的审理法院以中级人民法院为主

中级人民法院应用合同类指导性案例的频率最高,有630例,总体占比为55%,相比2017年(56%)下降1%;基层人民法院有399例,总体占比为35%,与2017年占比持平;高级人民法院有90例,总体占比为8%,与2017年占比持平;最高人民法院和专门法院共有20例,总体占比约为2%,相比2017年(1%)上升1%。

(3) 最高人民法院2018年应用合同类指导性案例的数量增长1.5倍

最高人民法院发布的14例合同类指导性案例中,有4例来源于最高人民法院,总体占比为29%,最高人民法院在司法实践中的应用案例共有10例,总体占比不足1%。但是与2017年同期(4例)相比,应用数量增长了1.5倍。应用较少的原因是,在司法实践中,由最高人民法院审理的案件普遍具有一定的特殊性和复杂性,从而在一定程度上减少了最高人民法院对指导性案例的应用(如图5-11所示)。

图5-11 合同类指导性案例及其应用案例的审理法院

4. 合同类应用案例的审理程序

（1）合同类应用案例所涉审理程序中普通程序和执行程序成倍增长，特别程序新增5例

合同类指导性案例的应用案例涉及的审理程序比较多。在1139例应用案例中，适用普通诉讼程序的案件有1105例，与2017年同期（533例）相比，增长1倍；适用执行程序的案件有28例，与2017年同期（9例）相比，增长2倍；适用其他程序的案件有6例，包括申请撤销仲裁裁决1例、申请确认仲裁协议效力4例、民事特别程序监督1例，比2017年同期（1例）增加5例。

（2）合同类应用案例的审理程序以二审程序为主

在最高人民法院发布的14例合同类指导性案例的审理程序中，审理程序为二审的居多，共有11例。合同类应用案例的审理程序也以二审为主，共计592例，总体占比约为52%（如图5-12所示）。

图5-12　合同类指导性案例及其应用案例的审理程序

5. 指导性案例及其应用案例的终审结果

在最高人民法院发布的14例合同类指导性案例中，涉及二审和再审程序的共有12例。1139例应用案例中，涉及二审和再审程序的案件共计717例。

（1）合同类指导性案例及其应用案例的终审结果均以二审维持原判居多，二审维持原判的数量均有上升，二审改判的数量均有下降

涉及二审和再审程序的合同类指导性案例中，二审维持原判的案例比例最高，总体占比为75%，相比2017年同期（占比73%）上升了2%；二审改判的案例，总体占比为17%，相比2017年同期（占比18%）下降了1%；裁定终结再审的案例，总体占比为8%（如图5-13所示）。合同类应用案例中，二审维持原判的案例，总体占比为

56.4%，相比 2017 年同期（占比 50.7%）上升了 5.7%；二审改判的案例，总体占比为 16.3%，相比 2017 年同期（占比 22.6%）下降了 6.3%；部分维持、部分改判的案例，总体占比为 11.6%；驳回再审申请的案例，总体占比为 10.5%；再审改判的案例，总体占比为 2.8%；其余类型的占比较少。可见，与指导性案例相比，应用案例中二审维持原判的比例更低，二审改判的比例与合同类指导性案例二审改判的比例较为接近（如图 5–14 所示）。

图 5–13　合同类指导性案例的终审结果

图 5–14　合同类应用案例的终审结果

（2）2018 年合同类应用案例的改判案例中援引的指导性案例增加 6 例，新增商品房销售合同纠纷、抵押合同纠纷、广告合同纠纷等 13 种案由在合同类指导性案例中，改判的案例包括指导案例 1 号和 72 号，涉及的案由分别为居间合同纠纷和买卖合同纠纷。合同类应用案例的二审案件或再审改判案件主要援引的指导性案例不仅包括指导案例 1 号和 72 号，还包括指导案例 9 号、15 号、17 号、23 号、33 号、53 号、57 号、64 号、68 号和 95 号。比 2017 年同期（6 例）增加了 6 例。应用案例的案由除买卖合同纠纷和居间合同纠纷等合同纠纷外，还涉及案外人执行异议之诉、产品责任纠纷、申请宣告公民无民事行为能力、股东损害公司债权人利益责任纠纷、清算责任纠纷、抵押合同纠纷、债权转让合同纠纷等。其中，2018 年新增商品房销售合同纠纷、抵押合同纠纷、广告合同纠纷等 13 种案由。

（三）合同类应用案例的应用情况分析

1. 合同类指导性案例的首次应用时间和发布时间间隔有 3 例在 3 个月之内

在已被司法实践应用的 14 例指导性案例中，除了指导案例 1 号，其余 13 例指导性案例的应用均发生在其发布以后。指导性案例被首次应用的时间分别为其发布后的 1～12 个月不等。其中，最高人民法院发布的第 72 号指导案例，发布时间为 2016 年 12 月 28 日，首次应用时间为 2017 年 1 月 16 日，前后间隔仅 19 天。间隔较短的还有指导案例 57 号和 53 号，发布与首次应用的时间间隔分别为 50 天、67 天（如图 5-15 所示）。

图 5-15　合同类指导性案例的发布日期与首次应用日期

2. 合同类指导性案例的应用主体

（1）应用主体广泛，以上诉人和法官为主，上诉人占比上升，法官占比略有下降

在审判实践中，应用指导性案例的主体非常广泛，包括法官、原告、被告、上诉人、被上诉人、申请人、被申请人、异议人和第三人等。其中上诉人的应用比例最高，总体占比为 33.6%，相比 2017 年同期，上诉人占比（31%）上升了 2.6%。其次是法官，总体占比为 21.3%，相比 2017 年同期，法官占比（24%）下降了 2.7%。再次为原告，总体占比为 18.5%。接下来是申请人、被上诉人、被告，总体占比分别为 9.6%、

7.0%、6.7%;而被申请人、异议人、第三人引用较少(如图5-16所示)。

图 5-16　合同类指导性案例的应用主体

(2) 2018年法官主动援引新增指导案例68号,指导案例72号援引次数上升至第二位

在司法实践中,法官主动援引指导性案例的,裁判时基本上都参照指导性案例作出了相同判决。在法官主动援引的237例应用案例中,共涉及10例指导性案例,2018年新增1例,即指导案例68号。其中援引最多的是指导案例15号,共计138次;其次是指导案例72号、9号、23号和17号,分别为26次、18次、15次、15次。其中,指导案例72号应用案例的数量由2017年同期的4例上升至26例,援引次数上升至第二位。其他5例指导性案例被援引的次数均在10次以下(如图5-17所示)。

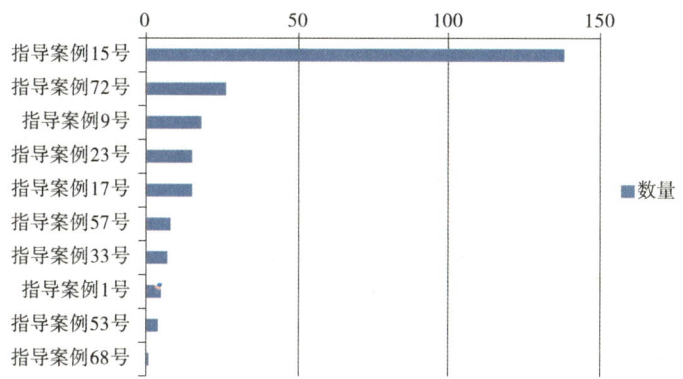

图 5-17　合同类指导性案例的应用数量

(3) 当事人援引指导性案例频率上升,有3例指导性案例的引用次数过百

当事人在审判中应用指导性案例的频率最高,共计897例,涉及14例合同类指导

性案例，分别为指导案例 23 号、15 号、72 号、9 号、17 号、1 号、33 号、53 号、68 号、57 号、64 号、51 号、7 号及 95 号，总体占比约为 79%，比 2017 年同期（76%）上升 3%。当事人既包括诉讼程序中的当事人也包括执行程序中的当事人，在起诉、上诉、答辩或者举证、质证等环节均可援引指导性案例来证明自己的主张。在当事人援引的合同类指导性案例中，有 3 例指导性案例的引用次数过百，即指导案例 23 号、15 号和 72 号，引用次数分别为 277 次、233 次、162 次。其余 11 例合同类指导性案例应用次数较少。

3. 合同类指导性案例的应用内容仍以裁判要点为主，裁判要点和基本案情的应用率比 2017 年同期都有所下降

根据 2011 年 12 月 30 日发布的最高人民法院研究室《关于印发〈关于编写报送指导性案例体例的意见〉、〈指导性案例样式〉的通知》的规定，每篇指导性案例均由七个部分组成，即标题、关键词、裁判要点、相关法条、基本案情、裁判结果及裁判理由。在合同类指导性案例的审判实践中，无论是法官、公诉人，还是当事人，在引用指导性案例时，其引用的内容不仅包括裁判要点、基本案情及裁判理由，还包括裁判思路。其中引用裁判要点的应用案例总体占比为 51.1%，应用频率最高，比 2017 年同期（54.7%）下降了 3.6%；引用基本案情的应用案例，总体占比为 18.3%，比 2017 年同期（24.7%）下降了 6.4%；引用裁判理由的应用案例，总体占比为 10.4%，比 2017 年同期（7%）上升了 3.4%；引用裁判思路的应用案例，总体占比为 0.3%；未明确引用内容的应用案例，总体占比为 19.9%，比 2017 年同期（13.9%）上升了 6%（如图 5-18 所示）。

图 5-18　合同类指导性案例应用内容参照情况①

---

① 说明：应用内容中的"未明确"，是指在引用指导性案例时未明确说明其引用的具体内容，且根据裁判文书也不能判断其引用的内容。

4. 合同类指导性案例的应用表述

《〈最高人民法院关于案例指导工作的规定〉实施细则》第 11 条规定:"在办理案件过程中,案件承办人员应当查询相关指导性案例。在裁判文书中引述相关指导性案例的,应在裁判理由部分引述指导性案例的编号和裁判要点。"

调研结果显示,援引合同类指导性案例时的应用表述主要包括发布主体、发布日期、发布批次、指导性案例编号、指导性案例案件字号、指导性案例标题、指导性案例发文字号、裁判要点、指导性案例相关法律规定 9 个要素。其中,指导性案例相关法律规定是 2018 年新增的要素类型。

(1) 发布主体、指导性案例编号和裁判要点是应用频率较高的三个要素

发布主体被援引的次数最多,为 1111 次,引用率达到 98%。主要的表述形式有:参照/依据/根据最高人民法院发布的指导性案例、与最高人民法院发布的指导性案例、请求/建议/应当参照最高人民法院发布的指导性案例等。其次是指导性案例编号,仅次于发布主体,被援引的次数为 867 次,引用率达到 76%。其主要的表述方式有:指导案例×号、第×号指导性案例、指导性案例第×号等。再次是裁判要点,其被援引的次数共计 513 次。除此以外,使用频率较高的还有指导性案例标题、发布日期和发布批次(如图 5-19 所示)。

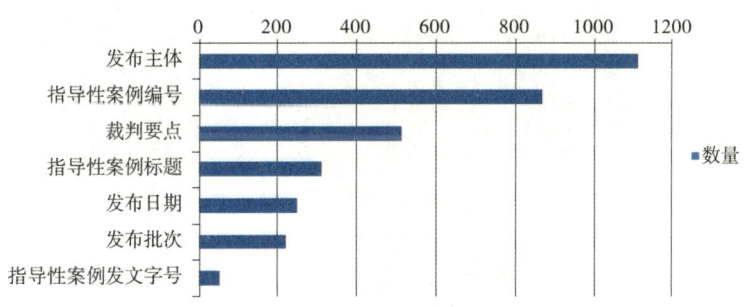

图 5-19 合同类指导性案例应用表述的要素使用情况

(2) 应用表述模式以双要素为主,表述要素中以"主体 + 编号""主体 + 编号 + 要点""主体"为主要模式,新增七要素表述模式

根据应用表述所涉及的七个要素的引述情况,可将其应用表述模式分为单要素表述、双要素表述、三要素表述、四要素表述、五要素表述、六要素表述和七要素表述七大类。七种不同的表述类别所涉及的要素种类和组合模式各不相同,即使是相同的表述类别,具体的要素种类和组合模式也存在差异。其中,双要素的表述分类最多,有 351 例,三要素有 334 例。单要素、四要素、五要素分别有 113 例、211 例、112 例,六要素相对较少,仅有 15 例,七要素仅有 3 例。

双要素表述中,"主体+编号"模式有230例,占双要素模式的65%;三要素表述中包含十几种表述模式,其中,"主体+编号+要点"模式有158例,"主体+日期+编号"模式有54例,两者占三要素表述模式的一半以上,属于主要模式;单要素表述中,以"主体"为主要的表述模式,一般表述构成为"主体+指导性案例";四要素、五要素的主要表述模式分别为"主体+编号+日期+要点""主体+日期+编号+标题+要点";六要素的主要表述模式是"主体+日期+批次+编号+标题+要点";七要素的表述模式只有"主体+批次+日期+字号+编号+标题+要点"。

(3)法官同时引述指导性案例编号和裁判要点的案例新增106例,占比与2017年同期持平

在1139例应用案例中,法官明示援引的共有320例,其中包含法官主动援引的237例,法官被动援引的83例。法官在援引指导性案例时,在裁判理由部分同时引述指导性案例编号和裁判要点的共有204例,比2017年同期(98例)增加106例,总体占比为17.9%,占比与2017年同期持平。引述其他要素的共有116例,总体占比为10.2%,比2017年同期(75例)增加41例,比2017年同期(占比14%)下降3.8%(如图5-20所示)。

图5-20 法官援引合同类指导性案例的表述要素的使用情况

5. 合同类指导性案例中的法官主动援引参照率同比上升了4%

在1139例应用案例中,法官明示援引的有320例。其中,在法官主动援引的237例中,法官参照指导性案例作出裁决的有149例,总体占比为63%,相比2017年同期(占比58%)上升了5%;法官未参照/未说明的有88例(未参照的有20例,未说明的有68例),总体占比为37%。在法官被动援引的83例中,予以参照的有16例,总体占比为19%;未参照/未说明的有67例(未参照的有66例,未说明的有1例),总体占比为81%。同时,法官主动援引的指导性案例未参照,主要是由于指导性案例的案情与应

用案例的案情不相似或裁判要点不适用于该案,法官就此特地进行了说明。法官被动援引的指导性案例参照率较低,主要是由于基本案情与应用案例不相似或裁判要点不同,法官大多给出了明确回应(如图5-21所示)。

图 5-21 合同类指导性案例的应用结果(明示援引)①

三、调研综述

合同类指导性案例是最高人民法院发布指导性案例的关注重点,在司法实践中也被广泛应用,"我国法律虽无明确规定,但从指导性案例编纂中专门设立'裁判理由'这一部分就可窥见我国同样将法律推理视为司法裁判的核心内容"②。通过对合同类指导性案例的调研分析,得出如下结论:

(一)合同类指导性案例发布数量多,已实现全部应用

最高人民法院在 2011 年发布 1 例合同类指导性案例,2012—2015 年每年发布 2 例,2016 年上升至 4 例,2018 年发布 1 例,截至 2018 年 12 月 31 日,最高人民法院已陆续发布合同类指导性案例 14 例,在各类民商事指导性案例中排名第一。在 14 例合同类指导性案例中,已全部被应用于司法实践,应用率高达 100%,应用案例累计 1139 例,占民商事指导性案例应用案例总数的 52%,也高于行政、刑事等各类应用案例。其中,应用最多的是指导案例 15 号和 23 号,两者合计占合同类应用案例的 58%。

我国案例指导制度自 2010 年确立以来,指导性案例的发布主要本着"少而精"的

---

① 说明:主动援引中的"未说明",是指一审法官在审理该案件时援引了某一指导性案例,但是二审法官在终审判决中并未对此进行回应和说明。
② 雷磊:《从"看得见的正义"到"说得出的正义"》,载《法学》2019 年第 1 期,第 173 页。

理念，整体上发布数量比较有限。① 相较于其他各类民商事指导性案例，合同类指导性案例不仅发布数量多，还被广泛应用于司法实践，"相对于司法解释而言，指导性案例的裁判要点可能就是更具体，也是更适合于某个案件的规则"②。

（二）应用案由涉及合同纠纷、公司纠纷、侵权责任纠纷等97种案由，合同纠纷中的网络购物合同纠纷案件数量显著增长

1139例应用案例所涉案由有97种，比2017年同期（62种）增加了35种。其中，合同纠纷类案由有54种，应用案例有800例，总体占比为70%，主要涉及买卖合同纠纷、民间借贷纠纷、商品房预售合同纠纷、网络购物合同纠纷和居间合同纠纷等。其中，网络购物合同纠纷案件数量应用案例由2017年同期的17例上升至63例，排进应用案例案由的前五位。非合同纠纷类案由有43种，应用案例有339例，总体占比为30%，涉及股东出资纠纷、股东损害公司债权人利益责任纠纷等与公司有关的纠纷、产品责任纠纷等侵权责任纠纷、抵押权纠纷、执行类纠纷、破产债权确认纠纷、劳动和社会保障/行政确认等民商事或行政类案由。

（三）合同类指导性案例来源省份新增安徽省，应用地域首次覆盖全国31个省级行政区

2018年安徽省首次成为合同类指导性案例的来源地，故而，合同类指导性案例的来源地包括最高人民法院及江苏省等6个省级行政区。2018年合同类指导性案例的应用地域新增甘肃省和青海省各级人民法院，应用地域首次覆盖全国除港澳台地区以外的31个省级行政区。合同类应用案例的地域并不仅仅局限于指导性案例的来源地，广东省、四川省、河南省、山东省、辽宁省、内蒙古自治区、河北省、吉林省、重庆市、湖南省、贵州省、陕西省、湖北省、黑龙江省、江西省、广西壮族自治区、山西省、新疆维吾尔自治区、海南省、天津市、宁夏回族自治区、云南省、甘肃省、青海省、西藏自治区25个省级行政区的人民法院，虽然没有涉及合同类指导性案例的发布，但均在审判实践中应用了合同类指导性案例。

（四）合同类指导性案例在专门法院的应用增幅明显

14例合同类指导性案例的审理法院均为普通法院，不涉及专门法院。与此不同的是，在审判实践中，应用合同类指导性案例的法院并不局限于普通法院，已经扩展到专门法院。截至2018年12月31日，来自专门法院的合同类指导性案例的应用案例有10

---

① 参见郭叶、孙妹：《指导性案例应用大数据分析——最高人民法院指导性案例司法应用年度报告（2016）》，载《中国应用法学》2017年第4期，第40页。

② 李红梅：《"选购成衣"与"量体裁衣"：欧陆与英美司法进路之比较》，载《比较法研究》2019年第1期，第124页。

例,相比 2017 年同期(2 例)增加了 8 例,增幅明显。其中,7 例为海事法院所应用,1 例为铁路运输中级人民法院所应用,2 例为铁路运输基层人民法院所应用,铁路运输基层人民法院为 2018 年新增的应用法院。

(五)法官主动援引比重小,但参照率较高

在 1139 例应用案例中,法官主动援引的有 237 例,总体占比为 21%,比 2017 年同期(23%)下降 2%。其中予以参照的有 149 例,参照率达到 63%,比 2017 年同期(58%)上升了 5%。法官主动援引虽然所占比重不大,但是参照情况较好。当事人援引合同类指导性案例的比例最高,总体占比为 78%,以上诉人为主;非法官援引有 113 例,总体占比为 10%;而法官评析援引有 5 例,总体占比不足 1%。

六、知识产权分报告

最高人民法院知识产权指导性案例2018年度司法应用报告*

[摘要]截至2018年12月31日,最高人民法院已发布知识产权指导性案例21例,本报告以"北大法宝—司法案例库"收录的裁判文书作为数据样本,分析发现有14例知识产权指导性案例被应用于32例案件,其中知识产权法院应用知识产权指导性案例有8例。知识产权指导性案例呈现出发布数量与应用案例数量不平衡的问题,应用率低,参照仅有13例。

[关键词]知识产权指导性案例　司法应用　发布数量　知识产权法院

截至2018年12月31日,最高人民法院发布了20批共计106例指导性案例,其中知识产权指导性案例有21例,在各类指导性案例中排名第三,仅次于民事和刑事指导性案例,已被应用于司法实践的知识产权指导性案例共有14例,尚未被应用的有7例。援引指导性案例的案例,即应用案例,仅有32例,整体应用数量偏少。应用案例主要分布在最高人民法院及广东省、北京市、四川省、天津市、上海市、河南省6个省级行政区的法院。

一、知识产权指导性案例的发布情况

(一)知识产权指导性案例的发布规律

1. 知识产权指导性案例发布日期与发布频率不固定,2017年达到历年最高,2018年仅有1例

知识产权指导性案例发布年份分布在2013—2018年。从发布的月份来看,上半年主要集中在3月、4月、5月、6月,下半年主要集中在11月、12月。最高人民法院发布的20批指导性案例中,涉及知识产权指导性案例的有8个批次,分别是第五批、第七批、第十批、第十一批、第十二批、第十六批、第十七批及第十九批。虽然发布日期不固定,但是,从2013年至2018年,最高人民法院每年都发布有知识产权指导性案例。2013年仅有1例,2014年有2例,2015年有6例,2016年仅有1例,2017年有10例,2018年仅有1例。

---

* 本报告对知识产权指导性案例发布情况的研究范围为最高人民法院发布的第一至二十批指导性案例,发布案例和应用案例数据截止时间均为2018年12月31日。本报告对知识产权指导性案例的界定按照最高人民法院《民事案件案由规定》进行统计,仅包含民事知识产权案例,不含刑事知识产权案例(指导案例87号)。有关刑事知识产权指导性案例的应用情况详见本书第49页"最高人民法院刑事指导性案例2018年度司法应用报告"。

2. 知识产权指导性案例审结日期与发布日期间隔时间在 4 年之内的有 16 例（含 2 例间隔时间在 1 年之内的）

在最高人民法院发布的 21 例知识产权指导性案例中，审结最早的案例可以追溯到 2006 年 12 月，最新的案例是 2016 年 5 月。审结时间主要集中于 2009 年之后，共有 18 例，总体占比为 86%。审结日期与发布日期两者间隔时间在 4 年之内的案例有 16 例，总体占比为 76%。其中间隔时间在 1 年之内的案例有 2 例，即指导案例 79 号和 84 号，审结日期与发布日期的间隔时间为 9 个多月。间隔时间在 7 年以上的案例有 3 例，即指导案例 47 号、48 号和 49 号。其中指导案例 48 号是审结日期最早的案例，审结日期为 2006 年 12 月，发布日期为 2015 年 4 月，审结日期与发布日期间隔时间有 8 年多（如图 6-1 所示）。

图 6-1　知识产权指导性案例整体发布情况

（二）知识产权指导性案例的发布特点

1. 以不正当竞争纠纷和侵害商标权纠纷为案由的案例数量相对较多，2018 年新增 1 例侵害植物新品种权纠纷的案例

最高人民法院发布的 21 例知识产权指导性案例所涉案由，包括侵害商标权纠纷、侵害发明专利权纠纷、捆绑交易纠纷等 11 种具体案由。有 3 例指导性案例的案由同时包括侵害商标权纠纷和不正当竞争纠纷。在 11 类案由中，应用不正当竞争纠纷案由的案件最多，有 5 例，总体占比为 24%；应用侵害商标权纠纷案由的案件有 4 例，总体占比为 19%；应用侵害发明专利权纠纷案由的案件有 3 例，总体占比为 14%；2018 年新增 1 例侵害植物新品种权纠纷的指导性案例，应用侵害植物新品种权纠纷案由的案件由 2017 年的 2 例增加为 3 例，总体占比为 14%；应用著作权权属、侵权纠纷和侵害计算机软件著作权纠纷案由的案件分别有 2 例，总体占比均为 10%；应用擅自使用他人企业名

称、姓名纠纷,侵害外观设计专利权纠纷,侵害实用新型专利权纠纷,滥用市场支配地位纠纷,捆绑交易纠纷 5 类案由的案件分别有 1 例,总体占比较少(如图 6-2 所示)。

图 6-2 知识产权指导性案例的案由分布

2. 知识产权指导性案例中的裁判要点均为实体指引,疑难复杂或者新类型的案例占 37%

从最高人民法院发布的 21 例知识产权指导性案例来看,知识产权指导性案例的裁判要点均为实体指引,尚未有程序指引类的指导性案例发布。结合最高人民法院《关于案例指导工作的规定》所列明的指导性案例的遴选条件,同时为了更准确地把握指导性案例的功能定位,可以将知识产权指导性案例划分为 5 种类型①,其中疑难复杂或者新类型的案例有 9 例,法律规定比较原则的案例有 7 例,社会广泛关注的案例有 3 例,具有典型性的案例有 1 例,其他具有指导作用的案例有 4 例(如图 6-3 所示)。②

图 6-3 知识产权指导性案例裁判要点的类型分布

---

① 参见安雪梅:《指导性案例的法律续造及其限制——以知识产权指导性案例为视角》,载《政治与法律》2018 年第 1 期,第 102 页。

② 上述分类中,有同一案例归类于两种类型的情况,其中指导案例 45 号既属于社会广泛关注的案例又属于其他具有指导作用的案例;指导案例 78 号既属于社会广泛关注的案例又属于疑难复杂或者新类型的案例;指导案例 84 号既属于法律规定比较原则的案例又属于其他具有指导作用的案例。

3. 知识产权指导性案例中裁判理由对裁判文书引用率低于 50% 的有 13 例

引用率代表了指导性案例裁判理由部分对原裁判文书的引用程度，引用程度越高，引用率越高。除指导案例 92 号因未查询到原裁判文书而无法统计外，其余 20 例知识产权指导性案例中，引用率低于 50% 的有 13 例，总体占比为 65%。这说明最高人民法院在编写指导性案例的过程中，对原文进行了大幅度的压缩，尤其是裁判理由部分（如图 6-4 所示）。

图 6-4　知识产权指导性案例裁判理由的引用率

4. 知识产权指导性案例的关键词中"侵害植物新品种权"占比有所上升

最高人民法院发布的指导性案例，每篇有 3~7 个关键词不等。已发布的 21 例知识产权指导性案例中共有 61 个关键词。2018 年新发布的指导案例 100 号与"侵害植物新品种权"相关，该关键词由 2017 年的 2 次上升为 3 次，排名第三。"民事"一词仍旧次数最多，累计出现 21 次；其次是"不正当竞争"，累计出现 6 次；"侵害商标权"和"侵害植物新品种权"这两个关键词均出现 3 次；"保护范围""垄断""侵害发明专利权""侵害计算机软件著作权""侵权对比""权利滥用""著作权侵权""举证责任""DNA 指纹鉴定"9 个关键词分别出现 2 次；另外，"发明专利权"等 48 个关键词仅出现 1 次（如表 6-1 所示）。

表 6-1　知识产权指导性案例关键词统计表

关键词出现次数（次）	关键词数量（个）	具体关键词
21	1	民事
6	1	不正当竞争
3	2	侵害商标权；侵害植物新品种权

(续表)

关键词出现次数（次）	关键词数量（个）	具体关键词
2	9	保护范围；垄断；侵害发明专利权；侵害计算机软件著作权；侵权对比；权利滥用；著作权侵权；举证责任；DNA 指纹鉴定
1	48	发明专利权；被诉侵权药品制备工艺查明；必要措施；诚实信用；诚信原则；搭售；服务提供者；功能性特征；后续行为；技术保护措施；技术术语；技术调查官；竞争关系；捆绑交易；捆绑销售；滥用市场支配地位；老字号；历史题材；连带责任；临时保护期；民间文化艺术衍生作品；侵害；侵害实用新型专利权；侵害外观设计专利；缺陷性特征；擅用他人企业名称；商标侵权；商品通用名称；设计特征；实质相似；市场支配地位；特有包装、装潢；网络；网络服务；相关市场；相互授权许可；虚假宣传；药品制备方法发明专利；影视作品；有效通知；整体视觉效果；知名商品；知识产权；玉米品种鉴定；近似品种；特征特性；DUS 测试报告；特异性

5. 知识产权指导性案例来源以最高人民法院的数量最多，共有 10 例

知识产权指导性案例主要来源地包括最高人民法院及江苏省等 8 个省级行政区。其中，2018 年新增 1 例来源为最高人民法院的指导性案例，最高人民法院发布的知识产权指导性案例由 2017 年的 9 例上升为 10 例，总体占比为 47.6%；来源于江苏省、山东省、天津市的知识产权指导性案例分别有 2 例，总体占比分别为 9.5%；来源于浙江省、贵州省、上海市、重庆市及甘肃省 5 个省级行政区的知识产权指导性案例分别有 1 例，总体占比分别为 4.8%（如图 6-5 所示）。

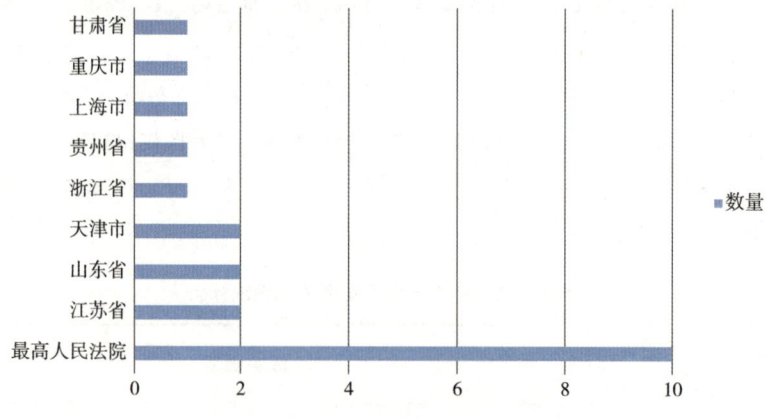

图 6-5　知识产权指导性案例的来源地域

6. 审理法院尚未涉及知识产权法院，最高人民法院和高级人民法院审理的案件各 10 例，总占比高达 95%

已发布的知识产权指导性案例中，目前尚未涉及知识产权法院审理的案件。由最高人民法院和高级人民法院审理的案件数量最多，均有 10 例，总体占比均为 47.6%，中级人民法院审理的案件数量仅有 1 例，总体占比为 4.8%（如图 6-6 所示）。

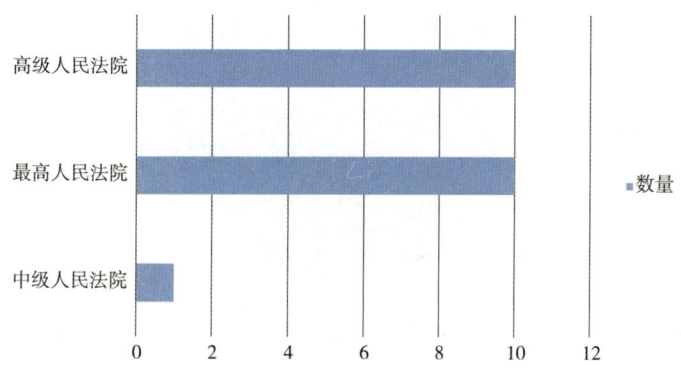

图 6-6　知识产权指导性案例的审理法院

7. 知识产权指导性案例的审理程序为二审程序的案件居多，总占比为 57%

在已发布的知识产权指导性案例中，审理程序为二审程序的指导性案例共有 12 例，总体占比为 57%；审理程序为再审程序的指导性案例由 2017 年的 7 例上升为 8 例，总体占比为 38%；审理程序为一审程序的指导性案例仅有 1 例，总占比为 5%（如图 6-7 所示）。

图 6-7　知识产权指导性案例的审理程序

8. 知识产权指导性案例的文书类型中判决书有近八成

在最高人民法院已发布的 21 例知识产权指导性案例中，文书类型为判决书的有 18 例，总体占比为 86%；文书类型为裁定书的由 2017 年的 2 例上升为 3 例，总体占比为 14%（如图 6-8 所示）。

图 6-8　知识产权指导性案例的文书类型

二、知识产权指导性案例的司法应用

指导性案例被援引的情况可以分为确定性援引和不确定性援引。① 为了确保研究结果的准确性，本报告仅对确定性援引进行分析。为了对确定性援引作更为深入的剖析，本报告对确定性援引作了进一步类型化区分，按照法官在裁判案件时是否明确援引了指导性案例进行说理，将确定性援引分为法官明示援引和法官隐性援引。② 2018 年新增了非法官援引③方式。在 32 例知识产权应用案例中，法官明示援引④的有 18 例，法官隐性援引⑤的有 14 例，知识产权类应用案例暂未涉及非法官援引的类型。

（一）知识产权应用案例的整体情况分析

1. 从整体来看，2/3 的知识产权指导性案例已被应用，应用率上升明显

在最高人民法院发布的 21 例知识产权指导性案例中，有 14 例知识产权指导性案例已被应用，应用率达到 67%。与 2017 年同期（6 例）相比，被应用的知识产权指导性案例新增了 8 例，分别为指导案例 20 号、30 号、55 号、80 号、81 号、82 号、83 号和 86 号。另外，仍有 7 例知识产权指导性案例未被应用。被应用的指导案例情况如下（如

---

①　确定性援引，是指根据裁判文书内容（包括评析）的表述，能够直接确定其援引了几号指导案例；不确定性援引，是指根据裁判文书内容（包括评析）的表述，不能确定其是否援引了指导性案例。
②　参见张骐：《再论类似案件的判断与指导性案例的使用》，载《法制与社会发展》2015 年第 5 期，第 138 页。
③　非法官援引，是指在审判过程中，诉讼参与人请求或检察人员建议法官参照指导性案例进行裁判，法官基于案件本身情况未作出回应，且从裁判结果来看与指导性案例不具有相关性的情况。
④　法官明示援引，是指法官作出裁判时明确援引了指导性案例进行说理。主要包括法官主动援引和法官被动援引两种情形，前者是指法官主动援引指导性案例进行说理；后者是指法官被动援引指导性案例进行说理，即检察人员建议或诉讼参与人请求参照指导性案例时，法官在裁判理由中对此作出了回应。
⑤　法官隐性援引，是指在审判过程中，检察人员建议或诉讼参与人请求法官参照指导性案例进行裁判，法官对此在裁判理由部分未明确作出回应，但是其裁判结果与指导性案例的精神是一致的情况。

表 6-2 所示)。

表 6-2 知识产权指导性案例及应用情况

应用情况	应用数量（例）	指导案例编号
已被应用	14	20 号、29 号、30 号、45 号、46 号、47 号、55 号、58 号、80 号、81 号、82 号、83 号、85 号、86 号
未被应用	7	48 号、49 号、78 号、79 号、84 号、92 号、100 号

2. 从历年对比看，2014 年开始出现知识产权指导性案例的应用案例，应用案例数量逐年增长

最高人民法院发布的前 4 批指导性案例不涉及知识产权指导性案例，2013 年发布的第五批指导性案例中指导案例 20 号（深圳市斯瑞曼精细化工有限公司诉深圳市坑梓自来水有限公司、深圳市康泰蓝水处理设备有限公司侵害发明专利权纠纷案）是发布的首例知识产权指导性案例，通过研究 32 例应用案例的应用时间发现，知识产权指导性案例从 2014 年开始出现应用案例，2014—2018 年应用案例数量逐年递增。其中 2014 年仅有 1 例，2015 年有 2 例，2016 年有 4 例，2017 年有 11 例，2018 年达到 14 例（如图 6-9 所示）。

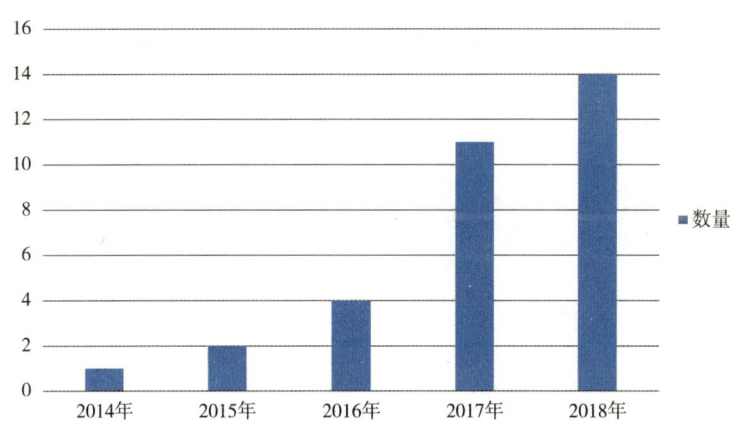

图 6-9 知识产权应用案例的审结年份

3. 从个案来看，仅 3 例指导性案例的应用案例在 3 例以上

知识产权指导性案例已有 14 例被应用，应用案例共有 32 例，各指导性案例的应用案例数量较为平均。仅有 3 例指导性案例的应用案例数量在 3 例以上，应用最多的是指导案例 82 号，共有 5 例；其次是指导案例 29 号和 47 号，应用案例分别有 4 例和 3 例。指导案例 20 号、30 号、45 号、46 号、58 号、80 号、81 号、83 号、85 号各有 2 例应用案例。另外，指导案例 55 号和 86 号分别有 1 例应用案例。目前仍有 7 例知识产权指导性案例未被应用（如图 6-10 所示）。

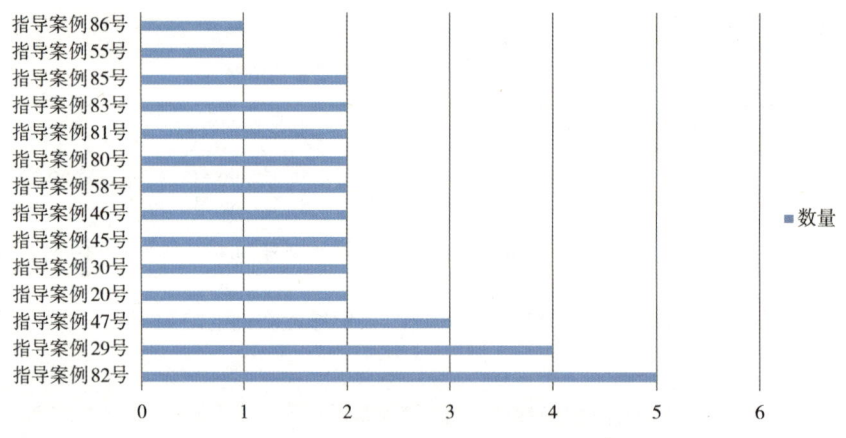

图 6–10　知识产权指导性案例的应用案例数量情况

4. 应用案例超过一半为法官明示援引，法官主动援引占比高达 44%

按照法官在裁判案件时是否明确援引了指导性案例进行说理，可以将指导性案例的援引情况分为法官明示援引和法官隐性援引。在 32 例知识产权应用案例中，法官明示援引的有 18 例，总体占比为 56%。其中，法官主动援引的有 14 例，总体占比为 44%；法官被动援引的有 4 例，总体占比为 12%。法官隐性援引的应用案例有 14 例，总体占比为 44%（如图 6–11 所示）。

图 6–11　知识产权应用案例援引情况

5. 应用案例案由中侵害商标权纠纷的案例比例为 25%

实践中，知识产权案件大多具有特殊的专业性、高度的复杂性，新型、疑难、复杂案件众多。① 已发布的知识产权指导性案例涵盖范围有限，对于新型、疑难、复杂案件较多的知识产权纠纷案件的指导作用稍显不足。

---

① 参见李剑、廖继博：《国家层面知识产权案件上诉审理机制：历史、现状与展望》，载《法律适用》2019 年第 1 期，第 71 页。

32 例知识产权应用案例共涉及 17 种案由,其中以知识产权类案由为主,少量涉及行政类和民事类案由。案由为侵害商标权纠纷的案例数量最多,有 8 例,总体占比为 25%。其次是侵害实用新型专利权纠纷,共有 4 例。再次是其他知识产权与竞争纠纷,有 3 例应用案例。侵害外观设计专利权纠纷,擅自使用他人企业名称、姓名纠纷及著作权权属、侵权纠纷 3 种案由的应用案例各有 2 例。财产损害赔偿纠纷等 11 种案由的应用案例各有 1 例(如图 6-12 所示)。虽然知识产权应用案例的案由众多,但类别集中,各类知识产权权属、侵权纠纷应用案例共有 20 例,总体占比为 63%。相较之下,不正当竞争纠纷与垄断纠纷的应用案例较少。

图 6-12　知识产权应用案例的案由

(二)知识产权应用案例与知识产权指导性案例的对比分析

1. 知识产权指导性案例案由的应用

(1)有 6 例知识产权指导性案例被应用于同类案由的案件,其中 4 例仅被应用于同类案由的案件

在已被应用的 14 例知识产权指导性案例中,被应用于同类案由的指导性案例有 6 例,其中,仅被应用于同类案由的有 4 例,分别为指导案例 55 号、80 号、85 号、86 号,尚未发现被应用于不同案由的指导性案例。指导案例 29 号、82 号既被应用于同类案由,又被应用于不同案由。值得注意的是,指导案例 82 号虽然也被应用于不同案由的案例,但在 5 例应用案例中,有 4 例为同类案由的案例,占比高达 80%。

（2）有 8 例知识产权指导性案例仅被应用于不同案由的案件

除上述 6 例知识产权指导性案例，其余 8 例知识产权指导性案例仅在不同案由的案件中得到应用，具体包括指导案例 20 号、30 号、45 号、46 号、47 号、58 号、81 号、83 号。虽然以上 8 例指导性案例的案由与应用案例不同，但两者在关键案情或争议焦点上存在相似性。例如指导案例 20 号是关于侵害发明专利权纠纷的案件，其被应用于侵害实用新型专利权纠纷案件，虽然两者的案情不同，但争议焦点都涉及专利权被授予前制造的产品后续行为的侵权问题。指导案例 83 号也是侵害发明专利权纠纷的案件，被法官应用于对侵害商标权纠纷和侵害实用新型专利权纠纷案件的分析，是因为二者都涉及对网络服务侵权的"通知规则"和"必要措施"的理解和认定。

2. 知识产权指导性案例的首次应用日期与发布日期的间隔时间最短为 3 个月

在已被应用的 14 例知识产权指导性案例中，除指导案例 86 号的应用案例为发布前援引外，其他均为指导性案例发布之后援引。知识产权指导性案例被首次应用的时间，分别为其发布后的 3~48 个月不等。其中，指导案例 83 号的发布日期为 2017 年 3 月 6 日，首次被应用的日期为 2017 年 6 月 29 日，间隔 3 个多月。间隔时间最长的为指导案例 20 号，间隔时间长达 4 年（如图 6-13 所示）。

图 6-13　知识产权指导性案例发布日期和首次应用日期

3. 知识产权指导性案例的应用地域

（1）知识产权指导性案例的应用案例在 3 例以上的省级行政区有广东省、北京市、四川省

从知识产权应用案例的应用地域来看，除最高人民法院外，有 14 个省级行政区在司法实践中应用了知识产权指导性案例。其中应用案例最多的省级行政区为广东省，共

有 10 例，其次是北京市和四川省，分别有 4 例和 3 例。天津市、上海市、河南省各有 2 例，其余省级行政区各有 1 例。

（2）广东省等 9 个非知识产权指导性案例的来源地均有应用案例

虽然知识产权指导性案例的应用案例数量相对较少，但其分布的地域范围较为广泛，并且不局限于指导性案例的来源地域。广东省、北京市、四川省、河南省、陕西省、湖南省、湖北省、黑龙江省、福建省 9 个省级行政区未曾遴选出知识产权指导性案例，但均在审判实践中应用了知识产权指导性案例（如图 6-14 所示）。

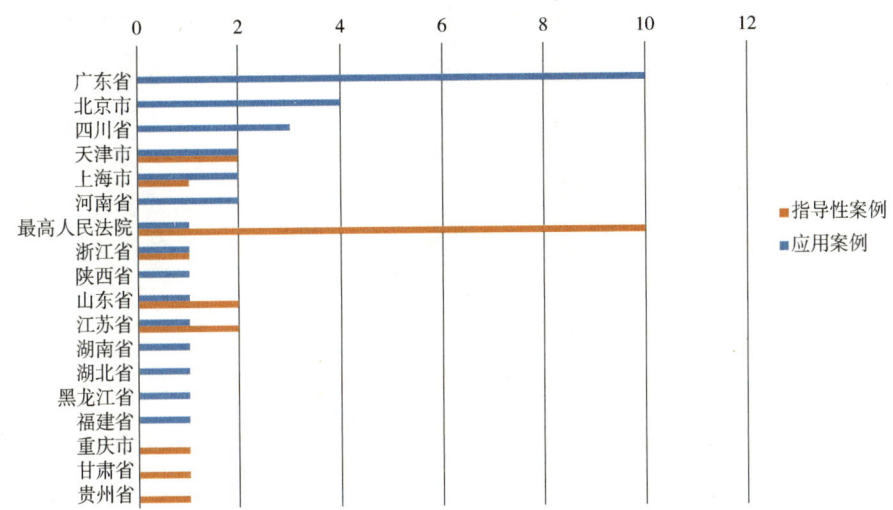

图 6-14 知识产权指导性案例及其应用案例的地域分布情况

天津市、上海市、浙江省、山东省、江苏省 5 个省级行政区以及最高人民法院都为指导性案例的来源，但作为知识产权指导性案例主要来源的最高人民法院，应用案例仅有 1 例。重庆市、甘肃省和贵州省虽然遴选出了指导性案例，但未发现应用案例。

4. 知识产权应用案例的审理法院

（1）75% 的知识产权应用案例由普通人民法院审结，较 2017 年下降约 13%

在审判实践中，知识产权应用案例的审理法院主要为普通人民法院，32 例应用案例中，有 24 例由普通人民法院审理，总体占比为 75%。但是，相比于 2017 年（总体占比约为 88%），普通人民法院审结的知识产权应用案例的数量占比下降了约 13%，与之相对的是知识产权法院审结的应用案例占比提高至 25%。

（2）最高人民法院、高级人民法院的知识产权应用案例总数不足二者指导性案例总数的一半

最高人民法院和高级人民法院作为知识产权指导性案例最主要的来源，二者应用案

例总数不足二者发布的指导性案例总数的一半,且二者应用案例的数量均少于各自被遴选出的指导性案例的数量。截至 2018 年 12 月 31 日,发布的知识产权指导性案例共有 21 例,其中有 20 例来源于最高人民法院(10 例)和高级人民法院(10 例),而二者的知识产权应用案例共有 8 例,比指导性案例少 12 例,应用案例的总体占比仅有 25%。特别是最高人民法院,其应用案例仅有 1 例,仅为指导性案例数量的 1/10(如图 6-15 所示)。

图 6-15　知识产权指导性案例及其应用案例的审理法院

（3）知识产权法院的应用案例占比增长超过 12%,广州知识产权法院及北京知识产权法院贡献较大

2014 年 8 月 31 日第十二届全国人民代表大会常务委员会第十次会议通过了《关于在北京、上海、广州设立知识产权法院的决定》①,率先在北京市、上海市、广州市启动了中国知识产权法院设置的试点方案,以期在统一裁判标准、完善侵权救济措施、合理分配举证责任、加重损害赔偿责任等方面发挥主导作用。② 知识产权指导性案例作为知识产权专业化审判的具体措施,其应用效果可以在一定程度上反映知识产权法院在审判专业化中发挥的作用。

2017 年,知识产权指导性案例的应用首次扩展到知识产权法院(北京知识产权法院)。在全部 22 家应用案例审理法院中,广州知识产权法院和北京知识产权法院的应用频率最高,分别有 4 例和 3 例应用案例;天津市高级人民法院等 5 家法院分别有 2 例应用案例;包括最高人民法院、上海知识产权法院在内的 15 家法院各有 1 例应用案例(如图 6-16 所示)。虽然总体来看应用案例的数量较少,但从与知识产权应用案例的审

---

① 参见北大法宝—法律法规库（www.pkulaw.com/law,【法宝引证码】CLI.1.232867）,访问日期:2019 年 4 月 17 日。

② 参见管育鹰:《关于我国知识产权司法保护战略实施的几点思考》,载《法律适用》2018 年第 11 期,第 42 页。

理法院相比来看，在落实案例指导制度方面，知识产权法院的设立有一定的积极影响。

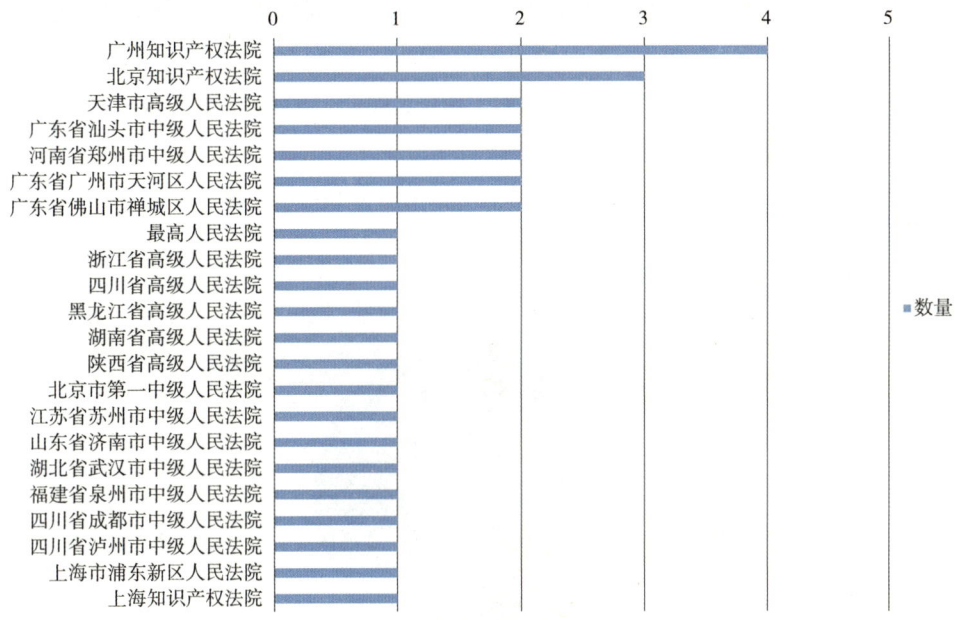

图 6-16　知识产权应用案例审理法院的案件审结情况

5. 知识产权应用案例的审理程序中一审程序和二审程序占比约为94%

知识产权指导性案例的审理程序以二审和再审程序为主，共有20例，总体占比高达95%。知识产权应用案例的审理程序主要是一审和二审程序，共计30例，总体占比约为94%（如图6-17所示）。

图 6-17　知识产权指导性案例及其应用案例的审理程序

（三）知识产权指导性案例的应用情况分析

1. 应用主体为法官的案例占比为44%，法官主动援引的共涉及9例知识产权指导性案例

知识产权应用案例的应用主体包括法官、原告、被告、上诉人、被上诉人、再审申请人。其中法官应用的案例比例最高，总体占比为44%；其次是上诉人，总体占比为25%；再次是被告，总体占比为13%；原告、被上诉人和再审申请人各占6%（如图6-18所示）。

图 6-18　知识产权指导性案例的应用主体

法官主动援引的有9例知识产权指导性案例，分别为指导案例20号、29号、47号、80号、81号、82号、83号、85号、86号。其中，指导案例29号、47号、81号、82号、83号分别被援引2次；指导案例20号、80号、85号、86号各被援引1次（如图6-19所示）。

图 6-19　法官主动援引知识产权指导性案例的应用案例数量

2. 应用表述模式以"主体+编号""主体+编号+要点""主体+编号+标题+要点"为主

根据 2015 年 5 月 13 日发布的《〈最高人民法院关于案例指导工作的规定〉实施细则》[①] 第 11 条第 1 款的规定,在办理案件过程中,案件承办人员应当查询相关指导性案例。在裁判文书中引述相关指导性案例的,应在裁判理由部分引述指导性案例的编号和裁判要点。

援引指导性案例时的应用表述主要包括发布主体、发布日期、发布批次、指导性案例编号、指导性案例发文字号、指导性案例案号、指导性案例标题、裁判要点、指导性案例法律规定九个要素。其中,指导性案例法律规定是 2018 年新增的要素类型,知识产权类应用案例暂未涉及。由于知识产权应用案例的数量相对较少,应用表述要素的组合模式仅有 7 种,相比于其他民商事应用案例较为集中。其中以"主体+编号""主体+编号+要点""主体+编号+标题+要点"为主要模式,各有 8 例应用案例(如表 6-3 所示)。在 24 例应用案例中,有 1 例应用时间为 2015 年,有 2 例应用时间为 2016 年,其他 21 例应用时间为 2017 年和 2018 年。即 2017 年的 11 例知识产权应用案例全部采用上述三种应用表述组合模式,2018 年的 14 例应用案例中有多达 10 例应用案例表述采用同样的组合模式。

表 6–3 知识产权指导性案例应用表述的组合模式

应用表述组合模式	案例数量(例)
主体+编号	8
主体+编号+要点	8
主体+编号+标题+要点	8
主体+标题+编号	5
主体+标题+要点	1
标题+要点	1
发布主体	1

3. 法官明示援引的参照率约为 78%,法官主动援引的参照率高达 93%

通过调研发现,法官明示援引的应用案例有 18 例(包括法官主动援引的 14 例应用案例和法官被动援引的 4 例应用案例),应用结果涉及参照和不参照两种。其中,应用结果为参照的案例共有 14 例,总体占比约为 78%;不参照的有 4 例,总体占比约为 22%。在法官主动援引的应用案例中,只有 1 例的应用结果为不参照,其余 13 例的应

---

① 参见《〈最高人民法院关于案例指导工作的规定〉实施细则》,载北大法宝—法律法规库(http://www.pkulaw.cn/fbm/,【法宝引证码】CLI.3.249447),访问日期:2019 年 3 月 18 日。

用结果均为参照,法官主动援引的参照率高达 93%。法官被动援引的 4 例应用案例中,不参照的有 3 例案例,参照的仅有 1 例,参照率仅 25%(如图 6-20 所示)。

图 6-20 知识产权应用案例的应用结果

三、知识产权指导性案例的应用空间

(一)知识产权指导性案例发布后,相同案由案件的审理情况

知识产权指导性案例发布后,全国法院审结的类似案件数量增长明显,其中著作权权属、侵权纠纷,商标权权属、侵权纠纷以及专利权权属、侵权纠纷所占比重最大。据统计,截至 2018 年 12 月 31 日,三者的审结数量(相同案由的指导性案例以最先发布的时间统计,下同)分别为 234 068 例、48 646 例和 42 874 例(如图 6-21 所示)。与之对比,知识产权指导性案例的应用案例共计 32 例,且仍有 7 例指导性案例未被应用。由此可见,知识产权指导性案例还存在巨大的应用空间。

图 6-21 相同案由案件的审结情况

（二）知识产权指导性案例发布后，其审理法院审结同类案件的情况

为进一步研究知识产权指导性案例的应用空间，以知识产权指导性案例的审理法院为例，对指导性案例发布后同案由案件的审结情况如下（如表6-4所示）。

表6-4 知识产权指导性案例的审理法院审结同类案例的情况

知识产权指导性案例的审理法院	审结案件的案由	审结案件的数量（例）
最高人民法院	专利权权属、侵权纠纷	865
	不正当竞争纠纷	75
	商标权权属、侵权纠纷	166
	著作权权属、侵权纠纷	46
	垄断纠纷	4
	植物新品种权权属、侵权纠纷	11
浙江省高级人民法院	专利权权属、侵权纠纷	643
山东省高级人民法院	商标权权属、侵权纠纷	564
	不正当竞争纠纷	41
江苏省高级人民法院	著作权权属、侵权纠纷	564
	植物新品种权权属、侵权纠纷	13
贵阳市中级人民法院	著作权权属、侵权纠纷	487
重庆市高级人民法院	商标权权属、侵权纠纷	108
上海市高级人民法院	著作权权属、侵权纠纷	69
天津市高级人民法院	商标权权属、侵权纠纷	45
	不正当竞争纠纷	6
甘肃省高级人民法院	植物新品种权权属、侵权纠纷	5

由表6-4可知，知识产权指导性案例的审理法院在指导性案例发布后，都再次审理了相同案由的案件。其中，最高人民法院、浙江省高级人民法院、山东省高级人民法院和江苏省高级人民法院审结的同案由的案件最多。截至2018年12月31日，最高人民法院审结的专利权权属、侵权纠纷案件为865例，浙江省高级人民法院在指导性案例发布后审结的专利权权属、侵权纠纷案件为643例，山东省高级人民法院审结的商标权权属、侵权纠纷及江苏省高级人民法院审结的著作权权属、侵权纠纷案件都为564例。

（三）知识产权指导性案例发布后，知识产权法院审结同案由案件的情况

知识产权法院审理的案件对我国知识产权案件的审理具有风向标的作用。在知识产权指导性案例发布后，知识产权法院在审理相同案由的案件过程中对指导性案例的

应用具有重要的参考意义。我国知识产权法院审理同类型案件的情况如下（如图6-22所示）。

图6-22　知识产权法院审结同案由案件的情况

根据图6-22可知，在知识产权指导性案例发布后，各知识产权法院审结的同案由案件数量十分可观。著作权权属、侵权纠纷以及专利权权属、侵权纠纷案件的审结量明显高于其他案由的案件，截至2018年12月31日，北京知识产权法院审结著作权权属、侵权纠纷案件5523例，上海知识产权法院审结2449例，广州知识产权法院审结5108例；北京知识产权法院审结的专利权权属、侵权纠纷案件共有674例，上海知识产权法院审结1032例，广州知识产权法院审结4422例。上述提到，知识产权法院审结的指导性案例的应用案例仅有8例，与其审结的案例数量差距明显。

四、调研综述

（一）知识产权指导性案例发布数量排名第三，应用案例数量虽逐年增长，但应用数量仅高于国家赔偿类指导性案例

截至2018年12月31日，最高人民法院共发布知识产权指导性案例21例，知识产权指导性案例发布数量仅次于民商事和刑事指导性案例，排名第三。从知识产权指导性案例的类型来看，涉及专利、商标、著作权和不正当竞争等，既有传统知识产权纠纷，也有新型知识产权纠纷。在第十六批知识产权指导性案例中，指导案例84号开创性地使用了技术调查官，显示出专利案件审判逐步向精细化和专业化发展。①

从应用情况来看，知识产权指导性案例从2017年仅有6例被应用，已上升至14例，应用率约为67%。自2014年知识产权指导性案例首次被陕西省高级人民法院应用起，5

---

①　参见安雪梅：《指导性案例的法律续造及其限制——以知识产权指导性案例为视角》，载《政治与法律》2018年第1期，第102页。

年内知识产权应用案例的数量逐年增加，2014年仅1例，2015年、2016年分别有2例、4例，2017年增长至11例，2018年有14例。但是整体应用案例数量较少，共计32例，仅高于国家赔偿类指导性案例的应用案例数量。知识产权指导性案例的应用情况虽比2017年有明显改善，但与各法院已经审结的知识产权纠纷案件相比仍有较大的应用空间。

（二）应用案例地域覆盖了最高人民法院及广东省等14个省级行政区，比2017年增加7个省级行政区

知识产权纠纷与当地经济发展水平有较为密切的关系，这一点在依行政区划建立起来的知识产权司法保护体系中也会有所体现。较为直观的即知识产权纠纷案件的数量差异，该差异也会导致知识产权应用案例数量的区别。在32例知识产权应用案例中，除最高人民法院审结的1例外，其余31例应用案例地域覆盖了广东省等14个省级行政区。与2017年同期相比，增加了7个省级行政区。多数省级行政区的应用案例数量在1例或2例，广东省、北京市、四川省的应用案例数量较多，分别有10例、4例和3例。

（三）指导性案例的审理法院虽尚未涉及知识产权法院，但是知识产权法院的应用案例数量已由2017年的仅1例上升为8例

2014年8月31日第十二届全国人民代表大会常务委员会第十次会议审议通过《关于在北京、上海、广州设立知识产权法院的决定》，知识产权领域的司法改革不断深入。虽然已发布的21例知识产权指导性案例中尚未涉及知识产权法院的案例，但是从应用案例的审理法院来看，知识产权法院的案例数量有所增多。在应用知识产权指导性案例的法院中，知识产权法院的应用案例数量从2017年的仅1例上升为8例。广州知识产权法院和北京知识产权法院的应用案例数量最多，分别为4例和3例。可见在落实案例指导制度方面，知识产权法院有一定的积极影响，未来可能会发挥出更大的作用。

（四）应用案例的案由以知识产权权属、侵权纠纷为主，少量涉及民事类和行政类案由

32例知识产权应用案例涵盖了包括侵害商标权纠纷在内的17种案由，共有20例应用案例的案由涉及各类知识产权权属、侵权纠纷，占总比约为63%。其中侵害外观设计专利纠纷，擅自使用他人企业名称、姓名纠纷及著作权权属、侵权纠纷案由各有2例应用案例，财产损害赔偿纠纷等11种案由各有1例应用案例。侵害商标权纠纷案由有8例应用案例，侵害实用新型专利权纠纷案由有4例应用案例，还有3例应用案例案由为其他知识产权与竞争纠纷。值得一提的是，知识产权指导性案例除了被应用于同类知识产权案由案件，还被法官或上诉人应用到行政类或者民事类案由的案件中。

（五）法官明示援引的参照率约为78%，法官主动援引的参照率高达93%

研究中发现，不同于其他种类指导性案例法官倾向于隐性援引或被动援引，知识产权指导性案例的应用中，法官明示援引的比重更大。在32例知识产权应用案例中，法官明示援引的有18例，占比达到56%。其中有14例为法官主动援引，总体占比为44%，法官主动援引的比例与法官隐性援引相同。相比之下，在其他民商事指导性案例援引方式中，法官隐性援引的比例普遍高于其他援引方式，但在知识产权指导性案例的援引方式上，法官主动援引的倾向较为明显。

从应用结果来看，法官明示援引的有18例，应用结果为参照的有14例，总体占比约为78%；不参照的有4例，总体占比约为22%。在法官主动援引的应用案例中，只有1例的应用结果为不参照，其余13例的应用结果均为参照，法官主动援引的参照率高达93%。

七、行政分报告

最高人民法院行政指导性案例 2018 年度司法应用报告*

[摘要] 截至 2018 年 12 月 31 日,最高人民法院已发布行政指导性案例 19 例,2018 年新增指导案例 94 号和 101 号,仅次于民商事、刑事及知识产权类指导性案例。本报告以"北大法宝—司法案例库"收录的裁判文书作为数据样本,经调研发现,已有 14 例行政指导性案例被应用于 768 例案件,应用情况较好。行政指导性案例跨领域应用特征明显,但司法应用中存在明显"同案不同判"的情况。

[关键词] 行政指导性案例　司法应用　跨领域　同案不同判

截至 2018 年 12 月 31 日,最高人民法院发布了 20 批共计 106 例指导性案例。行政指导性案例上升至 19 例,2018 年新增指导案例 94 号和 101 号,总体占比为 18%,在各类指导性案例中排名第四,低于民商事、刑事及知识产权类指导性案例。行政指导性案例具体包括土地/行政批准、教育/行政许可、工商/行政处罚、公路交通/其他行政行为、劳动和社会保障/行政确认、劳动和社会保障/行政受理、民政/行政征收、土地/行政合同、物价/其他行政行为、消防/行政确认、盐业/行政处罚、公路交通/行政许可、公安/行政登记、道路/行政处罚、渔业/政府信息公开 15 类案由。根据调研情况,截至 2018 年 12 月 31 日,已被应用于司法实践的行政指导性案例共有 14 例,应用率达 74%,比 2017 年同期(应用率为 82%)下降 8%。援引行政指导性案例的案例,即应用案例,共有 768 例,比 2017 年同期(369 例)增长了 1 倍多。应用频率最高的是指导案例 60 号(盐城市奥康食品有限公司东台分公司诉盐城市东台工商行政管理局工商行政处罚案),应用次数为 504 次,比 2017 年同期(252 例)增长 1 倍。其中,有 460 例应用案例为民商事类案例,指导案例 60 号跨领域应用特征明显。其次是指导案例 77 号、41 号、22 号,应用次数分别为 112 次、41 次、39 次。应用案由主要集中在买卖合同纠纷和产品责任纠纷领域。应用地域集中分布在广东省、北京市、河南省、浙江省和四川省等省级行政区。应用案例的审理法院主要是中级人民法院,审理程序以二审程序为主。

---

* 本报告对行政指导性案例发布情况的研究范围为最高人民法院发布的第一至二十批指导性案例,发布案例和应用案例数据截止时间为 2018 年 12 月 31 日。

一、行政指导性案例的发布状况

(一) 行政指导性案例的发布规律

1. 有10个批次涉及行政指导性案例,近两年发布数量连续下降,2018年仅发布2例

截至2018年12月31日,在已发布的20批指导性案例中,涉及行政指导性案例的有10个批次,分别是第二批、第五批、第六批、第九批、第十二批、第十四批、第十五批、第十七批、第十八批及第十九批。2012年、2013年每年仅有2例行政指导性案例发布,2014—2016年上升至每年5例,2017年减少为3例,2018年发布数量继续减少,仅发布2例。

2. 行政指导性案例的发布日期有63%集中在11月、12月

最高人民法院发布行政指导性案例的日期不固定。从发布的年份来看,主要分布在2012—2014年及2016—2018年。从发布的月份来看,上半年主要集中在1月、4月和5月,下半年主要集中在9月、11月和12月。在最高人民法院发布的19例行政指导性案例中,有5例发布在11月,有7例发布在12月,总体占比合计约为63%。

图 7-1 行政指导性案例整体发布情况

3. 行政指导性案例多为6年内审结的案件

在最高人民法院发布的19例行政指导性案例中,审结日期最早的是1999年4月审结的指导案例38号,最新案例的审结日期是2017年5月(指导案例88号)。审结时间主要集中于2009年之后,共有15例,总体占比约为79%。审结日期与发布日期二者间隔时间在6年之内的案例有16例,总体占比为84%。其中,间隔时间在1年之内的有2例,即指导案例5号和指导案例88号;发布日期和审结日期的间隔时间分别约为11个月和 6 个月。间隔时间在 10 年以上的案例有 2 例,即指导案例 38 号和 41 号,其中指导案例 38 号是审结日期最早的案例,审结日期为 1999 年 4 月,发布日期为 2014 年 12 月,审结日期与发布日期间隔时间近 15 年。2018 年发布的指导案例 94 号和 101 号,审结日期与发布日期间隔时间分别为 4.8 年和 3.2 年。

(二) 行政指导性案例的发布特点

1. 行政指导性案例的案由涉及 11 类行政管理种类和 10 类行政行为,新增行政管理种类"渔业"和行政行为种类"政府信息公开"

最高人民法院发布的 19 例行政指导性案例,共涉及 11 个行政管理种类。从案例数量上看,涉及土地、劳动和社会保障的案例最多,各有 3 例,总体占比均约为 16%。其次是涉及工商、公路交通、教育及公安的案例,各有 2 例,约各占 11%。涉及民政、物价、消防、盐业及 2018 年新增的渔业的案例,各有 1 例,约各占 5%。

图 7-2　行政指导性案例的行政管理种类

最高人民法院发布的 19 例行政指导性案例,共涉及 10 类行政行为,2018 年新增政府信息公开种类。其中涉及行政处罚的案例最多,有 4 例,总体占比约为 21%;其次是涉及行政许可和行政确认的案例,各有 3 例,均各占 16%;涉及其他行政行为、行政批准的案例各有 2 例,约各占 11%;涉及政府信息公开、行政征收、行政受理、行政合同和行政登记的案例各有 1 例,约各占 5%。

图 7-3　行政指导性案例的行政行为种类

2. 行政指导性案例的裁判要点以实体指引为主,约占84%

行政指导性案例的裁判要点为实体指引的,共有16例,总体占比约为84%,其中,2018年新增的指导案例94号和101号均为实体指引;裁判要点为行政诉讼程序指引的,有3例,即指导案例26号、41号和88号,总体占比约为16%。

图7-4 行政指导性案例裁判要点指引

3. 行政指导性案例的关键词中,"行政""行政诉讼法"各出现8次,2018年首次出现"信息不存在""检索义务""视同工伤""见义勇为"

最高人民法院发布的指导性案例,每篇有3~7个关键词不等。2018年发布的行政指导性案例中,首次出现关键词"信息不存在""检索义务""视同工伤""见义勇为"。经统计,在已发布的19例行政指导性案例中,共有57个关键词;其中,"行政"在2018年出现次数增多,与"行政诉讼"出现次数相同,各出现8次;其次是"受案范围""行政处罚",各出现4次;再次是"违法",累计出现3次;另外,"高等学校""工伤认定""行政许可""政府信息公开""维持原判""合法""行政确认"分别出现2次;"颁发证书"等44个关键词,仅出现1次。

表7-1 行政指导性案例关键词统计表

关键词出现次数(次)	关键词数量(个)	具体关键词
8次	2个	行政诉讼;行政
4次	2个	受案范围;行政处罚
3次	1个	违法
2次	7个	高等学校;工伤认定;行政许可;政府信息公开;维持原判;合法;行政确认

(续表)

关键词出现次数（次）	关键词数量（个）	具体关键词
1次	44个	颁发证书；备案结果通知；程序性行政行为；法律效力；防空地下室；工作场所；工作过失；工作原因；规章参照；行政协议；行政征收；合同解释；举报答复；举证责任；没收较大数额财产；批复；人防；食品安全标准；食品标签；食品说明书；适用法律错误；受理；司法审查；听证程序；网络申请；未引用具体法律条款；消防验收；学术自治；学位授予；盐业管理；易地建设费；逾期答复；原告资格；正当程序；合法性；提审；警告；证明；罚款；证据；信息不存在；检索义务；视同工伤；见义勇为

4. 行政指导性案例以浙江省、山东省、四川省、江西省、江苏省等省的人民法院为主，重庆市首次成为行政指导性案例的来源省级行政区

2018 年行政指导性案例新增指导案例 94 号和 101 号，来源地均为重庆市。由此，行政指导性案例主要来源包括最高人民法院及江苏省等 12 个省级行政区。来源于浙江省、山东省、四川省、江西省、江苏省和重庆市的指导性案例分别有 2 例。另外，来源于最高人民法院和天津市、内蒙古自治区、湖北省、广东省、北京市及安徽省的指导性案例分别有 1 例。

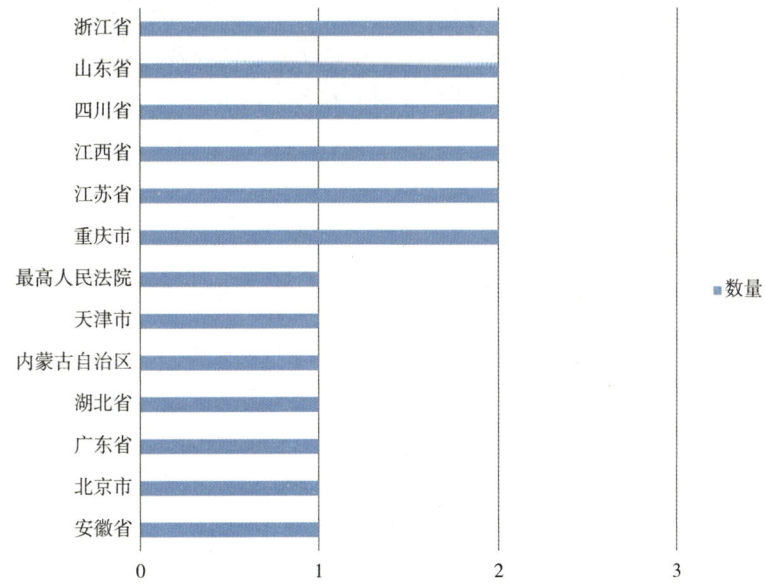

图 7-5 行政指导性案例的来源地域

5. 行政指导性案例的审理法院以中级人民法院和基层人民法院为主，合计总体占比为84%

在已发布的行政指导性案例中，由中级人民法院审理的案件数量最多，共计9例，总体占比为47%，基层人民法院、高级人民法院和最高人民法院审理的案例数量依次为7例、2例、1例，总体占比分别为37%、11%、5%。2018年，中级人民法院和基层人民法院审理的案件分别增加1例，合计总体占比为84%。

图7-6　行政指导性案例的审理法院

6. 行政指导性案例的审理程序以二审程序为主

2018年，行政指导性案例审理程序中二审程序和一审程序分别增加1例。审理程序为二审程序的有11例，总体占比为58%；审理程序为一审程序的有7例，总体占比为37%；审理程序为再审程序的仅有1例，总体占比为5%。

图7-7　行政指导性案例的审理程序

7. 行政指导性案例的文书类型以判决书为主，总体占比为 89%

在最高人民法院已发布的 19 例行政指导性案例中，文书类型为判决书的有 17 例，比 2017 年增加 2 例，总体占比为 89%；文书类型为裁定书的有 2 例，总体占比为 11%。

图 7-8　行政指导性案例的文书类型

二、行政指导性案例的司法应用

为保证数据来源的权威性和准确性，本报告以"北大法宝—司法案例库"收录的裁判文书作为数据样本，以最高人民法院发布的 20 批共 19 例行政指导性案例的司法应用情况作为分析对象①，利用与指导性案例相关的关键词进行多个关键词单独或并列的全文检索，从而揭示出行政指导性案例的司法应用现状，并在此基础上归纳和总结出其应用规律和特点。

根据司法实践对指导性案例的援引情况，可以将对指导性案例的援引分为两大类型，即确定性援引和不确定性援引。② 由于不确定性援引多为裁判者表述不严谨导致的，所以，为了确保研究的准确性和权威性，本报告仅以确定性援引为基础展开调研和分析。为了对确定性援引进行更为深入的剖析，本报告对应用案例的具体类型作了进一步区分，即按照法官在裁判案件时是否明确援引了指导性案例进行说理，将其分为法官明示援引和法官隐性援引。③ 截至 2018 年 12 月 31 日，最高人民法院发布的 19 例行政指导性案例，已有 14 例被应用于 768 例案件中。其中法官明示援引④共涉及 157

---

① 本报告指导性案例的发布数据和应用数据截止时间均为 2018 年 12 月 31 日。
② 确定性援引，是指根据裁判文书内容（包括评析）的表述，能够直接确定其援引了几号指导案例；不确定性援引，是指根据裁判文书内容（包括评析）的表述，不能确定其是否援引了指导性案例。
③ 参见张骐：《再论类似案件的判断与指导性案例的使用》，载《法制与社会发展》2015 年第 5 期，第 138 页。
④ 法官明示援引，是指法官作出裁判时明确援引了指导性案例进行说理。法官明示援引主要包括法官主动援引和法官被动援引两种情形，前者是指法官主动援引指导性案例进行说理；后者是指法官被动援引指导性案例进行说理，即检察人员建议或诉讼参与人请求参照指导性案例时，法官在裁判理由中对此作出了回应。

例应用案例,法官隐性援引①共涉及527例应用案例。另外,还有一种特殊援引方式即法官评析援引②,仅涉及1例应用案例。2018年新增非法官援引③,共有83例应用案例。

(一)行政指导性案例的整体应用情况

1. 从整体来看,14例行政指导性案例已被应用,2018年发布的指导案例94号、101号未发现应用案例

表7-2 行政指导性案例的整体应用情况

应用情况	应用数量(例)	指导案例编号
已被应用	14	5号、6号、21号、22号、26号、38号、39号、40号、41号、59号、60号、69号、76号、77号
未被应用	5	88号、89号、90号、94号、101号

截至2018年12月31日,在最高人民法院发布的19例行政指导性案例中,已被应用的指导性案例有14例,应用率高达74%;未被应用的指导性案例有5例,总体占比为26%。2018年发布的指导案例94号、101号,暂未被应用。

2. 在个案应用上,仍然以指导案例60号应用次数最多,指导案例77号的应用案例数量涨幅最大

截至2018年12月31日,行政指导性案例的应用案件共计768例。应用次数最多的是指导案例60号,高达504次,比2017年同期(252次)增长1倍,总体占比为66%。2018年,指导案例77号应用案例数量(112次)同比2017年(16次)增长6倍,涨幅最大,行政指导性案例应用案例的数量排名从第五位上升至第二位。有4例指导性案例应用次数在10～50次之间,分别是指导案例41号、22号、5号和6号,应用次数依次为41次、39次、19次和11次;其余8例指导性案例应用次数均在10次以下,应用较少。

---

① 法官隐性援引,是指在审判过程中,检察人员建议或诉讼参与人请求法官参照指导性案例进行裁判,法官对此在裁判理由部分未明确作出回应,但是其裁判结果与指导性案例的精神是一致的情况。
② 法官评析援引,是指裁判文书正文中并未提及指导性案例,但是在该案例后所附的专家点评、评析、补评及典型意义部分提到指导性案例的情况。
③ 非法官援引,是指在审判过程中,诉讼参与人请求或检察人员建议法官参照指导性案例进行裁判,法官基于案件本身情况未作出回应,且从裁判结果来看与指导性案例不具有相关性的情况。

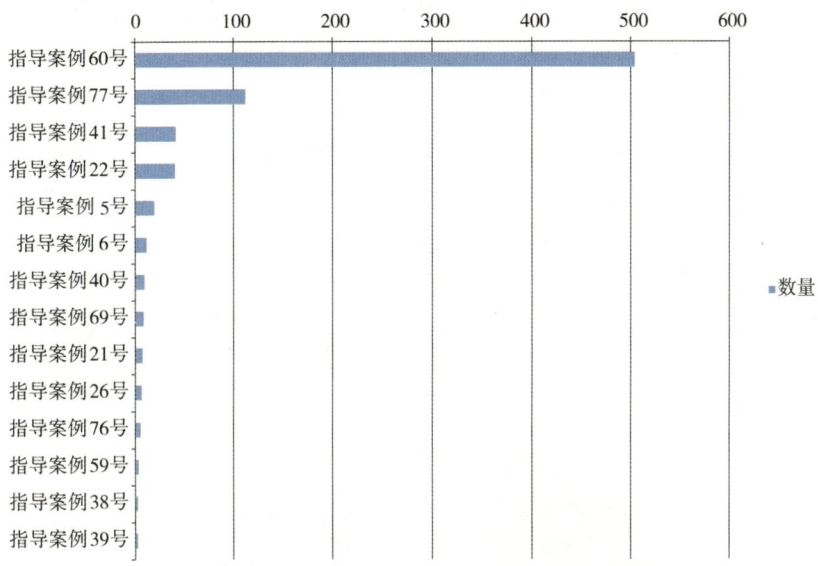

图7-9 行政指导性案例的个案应用情况

3. 在援引方式上，法官隐性援引占比下降10%，新增非法官援引

从援引方式上看，涉及对行政指导性案例的法官明示援引、法官隐性援引、非法官援引及法官评析援引。其中，涉及法官明示援引的共有157例应用案例，总体占比为20.44%，包括法官主动援引的34例和法官被动援引的123例；涉及法官隐性援引的共有527例应用案例，总体占比为68.62%，相比2017年同期（约占78.9%）下降约10%。非法官援引是2018年新增的援引方式，共有83例应用案例，总体占比为10.81%。另外，法官评析援引共有1例应用案例，总体占比不足1%。

图7-10 行政指导性案例援引方式

4. 应用案由种类繁多，主要集中在民商事案由，行政案由数量有所上升

（1）应用案由中民商事案由约占61%，行政案由数量2018年上升6%

在768例行政应用案例中，不仅涉及行政案例，还涉及民商事案例、国家赔偿案例及刑事案例。其中以民事案例最多，有467例，总体占比约为61%，较2017年同期（占比66%）下降5%；其次是行政案例，有294例，总体占比约为38%，较2017年同期（占比32%）上升6%；其余为国家赔偿（行政赔偿）案例和刑事案例，分别有7例和1例，总体占比合计约为1%。

图 7-11　行政指导性案例的主要类型

（2）行政类应用案例存在跨领域应用的情况，2018年新增案外人执行异议之诉纠纷和建设用地使用权纠纷

行政指导性案例的应用案例中比较突出的特点是跨领域应用。所谓跨领域应用，是指行政指导性案例被应用到民事、刑事、国家赔偿等非行政领域的案例中。经过调研可知，指导案例21号、22号、40号、41号、59号、60号、76号存在跨领域应用的情况。其中指导案例21号的应用案例中，有1例案由为滥用职权罪；指导案例22号的应用案例中，有5例案由为国家赔偿（行政赔偿），有1例案由为海域使用权纠纷；指导案例40号的应用案例中，有1例案由为提供劳务者受害责任纠纷；指导案例41号的应用案例中，有2例案由为国家赔偿（行政赔偿）；指导案例59号的应用案例中，有1例案由为房屋拆迁安置补偿合同纠纷；指导案例60号的504例应用案例中，有460例为民事案

例，具体应用案由包括买卖合同纠纷、产品责任纠纷、网络购物合同纠纷、产品质量损害赔偿纠纷及其他合同、无因管理、不当得利纠纷，分别有 284 例、149 例、20 例、3 例及 4 例；2018 年，指导案例 76 号的跨领域应用案例案由中，新增建设用地使用权纠纷和案外人执行异议之诉纠纷，分别有 1 例。

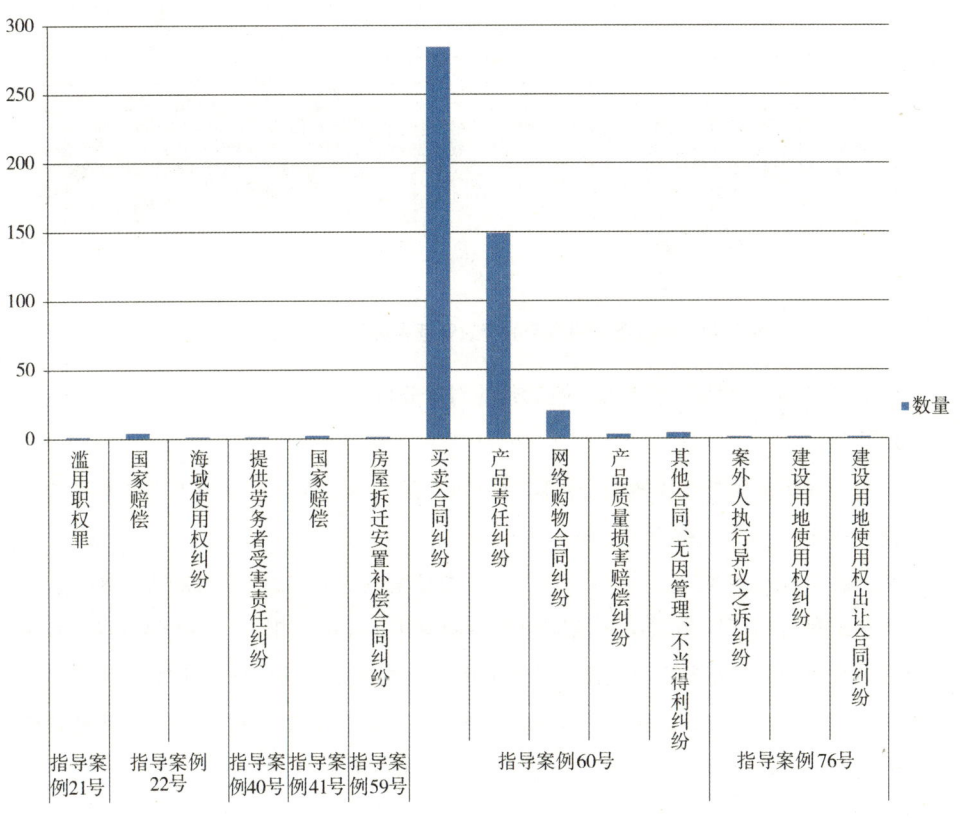

图 7-12 非行政类应用案例的案由分类

（3）行政案例涉及 31 个行政管理种类及 19 种行政行为

行政应用案例中的行政案例，涉及行政管理类别中的 31 个种类，比 2017 年（24 种）增加 7 个种类。其中涉及食品药品安全的最多，共有 118 例应用案例，比 2017 年同期（26 例）增长 3.5 倍；其次依次为土地、其他行政管理、房屋拆迁和盐业，分别有 30 例、20 例、13 例、13 例应用案例。此外，工商、质量监督、民政、城市规划、房屋登记、乡政府、治安、教育等 26 种行政管理范围的应用案例均在 10 例以下。

行政应用案例中的行政案例，涉及行政复议等 19 类行政行为，比 2017 年同期（11 种）增加 8 类。其中，其他行政行为、行政复议、行政处罚、行政确认和行政监督这 5 类行政行为的应用案例最多，依次有 90 例、60 例、41 例、22 例和 21 例；涉及行政强制、行政受理、行政裁决、行政征收、行政登记、行政批准、行政许可等 14 类行政行为的应用案例，均不超过 10 例。

图 7-13　行政类应用案例的行政管理种类和行政行为种类①

（二）行政应用案例与行政指导性案例的对比分析

1. 应用案由

（1）有 6 例行政指导性案例既被应用于同类案由的案件又被应用于不同案由的案件，指导案例 76 号首次被应用于同类案由

在已被应用的 14 例行政指导性案例中，指导案例 5 号、21 号、22 号、38 号、40 号、76 号既被应用于同类案由又被应用于不同案由的案件。其中，指导案例 76 号于 2018 年首次被应用于行政案由案件，具体案由为土地/行政合同纠纷。例如，指导案例 5 号的具体案由为盐业/行政处罚，该指导案例的应用案例有 19 例，其中，涉及盐业管理领域的有 13 例，涉及盐业管理领域且为行政处罚行为的有 12 例，故在司法实践中，真正援引指导案例 5 号的应用案例仍然集中在盐业管理领域，其管理行为主要表现为行政处罚。另外，指导案例 21 号、22 号、40 号存在跨领域应用情形。

（2）有 8 例行政指导性案例仅被应用于不同案由的案件

在已被应用的 14 例指导性案例中，有 8 例指导性案例目前仅被应用于不同案由案件，包括指导案例 6 号、26 号、39 号、41 号、59 号、60 号、69 号、77 号。其中，指导案例 41 号、59 号、60 号存在跨领域应用情形。虽然这 8 例指导性案例案由与其应用案例的案由不同，但是在关键案情或者争议焦点上两者存在相似性。例如指导案例 41 号为土地/行政批准类案件，其裁判要点为"行政机关作出具体行政行为时未引用具体法律条款，且在诉讼中不能证明该具体行政行为符合法律的具体规定，应当视为该具体

---

① 说明："其他行政行为"，是指行政处罚、行政强制、行政裁决、行政确认等 26 种行政行为之外的行政行为。

行政行为没有法律依据，适用法律错误"。该裁判要点被法官应用于土地/行政裁决类案件中，虽然两者案情不同，但是争议焦点均涉及对于法律、法规和规章的适用原则问题。

2. 行政指导性案例的应用地域

（1）行政指导性案例的应用地域主要集中在广东省、北京市、河南省、浙江省、四川省等地，2018年新增云南省，河南省和四川省排位上升

已发布的19例行政指导性案例，共涉及江苏省、四川省、江西省、广东省、浙江省、北京市、内蒙古自治区、天津市、山东省、安徽省、重庆市和湖北省12个省级行政区，其中，2018年新增重庆市。而行政指导性案例的应用地域共涉及最高人民法院及广东省等28个省级行政区，其中，2018年新增云南省。应用案例主要集中在广东省、北京市、河南省、浙江省、四川省等地，青海省、新疆维吾尔自治区、宁夏回族自治区3个省级行政区仍没有应用案例。相比2017年的应用地域主要集中在广东省、北京市、浙江省、河南省等地，2018年河南省对行政指导性案例的应用率显著提升，赶超浙江省，跃居第3位，四川省超过辽宁省和湖南省，由第7位上升至第5位。

（2）指导性案例的来源地更注重应用，河南省等23个非来源地均有应用案例，重庆市首次遴选出行政指导性案例

在应用案例超过20例的12个省份中，除河南省、湖南省、辽宁省及陕西省外，其他8个省份均曾遴选出行政指导性案例。可见，在审判实践中，曾遴选出指导性案例的省市更加注重对指导性案例的应用。

河南省、湖南省、辽宁省、贵州省、黑龙江省、河北省、福建省、上海市、山西省、陕西省、广西壮族自治区、西藏自治区、吉林省、甘肃省、海南省和云南省16个省、市、自治区，虽然没有涉及指导性案例的发布，但均在审判实践中应用了行政指导性案例。特别是河南省、湖南省、辽宁省，虽然目前尚未遴选出行政指导性案例，但应用案例均在30例以上。

2018年共发布2例行政指导性案例，即指导案例94号和101号，案例来源地均为重庆市，为2018年行政指导性案例唯一新增的案例来源地。但应用案例数量较少，2018年新增2例，共计6例。

3. 行政应用案例的审理法院

（1）行政应用案例的审理法院以普通人民法院为主，专门人民法院审理案件数量增长1倍

在审判实践中，应用行政指导性案例的法院主要是普通人民法院，其应用案例共计

图 7-14 行政指导性案例及其应用案例的地域分布情况

750 例，比 2017 年同期（361 例）增长 1 倍多，总体占比超过 97%；专门人民法院应用指导性案例共有 16 例，相比 2017 年同期（8 例）增长 1 倍，其中有 10 例为铁路运输中级人民法院审理，6 例为铁路运输基层人民法院审理。

（2）行政应用案例对中级人民法院和基层人民法院更具有指导意义

中级人民法院和基层人民法院应用行政指导性案例的频率较高，应用率分别为 47% 和 42%。高级人民法院应用行政指导性案例较少，应用率约为 7%，最高人民法院和专门人民法院应用率合计约为 4%。

图 7-15　行政指导性案例及其应用案例的审理情况

4. 行政应用案例的审理程序

（1）行政应用案例涉及普通诉讼程序的居多，涉及特殊程序的仅有 2 例

行政指导性案例的应用案例涉及的审理程序比发布案例的审理程序要多，包括一审、二审、再审及其他特殊程序 4 类。在 768 例行政应用案例中，适用普通程序的案例由 2017 年同期的 386 例上升至 766 例，增长 98%，适用特殊程序的案例仅有 2 例。

（2）行政应用案例的审理程序有 50% 以上为二审程序，再审程序的占比有所上升

最高人民法院发布的 19 例行政指导性案例的审理程序，适用二审程序的案例居多，共计 11 例。而在行政应用案例中，审理程序仍以二审程序为主，共有 389 例案例，总体占比为 50.65%，与 2017 年基本持平；审理程序为一审程序的案例共有 346 例，总体占比为 45.05%，比 2017 同期（占比 47%）下降约 2%；审理程序为再审程序的共有 31 例案例，总体占比为 4%，比 2017 年同期（占比 2%）上升约 2%。

图 7-16　行政指导性案例及其应用案例的审理程序情况

5. 行政指导性案例及其应用案例的终审结果

在最高人民法院发布的 19 例行政指导性案例中，涉及二审程序和再审程序的案例共有 12 例。而在 768 例应用案例中，涉及二审程序和再审程序的案例共计 419 例。

图 7-17　行政指导性案例的终审结果

图 7-18　行政指导性案例应用案例的终审结果

（1）行政指导性案例及其应用案例的终审结果仍以二审维持原判为主，行政指导性案例终审结果首次出现二审改判

在涉及二审和再审程序的行政指导性案例中，二审维持原判的比例最高，总体占比约为 59%，较 2017 年同期（占比 64%）下降 5%；首次出现终审结果为二审改判的行政指导性案例，即指导案例 101 号，总体占比为 8%；发回重审的指导性案例总体占比

约为17%；部分维持、部分改判和再审改判的指导性案例占比均为8%。而在行政指导性案例的应用案例中，二审维持原判的比例最高，总体占比为74.94%，较2017年同期（占比77%）下降约2%；其次是二审改判的应用案例，总体占比为9.79%；驳回再审申请的应用案例总体占比为6.21%，部分维持、部分改判的应用案例总体占比为4.53%，其余类型的终审结果所占比例较小。

（2）行政指导性案例及其应用案例的改判案例涉及行政处罚的较多，新增的指导案例101号的案由为政府信息公开

在行政指导性案例中涉及改判的有指导案例6号和101号，其案由分别为行政处罚和政府信息公开。而其他应用案例的改判案件主要援引的指导案例包括5号、22号、41号、60号等，这些应用案例的案由主要涉及行政处罚、行政登记和行政批准。

（三）行政应用案例的应用情况分析

1. 行政指导性案例的首次应用日期和发布日期间隔时间最短的仅有27天，最长的有3年

在最高人民法院发布的19例行政指导性案例中，指导案例88号、89号、90号、94号和101号尚未被应用，其余14例被首次应用的时间分别为其发布后的1～36个月不等。其中，指导案例41号的发布时间为2014年12月25日，首次应用时间为2015年1月21日，间隔时间仅有27天。间隔时间较短的还有指导案例60号、40号、5号，间隔时间依次为74天、116天、182天。间隔时间最长的为指导案例21号，发布时间为2013年11月8日，首次应用时间为2016年11月28日，前后间隔时间达3年之久。

图7-19　行政指导性案例的发布日期和首次应用日期

2. 行政指导性案例的应用主体

（1）行政指导性案例的应用主体广泛，其中上诉人占比略有上升，法官占比有所下降

在审判实践中，行政指导性案例的应用主体非常广泛，包括法官、原告、被告、上

诉人、被上诉人、再审申请人等。其中上诉人的应用比例最高，总体占比为41.4%，相比2017年同期（占比40%）上升了1.4%；其次为原告，总体占比为36.5%，相比2017年，总体占比基本持平；被告、法官、被上诉人、再审申请人应用较少，总体占比分别为8.3%、4.6%、4.8%、3.9%；其中，法官应用比例相比2017年同期（占比7%）下降2.4%，而第三人应用最少，总体占比为0.5%。

图7-20　行政指导性案例的应用主体

（2）法官主动援引共涉及8例行政指导性案例，指导案例76号首次被法官主动援引

司法实践中，法官主动援引指导性案例的，裁判时基本上都参照指导性案例作出了相同判决。在法官主动援引的34例应用案例中共涉及8例行政指导性案例，其中指导案例60号被援引14次；指导案例41号和21号分别被援引9次和4次。指导案例76号，2018年首次被法官主动援引，援引次数为1次。

图7-21　法官主动援引行政指导性案例的数量

（3）当事人应用指导性案例的频率最高，总体占比近95%

当事人在审判中应用指导性案例的频率最高，总体占比近95%，与2017年基本持平。当事人既包括审理程序中的当事人也包括执行程序中的当事人，在起诉、上诉、答辩及举证、质证等环节均可援引指导性案例来证明自己的主张。在当事人应用的14例指导性案例中，应用最多的是指导案例60号，其次是指导案例77号、41号、22号、5号。

3. 行政指导性案例的应用内容

根据2011年12月30日发布的最高人民法院研究室《关于印发〈关于编写报送指导性案例体例的意见〉、〈指导性案例样式〉的通知》①的规定，每篇指导性案例均由七个部分组成，即标题、关键词、裁判要点、相关法条、基本案情、裁判结果及裁判理由。在审判实践中，无论是法官还是当事人，在引用指导性案例时，其引用的内容不仅包括裁判要点，还包括基本案情和裁判理由。同时，根据2018年度调研情况，还出现了将指导性案例仅作为证据提交的情况。其中，引用裁判要点的，总体占比为40%，较2017年同期（占比34%）上升6%，应用频率最高；引用基本案情的，总体占比为16%，较2017年同期（占比26%）下降10%；引用裁判理由的，总体占比为11%，较2017年同期（占比20%）下降9%。当事人仅将行政指导性案例作为证据提交的，总体占比为8%。另外，仅提到行政指导性案例，未明确应用内容的，总体占比高达25%。

图7-22　行政指导性案例应用内容参照情况②

---

①　参见最高人民法院研究室《关于印发〈关于编写报送指导性案例体例的意见〉、〈指导性案例样式〉的通知》，载北大法宝—法律法规库（http://www.pkulaw.cn/fbm/，【法宝引证码】CLI.3.175399），访问日期：2019年3月19日。

②　说明：应用内容中的"未明确"，是指在引用指导性案例时未明确说明其引用的具体内容，且根据裁判文书也不能判断其引用的内容。

4. 行政指导性案例的应用表述

根据 2015 年 5 月 13 日发布的《〈最高人民法院关于案例指导工作的规定〉实施细则》①第 11 条的规定，在办理案件过程中，案件承办人员应当查询相关指导性案例。在裁判文书中引述相关指导性案例的，应在裁判理由部分引述指导性案例的编号和裁判要点。

援引指导性案例时的应用表述主要包括发布主体、发布日期、发布批次、指导性案例编号、指导性案例字号、指导性案例案号、指导性案例标题、裁判要点、指导性案例法律规定九个要素。其中，指导性案例法律规定是 2018 年新增的要素类型。

（1）发布主体、指导性案例编号和裁判要点是应用次数较多的三个要素

在行政应用案例中，发布主体被援引的次数最多，总计 720 次，总体占比达到 94%，较 2017 年同期（占比 92%）上升 2%。主要的表述形式有：参照/依据/根据最高人民法院发布的指导性案例、与最高人民法院发布的指导性案例、请求/建议/应当参照最高人民法院发布的指导性案例等。其次是指导性案例编号，被援引次数仅次于发布主体，为 655 次，总体占比达到 85%，较 2017 年同期（占比 82%）上升 3%。其主要的表述方式有：指导案例×号、第×号指导性案例、指导性案例第×号等。再次是裁判要点和发布批次，被援引的次数分别为 250 次和 219 次。除此以外，使用频率较高的还有发布日期、指导性案例标题、指导性案例字号。

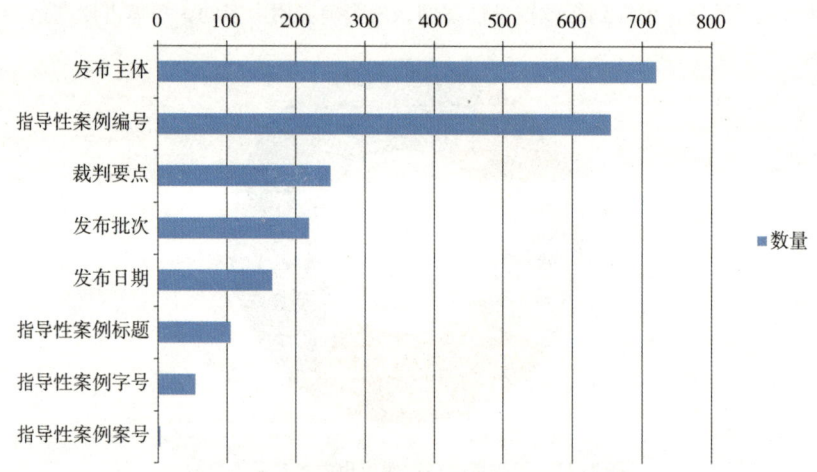

图 7-23 行政指导性案例应用表述的要素使用情况

（2）应用表述模式以双要素表述为主，表述要素中以"主体+编号""主体""主

---

① 参见《〈最高人民法院关于案例指导工作的规定〉实施细则》，载北大法宝—法律法规库（http://www.pkulaw.cn/fbm/，【法宝引证码】CLI.3.249447），访问日期：2019 年 3 月 19 日。

体+日期+编号"为主要模式,新增七要素组合模式

根据应用表述所涉及的九个要素的引述情况,可将其分为单要素表述、双要素表述、三要素表述、四要素表述、五要素表述、六要素表述和七要素表述七大类。其中七要素表述为 2018 年新增的表述模式。通过对 768 例应用案例的统计分析,七种不同的表述类别所涉及的要素种类和组合模式各不相同,即使是相同的表述类别,具体的要素种类和组合模式也存在差异。其中,以双要素表述的应用案例最多,有 220 例;以三要素表述的应用案例有 263 例;以单要素、四要素、五要素表述的应用案例分别有 84 例、137 例和 48 例;以六要素表述的应用案例相对较少,仅有 11 例;以七要素表述的,为新增模式,仅有 1 例应用案例。

双要素表述中包含 6 种表述模式,其中,以"主体+编号"为模式的有 177 例应用案例,占双要素模式的 80%,属于主导模式;三要素表述中,以"主体+日期+编号"为模式的有 106 例应用案例,以"主体+批次+编号"为模式的有 80 例应用案例,二者占三要素表述模式总数的 70%。单要素表述中,以"主体"为主要的表述模式,同时一般表述构成为"主体"+"指导性案例"字样。四要素、五要素、六要素的主要表述模式分别为"主体+编号+标题+要点""主体+日期+批次+编号+字号""主体+日期+字号+批次+编号+要点"。2018 年新增七要素的主要表述模式为"主体+日期+批次+编号+字号+标题+要点"。

(3) 法官同时引述行政指导性案例编号和裁判要点的情况较少,2018 年新增 2 例

在 768 例行政应用案例中,法官明示援引的共有 157 例,其中包含法官主动援引的 34 例和法官被动援引的 123 例。法官在援引指导性案例时,在裁判理由部分同时引述指导性案例编号和裁判要点的共有 27 例,比 2017 年同期(25 例)增加 2 例,总体占比为 3.51%,引述其他要素的涉及 130 例,总体占比为 16.93%。

图 7-24　法官援引行政指导性案例时表述要素的使用情况

5. 行政指导性案例的应用结果

(1) 法官主动援引行政应用案例的参照率下降2%，法官被动援引行政应用案例的参照率为20%

在768例行政应用案例中，法官明示援引的有157例。法官主动援引的有34例，其中法官参照行政指导性案例作出裁判的有24例，总体占比为71%，比2017年同期（占比73%）下降2%；法官未参照/未说明的有10例（未参照的有5例，未说明的有5例），总体占比为29%。法官被动援引的有123例，其中法官参照行政指导性案例作出裁判的有24例，总体占比约为20%；法官未参照的有99例，总体占比约为80%。法官隐性援引的共有527例行政应用案例。出现法官主动援引指导性案例却未参照的情况，主要是由于指导性案例的基本案情或裁判要点不适用于应用案例，法官就此进行了说明。法官被动援引的参照率较低，主要是因为当事人引用的指导性案例的基本案情与应用案例不相似，法官对此大多给出了明确回应。

图7-25　行政指导性案例的应用结果（明示援引）①

(2) 行政指导性案例的裁判要点是法官判断参照与否的重要标准

在157例法官明示援引的应用案例中，应用结果为参照的共有48例应用案例，法官主动援引和法官被动援引都有涉及。其中，在主动援引中，参照裁判要点的有22例；而在被动援引中，参照裁判要点的有15例，参照裁判理由的有2例，未明确具体参照内容的有5例，将指导案例作为证据提交的有2例。由此可见，法官参照指导性案例进行审理的主要原因是裁判要点可以适用于该应用案例。应用案例结果为未参照的总共有

---

① 说明：主动援引中的"未说明"，是指一审法官在审理该案件时援引了某一指导性案例，但是二审法官在终审判决中并未对此进行回应和说明。

104 例，法官主动援引和法官被动援引都有涉及。其中，在法官主动援引中，有 2 例因为裁判要点不同而未参照，有 2 例因为基本案情不同而未参照；在法官被动援引中，有 33 例因为裁判要点不同而未参照，有 14 例因为法官认为基本案情不同而未参照，有 17 例因为裁判理由不同而未参照，有 26 例因未明确具体内容而未参照。由此可见，法官不予参照指导性案例进行审理的主要原因，是裁判要点和裁判理由不适用于应用案例。此外，还有 5 例未说明的应用案例。此处的未说明，主要是一审法官在审理该案件时援引了某一指导性案例，但二审法官在终审判决中并未对此进行回应和说明。具体而言，包括 1 例一审法官参照裁判要点的应用案例、1 例参照裁判理由的应用案例和 3 例未明确具体参照内容的应用案例。

表 7-3 行政指导性案例的参照标准

明示援引	参照标准	参照	未参照	未说明
法官主动援引	裁判要点	22	2	1
	基本案情	2	2	0
	裁判理由	0	0	1
	未明确	0	1	3
法官被动援引	裁判要点	15	33	0
	基本案情	0	14	0
	裁判理由	2	17	0
	未明确	5	26	0
	证据提交	2	9	0

三、指导案例 60 号个案司法应用分析

指导案例 60 号 "盐城市奥康食品有限公司东台分公司诉盐城市东台工商行政管理局工商行政处罚案"，是最高人民法院于 2016 年 5 月 20 日发布的第十二批指导案例之一。该案主要针对食品标签标注内容问题，旨在明确食品经营者在食品标签、食品说明书上特别强调添加、含有一种或多种有价值、有特性的配料、成分，应标示所强调配料、成分的添加量或含量，未标示的，属于违反《中华人民共和国食品安全法》的行为，工商行政管理部门依法对此违法行为实施行政处罚的，人民法院应予支持。食品安全事关国计民生，该案既是维护消费者权益的需要，也是加强食品安全管理、促进行业健康发展的重要手段。①

根据对"北大法宝—司法案例库"收录的裁判文书的调研结果，指导案例 60 号是

---

① 参见《最高人民法院发布第 12 批指导性案例》，载法制网（http：//www.legaldaily.com.cn/integrity-observe/content/2016-06/06/content_6661766.htm？node=70769），访问日期：2019 年 3 月 19 日。

被应用最多的行政类指导性案例,应用案例共计504例,比2017年(252例)增加1倍,占行政应用案例的66%,而且,在司法应用中出现了同案不同判的情况。为此,本报告对指导案例60号的具体应用情况分析如下。

(一)指导案例60号的应用概况

1. 指导案例60号的应用案例以民事案例为主,行政案例数量有所提升,新增质量监督行政管理种类和行政处罚行政行为种类的案例

在指导案例60号的504例应用案例中,民事案例有460例,总体占比为91%,较2017年同期(占比95%)下降4%。行政案例有44例,总体占比为9%,较2017年同期(占比5%)上升4%。从应用案例的具体案由来看,民事案例的案由主要为买卖合同纠纷和产品责任纠纷,分别有284例和149例,相比2017年,分别增加134例和70例。行政案例涉及的行政管理范围主要为食品药品安全领域,有39例,其中,2018年新增食品药品安全/行政处罚案由,有11例应用案例;新增质量监督行政管理种类和行政处罚行政行为种类,分别有2例和13例应用案例。

图 7-26　指导案例 60 号应用案例的案由分布情况

2. 指导案例60号应用案例涉案产品近九成为食用油

指导案例60号的涉案产品为"金龙鱼橄榄原香食用调和油"。在指导案例60号的504例应用案例中,涉案产品以食用油居多,但并不局限于此。其中涉及食用油的应用案例有440例,总体占比为87.3%;酒类有14例,总体占比为2.8%;茶类有3例,总体占比为0.6%;另外有46例为其他食品,例如开心果、方便面、糖果、奶粉、巧克力、饮料、蛋糕、燕窝饮品、固体饮料等,总体占比为9.1%。还有1例应用案例涉案产品不是食品,而是纺织品。

图 7-27　指导案例 60 号应用案例涉案产品类型

（二）指导案例 60 号应用案例的应用内容剖析

1. 指导案例 60 号应用案例的应用内容未明确的增幅明显，应用内容以裁判要点居多，新增将行政指导性案例作为证据提交的情况

指导案例 60 号的应用案例具体应用内容涉及裁判要点、基本案情、裁判理由等。其中，未明确的最多，有 163 例，总体占比为 32%，相比 2017 年同期（63 例）增加了 100 例；其次为裁判要点，有 158 例，总体占比为 31%，相比 2017 年同期（66 例）增加了 92 例；应用内容涉及裁判理由的有 73 例；应用内容为基本案情的有 66 例。2018 年，应用内容中新增将行政指导性案例作为证据提交的情况，即当事人将指导案例 60 号作为证据提交，应用案例有 44 例。

图 7-28　指导案例 60 号应用案例的应用内容

2. 应用案例同时引用裁判要点1和裁判要点2，较2017年上升5%

指导案例60号的裁判要点有两个："1. 食品经营者在食品标签、食品说明书上特别强调添加、含有一种或多种有价值、有特性的配料、成分，应标示所强调配料、成分的添加量或含量，未标示的，属于违反《中华人民共和国食品安全法》的行为，工商行政管理部门依法对其实施行政处罚的，人民法院应予支持。2. 所谓'强调'，是指通过名称、色差、字体、字号、图形、排列顺序、文字说明、同一内容反复出现或多个内容都指向同一事物等形式进行着重标识。所谓'有价值、有特性的配料'，是指不同于一般配料的特殊配料，对人体有较高的营养作用，其市场价格、营养成分往往高于其他配料。"

通过对158例应用裁判要点的案例作进一步分析，发现同时引用裁判要点1和裁判要点2的频率较高，总体占比为37%，较2017年同期（占比32%）上升5%；裁判要点1被引用的总体占比为19%，较2017年同期（占比29%）下降10%；裁判要点2被引用的总体占比为26%，较2017年同期（占比24%）上升2%；另外未明确引用具体哪个裁判要点的，总体占比为18%。

7-29 指导案例60号裁判要点的应用情况

（三）指导案例60号的应用特点

1. 应用主体以消费者为主

在指导案例60号应用案例的应用主体中，消费者援引所占比例较大，共有383例，总体占比约为76%，与2017年同期（195例）相比，增加了188例，增幅明显；销售者援引的有65例，总体占比约为13%；投诉举报人援引的有34例，总体占比约为7%；法院主动援引的有14例，总体占比约为3%；生产者援引的有3例，总体占比约为1%。

图 7-30　指导案例 60 号应用案例的应用主体

2. 存在同案不同判情况

由于指导案例 60 号的应用案例基本围绕食品标签问题,为了进一步分析其具体应用情况,本报告针对涉案产品相同的案例,对基本案情以及判决结果的不同维度进行分析发现,即使涉案产品相同,各地法院的判决结果也不尽相同。

(1) 涉案产品为"金龙鱼橄榄原香食用调和油"的应用案例

从具体案情来看,应用案例涉案产品与指导案例 60 号相同的有 81 例,比 2017 年同期(39 例)增加了 42 例,涉及的食品类型均为"金龙鱼橄榄原香食用调和油"。但是从不同地区不同法院的裁判结果来看,存在着一些差异。这些案件的当事人多以购买的涉案产品食品标签存在瑕疵为由,向法院请求食品经营者退还货款、10 倍赔偿以及承担诉讼费等。不同地域的审理法院对于标签的认定情况分两种:存在食品标签瑕疵和不存在食品标签瑕疵。具体情况如表 7-4 所示。

表 7-4　"金龙鱼橄榄原香食用调和油"类案件的标签认定及判决情况

法院对食品标签认定情况	应用案例类型	应用案例数量(例)	案例所属地域	法院判决
存在标签瑕疵	民事案例	4	山西省、上海市、江苏省	1. 支持退还货款 2. 不支持 10 倍赔偿 3. 诉讼费减半
	民事案例	1	广东省	1. 支持退还货款 2. 不支持 10 倍赔偿 3. 诉讼费由原告承担 97%,被告承担 3%

（续表）

法院对食品标签认定情况	应用案例类型	应用案例数量（例）	案例所属地域	法院判决
	民事案例	10	北京市、河南省、四川省	1. 支持退还货款 2. 支持10倍赔偿 3. 被告承担诉讼费
	民事案例	1	江苏省	1. 支持退还货款 2. 支持3倍赔偿 3. 诉讼费减半，由被告承担
	民事案例	3	广东省、广西壮族自治区	1. 不支持退还货款 2. 不支持10倍赔偿 3. 诉讼费由原告承担
	行政案例	1	四川省	不支持请求撤销行政机关行政处罚和行政复议决定书的诉讼请求
不存在标签瑕疵	民事案例	54	安徽省、北京市、广东省、黑龙江省、湖北省、湖南省、江苏省、辽宁省、四川省、天津市、浙江省、福建省、河北省、河南省、吉林省	1. 不支持退还货款 2. 不支持10倍赔偿 3. 诉讼费由原告（消费者）承担
	民事案例	1	辽宁省	1. 支持退还货款（原告对商品不满意，被告接受退货） 2. 不支持10倍赔偿 3. 诉讼费减半
	民事案例	1	湖南省	驳回再审申请
	行政案例	3	广东省、吉林省、湖南省	不支持举报人要求撤销行政机关答复并重新作出行政答复的诉讼请求
	行政案例	1	河南省	撤销一审行政判决，驳回起诉
	行政案例	1	陕西省	对举报人投诉商家销售的食用调和油不符合食品安全国家标准的举报事项不予立案

根据表7-4所示，认定存在标签瑕疵的法院中，一部分法院，比如北京市、河南省、四川省的人民法院，均支持退还货款、10倍赔偿，同时由食品销售者承担诉讼费；另一部分，如山西省、上海市、江苏省的人民法院，一般支持退还货款，但均不支持10倍赔偿请求，对于诉讼费一般减半收取，由食品经营者承担。其中，广东省的法院均不

支持10倍赔偿，但支持退还货款的有1例，不支持退还货款的有2例，诉讼费主要由原告承担。

认定不存在标签瑕疵的法院比如安徽省、北京市、广东省、黑龙江省、湖北省、湖南省、江苏省、四川省、天津市、浙江省、福建省、河北省、河南省、吉林省等的人民法院均不支持10倍赔偿和退还货款。辽宁省仅有1例是在消费者对商品不满意而食品经营者也同意退货的前提下，法院支持退还货款。

第一，认定存在标签瑕疵的裁判理由。

认定存在标签瑕疵的裁判理由主要有二：一是涉案商品标签上"橄榄原香型"比"食用调和油"的字体略小，配料表中"特级初榨橄榄油"亦排列在"葵花籽油"之后，可见调和油中加入量最多的配料为葵花籽油而非橄榄油，尚不足以误导消费者。但众所周知，橄榄油的营养价值和市场价格均远高于葵花籽油，涉案产品以颜色、图样、文字说明等方式多次强调"橄榄"二字，表示该产品添加了橄榄油的配料，应标示"橄榄油"的添加量或者成品中的含量。二是食品标签存在不影响食品安全且不会对消费者造成误导的瑕疵的，不适用有关惩罚性赔偿的规定。

第二，认定不存在标签瑕疵的裁判理由。

认定不存在标签瑕疵的裁判理由主要有三：一是涉案商品标签上"橄榄原香型"与"食用调和油"在字体、字号、颜色上大体一致，整体构成了对涉案食用调和油的口味、香味、风味等的说明，且该表述并无歧义，整体包装装潢没有特别强调添加或含有"橄榄油"，也没有特别强调"橄榄油"是一种有价值、有特性的配料或成分。二是涉案商品标签在名称、字体、图案上均作出了修改，与指导案例60号的涉案产品标示有明显区别，并未突出"橄榄"二字。三是食品安全是指食品无毒、无害，符合应当有的营养要求，对人体健康不造成任何急性、亚急性或者慢性危害，是否应在产品标签上标示橄榄油含量的认定不涉及食品本身的安全问题。

（2）涉案产品均为"恒大兴安芥花籽橄榄油食用调和油"的应用案例

根据调研情况，有117例案件的涉案产品均为"恒大兴安芥花籽橄榄油食用调和油"，原告或上诉人以购买的涉案产品存在食品标签瑕疵为由，向法院请求食品经营者退还货款、10倍赔偿以及承担诉讼费等。然而法院对于该食品标签的认定并不统一，主要分为三种情况：一是存在标签瑕疵；二是不存在标签瑕疵；三是是否存在标签瑕疵不应由法院认定。对于标签瑕疵问题的不同认定也导致了判决结果的不同。表7-5为对不同地域法院判决情况的梳理。

表 7-5 "恒大兴安芥花籽橄榄油食用调和油"类案件的标签认定及判决情况

法院对食品标签认定情况	应用案例类型	应用案例数量（例）	案件所属地域	法院判决结果
存在标签瑕疵	民事案例	14	北京市、湖南省、山西省、辽宁省、湖北省、四川省、陕西省	1. 支持退还货款 2. 支持10倍赔偿 3. 诉讼费由被告承担
	民事案例	11	北京市、湖南省、陕西省、安徽省、浙江省、上海市	1. 支持退还货款 2. 不支持10倍赔偿 3. 诉讼费由双方各负担一部分
	民事案例	3	江西省、辽宁省、湖南省	1. 不支持退还货款 2. 不支持10倍赔偿 3. 诉讼费由原告承担
不存在标签瑕疵	民事案例	6	浙江省、广东省、北京市	1. 支持退还货款（由于被告愿意接受退货） 2. 不支持10倍赔偿 3. 诉讼费减半，由被告负担
	民事案例	1	广西壮族自治区	1. 支持退还货款（由于被告愿意接受退货） 2. 不支持10倍赔偿 3. 诉讼费由上诉人(消费者)承担
	民事案例	71	安徽省、北京市、河南省、辽宁省、河北省、山东省、四川省、广东省、湖南省、浙江省、福建省	1. 不支持退还货款 2. 不支持10倍赔偿 3. 诉讼费由原告（上诉人）承担
	民事案例	2	北京市	驳回再审申请
	行政案例	4	河南省、广东省、湖南省	不支持举报人要求撤销行政机关答复并重新作出行政答复的诉讼请求
	行政案例	1	安徽省	不支持举报人要求对被举报人进行行政处罚并奖励举报人的诉讼请求
	行政案例	1	河南省	撤销一审行政判决，驳回起诉
	行政案例	2	四川省	不支持请求判令行政机关履行法定职责，责令限期对销售违法食品企业进行行政处罚的诉讼请求
是否存在标签瑕疵不应由法院认定，应由有关食品监管部门认定	民事案例	1	湖南省	驳回原告退还货款、10倍赔偿及诉讼费由被告承担等诉讼请求

在涉案产品均为"恒大兴安芥花籽橄榄油食用调和油"的 117 例案例中,北京市、湖南省、山西省、辽宁省、湖北省、四川省、陕西省等地的法院全部支持消费者诉讼请求的案例共计 14 例。其中,在北京市"白世桥诉北京永辉超市有限公司顺义后沙峪空港分公司买卖合同纠纷案"① 中,北京市顺义区人民法院支持了原告(消费者)的全部诉讼请求;在湖南省"李塑来诉永州步步高商业连锁有限责任公司冷水滩分公司等产品销售者责任纠纷案"② 中,湖南省永州市冷水滩区人民法院一审判决全部支持原告的诉讼请求(包括退还货款、10 倍赔偿),但该案后经湖南省永州市中级人民法院二审改判,二审法院判决仅支持退还货款,不支持 10 倍赔偿。③ 改判的理由是适用了《中华人民共和国食品安全法(2015 年修订)》第 148 条第 2 款的规定:"生产不符合食品安全标准的食品或者经营明知是不符合食品安全标准的食品,消费者除要求赔偿损失外,还可以向生产者或者经营者要求支付价款十倍或者损失三倍的赔偿金;增加赔偿的金额不足一千元的,为一千元。但是,食品的标签、说明书存在不影响食品安全且不会对消费者造成误导的瑕疵的除外。"

同时调研发现,湖南省永州市冷水滩区人民法院审理的"李塑来诉永州步步高商业连锁有限责任公司冷水滩分公司等产品销售者责任纠纷案"与该院审理的"李塑来诉永州步步高商业连锁有限责任公司创发城分公司产品销售者责任纠纷案"④ 类似,两个案件审理日期时间相隔不到 2 个月,但是审理结果完全不同,前者法院支持了原告的全部诉讼请求,后者则驳回了原告的诉讼请求。

表 7-6 指导案例 60 号相似应用案例对比表

案件名称	李塑来诉永州步步高商业连锁有限责任公司创发城分公司产品销售者责任纠纷案	李塑来诉永州步步高商业连锁有限责任公司冷水滩分公司等产品销售者责任纠纷案
案件字号	(2016)湘 1103 民初 2576 号	(2016)湘 1103 民初 2574 号

---

① "白世桥诉北京永辉超市有限公司顺义后沙峪空港分公司买卖合同纠纷案"〔(2016)京 0113 民初 14000 号〕,载北大法宝—司法案例库(http://www.pkulaw.cn/case/,【法宝引证码】CLI.C.38306677),访问日期:2019 年 3 月 19 日。

② "李塑来诉永州步步高商业连锁有限责任公司冷水滩分公司等产品销售者责任纠纷案"〔(2016)湘 1103 民初 2574 号〕,载北大法宝—司法案例库(http://www.pkulaw.cn/case/,【法宝引证码】CLI.C.41539284),访问日期:2019 年 3 月 19 日。

③ 参见"永州市步步高商业连锁有限责任公司冷水滩分公司等与李塑来产品销售者责任纠纷上诉案"〔(2016)湘 11 民终 2610 号〕,载北大法宝—司法案例库(http://www.pkulaw.cn/case/,【法宝引证码】CLI.C.8950825),访问日期:2019 年 3 月 19 日。

④ "李塑来诉永州步步高商业连锁有限责任公司创发城分公司产品销售者责任纠纷案"〔(2016)湘 1103 民初 2576 号〕,载北大法宝—司法案例库(http://www.pkulaw.cn/case/,【法宝引证码】CLI.C.37631655),访问日期:2019 年 3 月 19 日。

（续表）

案件名称	李塑来诉永州步步高商业连锁有限责任公司创发城分公司产品销售者责任纠纷案	李塑来诉永州步步高商业连锁有限责任公司冷水滩分公司等产品销售者责任纠纷案
审理日期	2016年12月12日	2016年10月26日
双方当事人	原告：李塑来 被告：永州步步高商业连锁有限责任公司创发城分公司 永州步步高商业连锁有限责任公司	原告：李塑来 被告：永州步步高商业连锁有限责任公司冷水滩分公司 永州步步高商业连锁有限责任公司
涉案产品	恒大兴安芥花籽橄榄油（食用调和油）5L，单价118元	恒大兴安芥花籽橄榄油（食用调和油）5L，单价118元
购买数量	16瓶	40瓶
原告诉讼请求	1. 退还货款 2. 10倍赔偿 3. 被告承担诉讼费	1. 退还货款 2. 10倍赔偿 3. 被告承担诉讼费
被告抗辩理由	1. 对经营的产品尽了合理、谨慎的审查义务 2. 涉案产品经数家有资质检测机构检测，均符合食品安全标准 3. 本案与指导案例60号不同，未特别强调"橄榄油" 4. 全国粮油标准化技术委员会油料及油脂分技术委员会认为涉案产品的标签是符合行业的实际情况的	1. 该产品已通过国家专业机构的严格检测，各项指标符合国家标准 2. 本案与指导案例60号不同，未特别强调"橄榄油"，无须标示配料添加量及含量
法院裁判理由	1. 涉案产品食品标签是否符合GB7718—2011《食品安全国家标准预包装食品标签通则》的相关规定，应由有关食品监管部门认定，不应由本院审查认定，现原告没有提供证据证实该食品标签（预包装食品标签）应当标注橄榄油含量，是原告举证不能 2. 食品标签只是预包装标签的一部分，食品标签的瑕疵只能说明预包装标签存在不规范的情形，可由食品监管部门进行处罚，并不能说明该食品本身存在安全质量问题，原告无证据证实对其自身造成了实质损害，其又未提供其他证据证实涉案调和油是不符合安全标准的食品	该产品标签配料表中注明"采用一级双低芥花籽油和地中海特级初榨橄榄油"，但未标识配料橄榄油含量，不符合食品安全国家标准GB7718—2011《食品安全国家标准预包装食品标签通则》第4.1.4.1条的规定
法院判决结果	1. 驳回原告李塑来的诉讼请求 2. 诉讼费由原告承担	1. 支持退还货款 2. 支持10倍赔偿 3. 诉讼费减半，由被告负担

由上述对比可见，两例案件的当事人、涉案产品、原告诉讼请求均相同，且由同一法院审理，但是判决结果截然相反。经过调研人员进一步分析发现，虽然两案均由同一法院审理但具体承办的法官不同。可见，司法实践中法律适用不统一的问题还是比较明

显的，需加强案例指导制度在司法实践中的贯彻落实。

(3) 多数法院适用但书条款，77%的案例不支持当事人10倍或3倍赔偿的请求

根据调研结果，在504例应用案例中，支持当事人10倍或3倍赔偿请求的仅有113例；支持当事人两倍赔偿请求的有1例；不支持当事人10倍或3倍赔偿请求的有390例，总体占比约为77%。虽然当事人引用指导案例60号来阐述诉讼请求的正当性，但指导案例60号的法律依据是2009年颁布的《中华人民共和国食品安全法》，而2015年《中华人民共和国食品安全法》经过修订后增加了但书条款。司法实践中，江苏省、辽宁省、广东省、湖南省等地的法官在裁判时适用了该但书的规定，对消费者10倍或3倍赔偿的请求不予支持。

四、调研综述

经过前述调研分析，本报告对行政指导性案例的发布及司法实践的应用情况作出如下综述。

(一) 2018年新增2例行政指导性案例，应用案例数量仅次于民商事指导性案例

自最高人民法院2012年发布首批行政指导性案例以来，截至2018年12月31日，发布了19例行政指导性案例，总体占比为18%，新增指导案例94号、101号。从整体发布比例来看，行政类指导性案例的发布数量少于民事、刑事和知识产权指导性案例，排名第四。但是截至2018年12月31日，已有14例行政指导性案例被应用于司法实践，应用率达到74%，仅次于民事指导性案例的应用率。而且，行政指导性案例的应用案例比2017年同期（369例）增长了1倍多，达到768例，占总应用量的25%，较2017年的总应用量（占比23%）上升2%，仅次于民商事指导性案例的应用案例数量。

(二) 跨领域应用明显，涉及民商事、行政、国家赔偿、刑事领域，2018年新增案外人执行异议之诉纠纷和建设用地使用权纠纷

行政指导性案例被广泛应用到民事、刑事、国家赔偿等非行政领域的案例中。非行政类应用领域总体占比达到62%，行政类应用领域总体占比仅为38%。跨领域应用的行政指导性案例包括指导案例21号、22号、40号、41号、59号、60号、76号。其中，指导案例60号的504例应用案例中有460例为民事案例。非行政类应用领域中以民事案例最多，有467例，总体占比约为61%；其次是国家赔偿（行政赔偿）案例和刑事案例，分别有6例和1例，总体占比合计约为0.9%；非行政类应用案例主要为买卖合同纠纷和产品责任纠纷，新增建设用地使用权纠纷和案外人执行异议之诉纠纷，分别有1例。行政类应用案例有294例，案由种类较多但零星分布，涉及食品药品安全等31种行政管理种类和行政复议等19种行政行为。其中，行政管理种类以食品药品安全最多，其次为土地、其他行政管理、房屋拆迁、盐业等；行政行为种类则以其他行政行为、行

政复议、行政处罚和行政确认为主。

（三）行政指导性案例的应用地域主要集中在广东省、北京市、河南省、浙江省、四川省等地，2018 年新增云南省

除最高人民法院对行政指导性案例的应用，行政指导性案例的应用地域涉及广东省等 28 个省级行政区，其中，2018 年新增云南省。应用案例主要集中在广东省、北京市、河南省、浙江省、四川省等地，青海省、新疆维吾尔自治区、宁夏回族自治区 3 个省级行政区仍没有应用案例。重庆市首次遴选出行政指导性案例，但重庆市作为行政指导性案例的来源地，应用案例数量较少，不足 10 例。

（四）法官极少主动应用行政指导性案例，但参照率较高

根据最高人民法院《关于案例指导工作的规定》第 7 条的规定，最高人民法院发布的指导性案例，各级人民法院审判类似案件时应当参照。通过调研发现，司法实践中以当事人援引行政指导性案例居多，法官很少主动应用行政指导性案例。在 768 例应用案例中，法官主动援引的仅有 34 例，共涉及 8 例行政指导性案例，但在法官主动援引的 34 例应用案例中，予以参照的有 24 例，总体占比为 71%，参照率相对较高。

（五）行政指导性案例的应用案例中存在明显的"同案不同判"

"同案不同判"是指不同的审判组织对同一个"法律问题"作出不一致的判断，导致裁判发生冲突，造成司法不统一。"同案同判"是法律效力具有普遍性和一致性的逻辑要求。① 公正是司法的首要价值。类似案件类似审判首先符合形式公正。② 最高人民法院发布指导性案例的目的，也在于统一法律适用，提高审判质量，维护司法公正，实现"同案同判"。但是通过调研发现，在指导案例 60 号的应用案例中，"同案不同判"情况比较明显，指导性案例在司法实践中的落实情况很不理想，尚有很大的适用空间。法院系统尚有待进一步加强贯彻对案例指导制度的落实，积极引导法官学习指导性案例并应用到审判实践中，以实现裁判标准的统一化。

---

① 参见陈杭平：《论"同案不同判"的产生与识别》，载《当代法学》2012 年第 5 期，第 26 页。
② 参见张骐：《论中国案例指导制度向司法判例制度转型的必要性与正当性》，载《比较法研究》2017 年第 5 期，第 131 页。

八、交通肇事分报告

最高人民法院指导案例 24 号 2018 年度司法应用报告*

[摘要] 指导案例 24 号是最高人民法院在 2014 年 1 月 26 日发布的第六批指导性案例之一,涉及机动车交通事故责任纠纷,目前已被广泛应用于司法实践。本报告以"北大法宝—司法案例库"收录的裁判文书作为数据样本。调研结果显示,截至 2018 年 12 月 31 日,指导案例 24 号是最高人民法院发布的 106 例指导性案例中被应用次数最多的,应用案例共计 671 例,比 2017 年(399 例)增加 272 例。应用案例的案由以交通事故侵权为主,受害人多为行人和电动车驾驶人,在应用案例的裁判结果中,法官对是否参照指导性案例明确作出回应的占近六成。交通事故责任认定和损伤参与度已经不能影响法官是否参照指导案例 24 号。

[关键词] 指导案例 24 号　交通事故侵权　司法应用　大数据分析

一、指导案例 24 号的基本情况

指导案例 24 号"荣宝英诉王阳、永诚财产保险股份有限公司江阴支公司机动车交通事故责任纠纷案",是最高人民法院于 2014 年 1 月 26 日发布的第六批指导性案例之一。该指导案例全文如下:

【关键词】

民事　交通事故　过错责任

【裁判要点】

交通事故的受害人没有过错,其体质状况对损害后果的影响不属于可以减轻侵权人责任的法定情形。

【相关法条】

《中华人民共和国侵权责任法》第二十六条

《中华人民共和国道路交通安全法》第七十六条第一款第(二)项

【基本案情】

原告荣宝英诉称:被告王阳驾驶轿车与其发生刮擦,致其受伤。该事故经江苏省无锡市公安局交通巡逻警察支队滨湖大队(简称滨湖交警大队)认定:王阳负事故的全部责任,荣宝英无责。原告要求下述两被告赔偿医疗费 30 006 元、住院伙食补助费 414

---

* 本报告对指导案例 24 号的应用案例数据统计截止时间为 2018 年 12 月 31 日。

元、营养费 1620 元、残疾赔偿金 27 658.05 元、护理费 6000 元、交通费 800 元、精神损害抚慰金 10 500 元,并承担本案诉讼费用及鉴定费用。

被告永诚财产保险股份有限公司江阴支公司(简称永诚保险公司)辩称:对于事故经过及责任认定没有异议,其愿意在交强险限额范围内予以赔偿;对于医疗费用 30 006 元、住院伙食补助费 414 元没有异议;因鉴定意见结论中载明"损伤参与度评定为 75%,其个人体质的因素占 25%",故确定残疾赔偿金应当乘以损伤参与度系数 0.75,认可 20 743.54 元;对于营养费认可 1350 元,护理费认可 3300 元,交通费认可 400 元,鉴定费用不予承担。

被告王阳辩称:对于事故经过及责任认定没有异议,原告的损失应当由永诚保险公司在交强险限额范围内优先予以赔偿;鉴定费用请求法院依法判决,其余各项费用同意保险公司意见;其已向原告赔偿 20 000 元。

法院经审理查明:2012 年 2 月 10 日 14 时 45 分许,王阳驾驶号牌为苏 MT1888 的轿车,沿江苏省无锡市滨湖区蠡湖大道由北往南行驶至蠡湖大道大通路口人行横道线时,碰擦行人荣宝英致其受伤。2 月 11 日,滨湖交警大队作出《道路交通事故认定书》,认定王阳负事故的全部责任,荣宝英无责。事故发生当天,荣宝英即被送往医院治疗,发生医疗费用 30 006 元,王阳垫付 20 000 元。荣宝英治疗恢复期间,以每月 2200 元聘请一名家政服务人员。号牌苏 MT1888 轿车在永诚保险公司投保了机动车交通事故责任强制保险,保险期间为 2011 年 8 月 17 日 0 时起至 2012 年 8 月 16 日 24 时止。原、被告一致确认荣宝英的医疗费用为 30 006 元、住院伙食补助费为 414 元、精神损害抚慰金为 10 500 元。

荣宝英申请并经无锡市中西医结合医院司法鉴定所鉴定,结论为:1. 荣宝英左桡骨远端骨折的伤残等级评定为十级;左下肢损伤的伤残等级评定为九级。损伤参与度评定为 75%,其个人体质的因素占 25%。2. 荣宝英的误工期评定为 150 日,护理期评定为 60 日,营养期评定为 90 日。一审法院据此确认残疾赔偿金 27 658.05 元扣减 25% 为 20 743.54 元。

【裁判结果】

江苏省无锡市滨湖区人民法院于 2013 年 2 月 8 日作出 (2012) 锡滨民初字第 1138 号判决:一、被告永诚保险公司于本判决生效后十日内赔偿荣宝英医疗费用、住院伙食补助费、营养费、残疾赔偿金、护理费、交通费、精神损害抚慰金共计 45 343.54 元。二、被告王阳于本判决生效后十日内赔偿荣宝英医疗费用、住院伙食补助费、营养费、鉴定费共计 4040 元。三、驳回原告荣宝英的其他诉讼请求。宣判后,荣宝英向江苏省无锡市中级人民法院提出上诉。无锡市中级人民法院经审理于 2013 年 6 月 21 日以原审适用法律错误为由作出 (2013) 锡民终字第 497 号民事判决:一、撤销无锡市滨湖区人民法院 (2012) 锡滨民初字第 1138 号民事判决;二、被告永诚保险公司于本判决生效后十日内赔偿荣宝英 52 258.05 元。三、被告王阳于本判决生效后十日内赔偿荣宝英

4040元。四、驳回原告荣宝英的其他诉讼请求。

【裁判理由】

法院生效裁判认为:《中华人民共和国侵权责任法》第二十六条规定:"被侵权人对损害的发生也有过错的,可以减轻侵权人的责任。"《中华人民共和国道路交通安全法》第七十六条第一款第(二)项规定,机动车与非机动车驾驶人、行人之间发生交通事故,非机动车驾驶人、行人没有过错的,由机动车一方承担赔偿责任;有证据证明非机动车驾驶人、行人有过错的,根据过错程度适当减轻机动车一方的赔偿责任。因此,交通事故中在计算残疾赔偿金是否应当扣减时应当根据受害人对损失的发生或扩大是否存在过错进行分析。本案中,虽然原告荣宝英的个人体质状况对损害后果的发生具有一定的影响,但这不是侵权责任法等法律规定的过错,荣宝英不应因个人体质状况对交通事故导致的伤残存在一定影响而自负相应责任,原审判决以伤残等级鉴定结论中将荣宝英个人体质状况"损伤参与度评定为75%"为由,在计算残疾赔偿金时作相应扣减属适用法律错误,应予纠正。

从交通事故受害人发生损伤及造成损害后果的因果关系看,本起交通事故的引发系肇事者王阳驾驶机动车穿越人行横道线时,未尽到安全注意义务碰擦行人荣宝英所致;本起交通事故造成的损害后果系受害人荣宝英被机动车碰撞、跌倒发生骨折所致,事故责任认定荣宝英对本起事故不负责任,其对事故的发生及损害后果的造成均无过错。虽然荣宝英年事已高,但其年老骨质疏松仅是事故造成后果的客观因素,并无法律上的因果关系。因此,受害人荣宝英对于损害的发生或者扩大没有过错,不存在减轻或者免除加害人赔偿责任的法定情形。同时,机动车应当遵守文明行车、礼让行人的一般交通规则和社会公德。本案所涉事故发生在人行横道线上,正常行走的荣宝英对将被机动车碰撞这一事件无法预见,而王阳驾驶机动车在路经人行横道线时未依法减速慢行、避让行人,导致事故发生。因此,依法应当由机动车一方承担事故引发的全部赔偿责任。

根据我国道路交通安全法的相关规定,机动车发生交通事故造成人身伤亡、财产损失的,由保险公司在机动车第三者责任强制保险责任限额范围内予以赔偿。而我国交强险立法并未规定在确定交强险责任时应依据受害人体质状况对损害后果的影响作相应扣减,保险公司的免责事由也仅限于受害人故意造成交通事故的情形,即便是投保机动车无责,保险公司也应在交强险无责限额内予以赔偿。因此,对于受害人符合法律规定的赔偿项目和标准的损失,均属交强险的赔偿范围,参照"损伤参与度"确定损害赔偿责任和交强险责任均没有法律依据。

二、指导案例24号的应用趋势

指导案例24号发布之前,关于侵权案件中受害人特殊体质对侵权责任承担的影响,理论界说法不一,实务界也各持己见,尤其是在交通事故侵权案件的处理上,实务界的处理结果较混乱，随意性较大。① 指导案例24号的发布，在一定程度上实现了该类侵权案件责任判断在理论与实务中的统一。指导案例24号所作的结论"蛋壳脑袋理论"在交通事故责任纠纷案件中的具体适用，既具有法理基础，又有一定的普遍性。所谓"蛋壳脑袋理论"是源自英美侵权法中关于人身损害赔偿责任的一项著名规则。该规则指出，一个对他人犯有过失的人，不应计较受害人的个人体质，尽管受害人的这种个人体质增加了他本身遭受损害的可能性及程度；对于一个因受害人的头骨破裂而引起的损害赔偿请求，受害人的头骨异常、易于破裂不能成为抗辩理由，即侵权人不能以此作为减轻损害赔偿责任的理由。②

根据调研结果，截至2018年12月31日，在最高人民法院发布的106例指导性案例中，指导案例24号被应用次数最多，应用案例共计671例，总体占比为22%，应用案例数量与2017年（399例）相比增加了272例。在司法实践中，法院对指导案例24号的应用在诉讼标的、受害人类型、过错认定、损伤参与度、因果关系等方面存在差异，但同时又呈现一定的趋势特征。以深入探究指导案例24号的应用特征为目的，本报告对其实体性应用进行了多维度分析，归纳出实务中指导案例24号的具体应用情况和趋势如下。

（一）指导案例24号的应用概况

1. 2018年应用案例诉讼标的新增饲养动物侵权、产品责任及其他侵权法律关系

诉讼标的是诉讼构成的要素之一，是指当事人之间因发生争议而请求人民法院作出裁判的法律关系。每一个诉讼案件至少有一个诉讼标的。指导案例24号系机动车交通事故责任纠纷案，其诉讼标的为（机动车）侵权法律关系。截至2018年12月31日，在司法实践中，指导案例24号的应用案例共计671例，具体诉讼标的情况如图8-1所示。

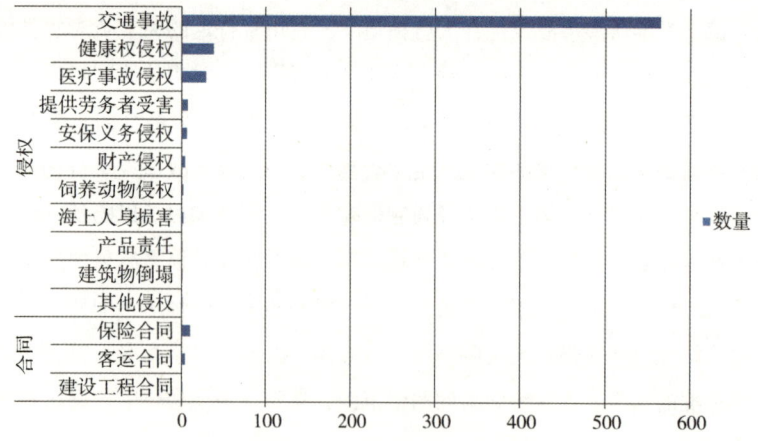

图8-1 应用案例中的诉讼标的情况

---

① 参见赵晓海、郭叶：《最高人民法院民商事指导性案例的司法应用研究》，载《法律适用》2017年第1期，第61页。
② 参见石磊：《〈荣宝英诉王阳、永诚财产保险股份有限公司江阴支公司机动车交通事故责任纠纷案〉的理解与参照——个人体质特殊不属于减轻侵权人责任的情形》，载《人民司法（案例）》2015年第12期，第11页。

在指导案例 24 号的应用案例中,诉讼标的主要涉及两种类型,即侵权法律关系和合同法律关系,其中,侵权法律关系共有 656 例应用案例,总体占比为 98%,合同法律关系有 15 例应用案例,且以保险合同法律关系为主。在诉讼标的为侵权法律关系的案件中,涉及交通事故侵权等 11 种侵权法律关系,其中,2018 年新增饲养动物侵权、产品责任及其他侵权法律关系的应用案例。尽管侵权的具体种类不同,但是仍以交通事故侵权法律关系为主,在侵权法律关系案件中占比为 86%。

2. 受害人中行人及电动车驾驶人占比近一半,行人的总体占比下降了 2.45%

指导案例 24 号的应用案例以交通事故侵权案件为主,因此应用案例的受害人也多为交通事故当事人。其中,行人与电动车驾驶人为交通事故侵权案件的主要受害人,总体占比约为 47%。行人占比为 26.55%,与 2017 年(29%)相比下降了 2.45%;电动车驾驶人的比例为 20.51%,与 2017 年基本持平。其次,乘客和摩托车驾驶人成为受害人的数量也较多,总体占比分别为 14.63% 和 11.92%,相比 2017 年(13%、10%)分别上升了 1.63% 和 1.92%。自行车驾驶人成为受害人的频率也相对较高,总体占比为 5.88%,其他类型的受害人相对较少(如图 8-2 所示)。

图 8-2 应用案件中受害人的分布情况①

---

① 说明:一个案件中存在多个不同类型的受害人时,分别统计。

(二) 指导案例 24 号应用案例的案情分析

通过对指导案例 24 号的 671 例应用案例的调研发现，尽管其诉讼标的不限于侵权法律关系，但其纠纷的产生却都是由侵权行为引起的，故本报告从其共性的角度出发，通过与指导案例 24 号进行对比，探究其应用规律和趋势。

1. 交通事故责任认定受害人有责任仍然参照指导性案例的有 61 例

指导案例 24 号的裁判要点为"交通事故的受害人没有过错，其体质状况对损害后果的影响不属于可以减轻侵权人责任的法定情形"。所谓"受害人没有过错"，是指损害的发生或者扩大不是由于受害人的过错导致的。在判断受害人过错时应当采取客观标准，即采用一个合理、谨慎的人对于自己人身或财产利益所应有的注意程度这一客观标准作为判断标准，来确定其过错及程度。在交通事故侵权纠纷中，作出上述判断的主体比较特定，一般由交通部门作出认定。法官判断交通事故侵权纠纷中受害人过错问题，是否必然受到交通部门作出的责任认定结论的影响，实践中的情况较为复杂。

在交通事故侵权纠纷中，交通部门作出的责任认定结论主要有五大类，即无责任、次要责任、同等责任、主要责任和全部责任。在指导案例 24 号发布的基本案情中，交通部门认定受害人荣宝英无责任，即其对损害的产生及扩大无过错。但是实践中除受害人无责任的情形，受害人负次要责任、同等责任甚至主要责任的情形，仍有参照指导案例 24 号的情况存在。具体来看，在认定受害人无责任的应用案例中，参照指导性案例作出裁判的有 194 例；在认定受害人负次要责任、同等责任以及主要责任时，虽然应用结果为参照的案例数量都少于未参照或未回应的案例，还是有 61 例参照了指导案例 24 号，案例数量分别为 40 例、18 例和 3 例。甚至在交通部门无法进行责任认定的案例中，也有 7 例应用案例对指导性案例进行了参照（如图 8-3 所示）。

图 8-3 交通事故侵权的受害人责任认定及指导性案例参照情况

2. 应用案例中未提及个人体质的比例已增加至 23%，未提及或未明确伤残结果的比例近 19%

受害人特殊体质是指受害人自身具有的、与加害行为相互结合易造成或扩大人身伤亡损害后果的、异于常人的生理或心理状况。① 指导案例 24 号中的受害人因其年老骨质疏松的特殊体质，客观上导致其在交通事故中受到损害的概率有所增加。关于其应用案例中的受害人是否也具有特殊体质的具体情况如下：受害人特殊体质的种类多样，大体可以分为四类，即自身患有疾病、自身生理退变、自身先天残疾和其他。在应用案例中，除上述四类受害人特殊体质，还存在未提及受害人个人体质的情形，总体占比为 23%，相较于 2017 年（6%）增加了 17%。受害人自身患有疾病的案例总体占比为 52%，自身生理退变的案例总体占比为 6%，自身先天残疾的案例总体占比为 1%，其他体质的案例总体占比为 18%。此处的其他体质，特指应用案例中未明确原因的体质（如图 8-4 所示）。

图 8-4　应用案例中个人特殊体质情况

由于个人特殊体质是导致损害结果的客观原因之一，所以不同的特殊体质会导致应用案例中的损害多样，包括死亡、不同等级的伤残以及不构成伤残的情况。根据对 671 例应用案例损害结果的统计可知，损害结果造成不同等级伤残的共计 395 例，总体占比约为 59%；造成受害人死亡的共计 139 例，总体占比近 21%；不构成伤残的应用案例共计 17 例，总体占比不足 3%；未提及或未明确伤残情况的应用案例 127 例，总体占比约为 19%，相比 2017 年（17%）上升 2%（如图 8-5 所示）。

---

① 参见程啸：《受害人特殊体质与损害赔偿责任的减轻——最高人民法院第 24 号指导案例评析》，载《法学研究》2018 年第 1 期，第 70 页。

图 8-5 应用案例中损害结果分布情况

3. 交通事故侵权案件中未提及损伤参与度的应用案例占比高达 44%

损伤参与度是最早由日本学者渡边富雄提出的概念,后来逐渐在实践中被采纳。2002年,我国《医疗事故处理条例》第 49 条第 1 款第(三)项规定了医疗事故赔偿应考虑医疗事故损害后果与患者原有疾病状况之间的关系,后来我国法医学界也借鉴了这一概念,并将该概念引入伤残等级鉴定。[①] 对于特殊体质问题,由于我国立法一直未有进展,《中华人民共和国侵权责任法》和《中华人民共和国道路交通安全法》中均未涉及特殊体质以及损伤参与度的相关规定。所以在审判实践中,对于类似案件只能参照上述规定,将受害人特殊体质作为原因力的一种,以此来确定在损伤为多因一果时,各因素在受害人损害结果中作用的比例,从而确定加害人应承担的赔偿份额。因此,在指导案例 24 号发布之前,我国法院大多采取由被告与有特殊体质的原告之间按一定比例分摊损失的处理方式。但是,在指导案例 24 号发布之后,情况发生了明显变化,具体情况如下。

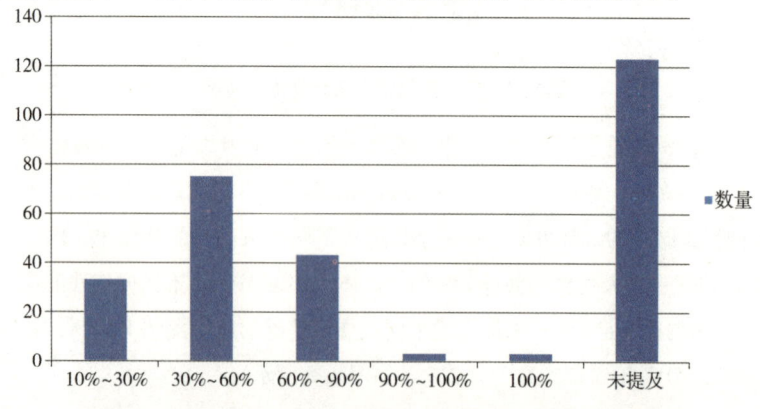

图 8-6 参照指导案例 24 号裁判的应用案例中损伤参与度情况

---

① 参见万发文:《交通人身损害存在损伤参与度时的赔偿系数》,载《人民法院报》2012 年 8 月 16 日,第 7 版。

指导案例 24 号发布后,其裁判要点"交通事故的受害人没有过错,其体质状况对损害后果的影响不属于可以减轻侵权人责任的法定情形"表明,我国对于受害人特殊体质问题引入了"蛋壳脑袋"理论,即侵权人应就扩大损害的结果负责,不能以受害人的特殊体质与侵权行为竞合为由减轻责任。在 671 例应用案例中,有 304 例应用案例参照了指导案例 24 号作出裁判,总体占比为 45%,其中,有 280 例为交通事故侵权案件。根据统计结果,在 280 例参照指导案例 24 号的交通事故侵权应用案例中,即使认定损伤参与度只有 10%~30%,最终也会因为受害人无过错而判决加害人承担全部赔偿责任。另外,还有 123 例应用案例中未提及损伤参与度问题,总体占比高达 44%。可见,损伤参与度的概念在交通事故侵权纠纷中逐渐被弱化,其在该类案件审理中的必要程度已经被降低,不进行司法鉴定,也可以参照指导案例 24 号作出相同的判决。

(三)对指导案例 24 号应用方式的归纳

1. 裁判理由直接引述指导性案例裁判要点的应用案例比 2017 年增加 95 例,增长率超过 1 倍

裁判理由是指法官根据对当事人各方主张和抗辩的取舍,通过对事实的认定和适用相关的法条,进而得出裁判结论的推理过程。其实,从静态上看,裁判理由就是裁判结论成立的依据,是裁判结论据以形成的理论基础或前提。通过仔细分析指导案例 24 号发现,其裁判理由主要涉及以下要点:第一,交通事故与损害结果是否有法律上的因果关系;第二,个人体质与损害结果是否有法律上的因果关系;第三,个人体质是否是减轻责任的法定事由;第四,双方过错程度分析及说理论述。接下来,本报告将以指导案例 24 号的裁判理由为基础,对 671 例应用案例的裁判理由进行分析。

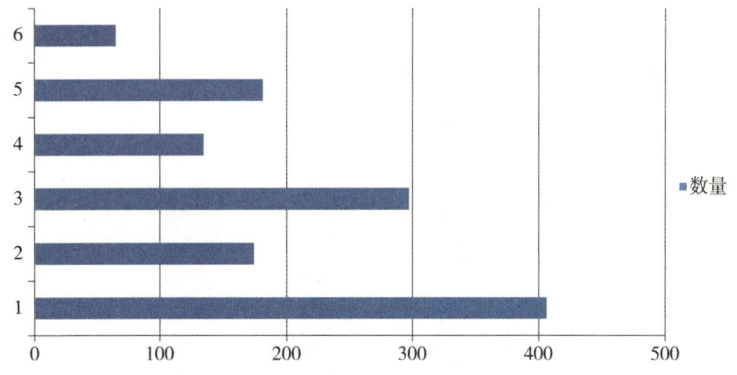

图 8-7 应用案例中裁判理由及要点的分布情况①

---

① 说明:各序号分别代表:1. 交通事故与损害结果是否有法律上的因果关系;2. 个人体质与损害结果是否有法律上的因果关系;3. 个人体质是否是减轻责任的法定事由;4. 双方过错程度分析及说理论述;5. 直接引述指导案例 24 号的裁判要点;6. 不包含以上五个要点,仅是证据或法条的堆砌。

与指导案例 24 号相比，应用案例的裁判理由仍然是侧重于对法律上的因果关系的阐述，特别是交通事故与损害结果的因果关系。值得注意的是，调研结果显示，应用案例在裁判理由部分呈现出直接引述指导案例 24 号的裁判要点进行说理的趋势。2018 年，已有 182 例应用案例在裁判理由部分直接引述了指导案例 24 号的裁判要点，相较于 2017 年（87 例）增加了 95 例，增长率超过 1 倍。在 671 例应用案例中，要点 1～5 存在重合和交叉的情形。其中，裁判理由涉及交通事故与损害结果是否有法律上的因果关系的要点比重最大，有 407 例，总体占比约为 61%。其次是个人体质是否是减轻责任的法定事由，有 297 例，总体占比为 44%。上述提到，有 182 例应用案例直接在裁判理由部分引述了指导案例 24 号的裁判要点进行说理，比例达到 27%。这一比例已经高于对个人体质与损害结果是否有法律上的因果关系的阐释，后者有 175 例应用案例，总体占比约为 26%。除此之外，双方过错程度分析及说理论述有 134 例应用案例，总体占比为 20%，该比例也低于直接引述裁判要点。

2. 应用案例的裁判依据以 3 部法律和司法解释为主，依据指导案例 24 号相关法条进行裁判的占 65%

裁判依据是指法官作出具体裁判时所依据的法律及其条文的序号，而指导性案例的相关法条是指与裁判要点最密切相关的法律及其条文的序号，是指导性案例编写结构之一，故二者的范畴并不相同。指导案例 24 号的相关法条有两个，即《中华人民共和国侵权责任法》第 26 条和《中华人民共和国道路交通安全法》第 76 条第 1 款第（二）项，而其应用案例的裁判依据却并不限于此，具体如下（如图 8-8 所示）。

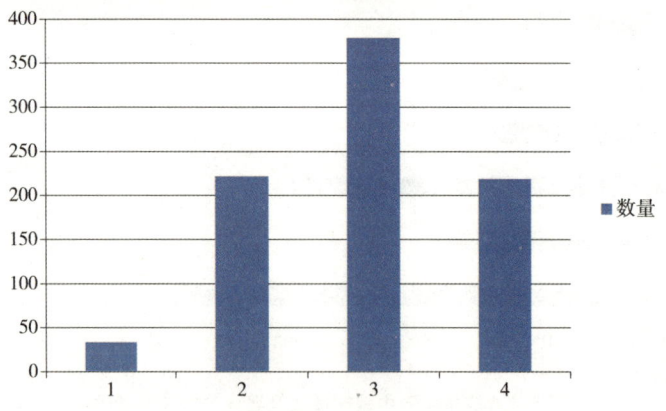

图 8-8　应用案例中裁判依据分布情况①

---

① 说明：各序号分别代表：1. 最高人民法院《关于案例指导工作的规定》第 7 条；2.《中华人民共和国侵权责任法》第 26 条；3.《中华人民共和国道路交通安全法》第 76 条第 1 款第（二）项；4. 其他。

经调研发现，在 671 例应用案例中，同时依据指导案例 24 号两个相关法条作出裁判的案例共有 162 例，其余案例要么只依据其一，要么依据其他法条。但是总体看来，应用案例的裁判依据仍然以指导性案例的两个相关法条为主，共有 439 例应用案例至少依据其中之一作出裁判，总体占比为 65%。具体来看，裁判依据为《中华人民共和国道路交通安全法》第 76 条第 1 款第（二）项的案例数量最多，共计 380 例，相较 2017 年（210 例）增加 170 例，总体占比约为 57%；裁判依据为《中华人民共和国侵权责任法》第 26 条的案例，共计 221 例，相较 2017 年（129 例）增加 92 例，总体占比约为 33%，当然，二者存在一定的重合和交叉。另外，有些应用案例的裁判依据还涉及最高人民法院《关于案例指导工作的规定》第 7 条，共计 33 例，也占有一定的比例。由此可知，应用案例的裁判依据与指导案例 24 号的相关法条有交叉，但又不完全重合。

3. 在应用案例的裁判结果中，法官主动援引指导案例 24 号的参照率近 86%

最高人民法院《关于案例指导工作的规定》第 7 条规定："最高人民法院发布的指导性案例，各级人民法院在审判类似案件时应当参照。"经调研发现，在指导案例 24 号的 671 例应用案例中，法官明示援引的案例有 400 例（包括法官主动援引的案例 318 例和法官被动援引的案例 82 例），总体占比为 60%。法官明示援引指导性案例的结果可以分为三类：参照、未参照以及未说明①。在法官主动援引的 318 例应用案例中，应用结果为参照的案例数量为 272 例，参照率将近 86%；未参照的有 12 例案例；34 例应用案例属于终审法官未对原审法官援引进行说明的情形。在法官被动援引的案例中，50 例案例的应用结果为未参照，仅有 32 例参照了指导性案例进行裁判，法官被动援引的参照率为 39%（如图 8-9 所示）。

图 8-9　应用案例的参照情况

---

① 说明："未说明"，是指原审法官在审理该案件时援引了指导案例 24 号，但是终审法官在终审判决中并未对此进行回应和说明。

三、调研综述

指导案例 24 号确立了"交通事故的受害人没有过错,其体质状况对损害后果的影响不属于可以减轻侵权人责任的法定情形"的规则,具有一定的示范意义,为统一解决受害人特殊体质侵权案件提供了法律适用的标准和执法尺度,使之前因此类案件标准不统一而导致裁判结果大相径庭的情况得以改变。① 通过本次对指导案例 24 号应用情况的调研分析,本报告得出如下结论:

(一)连续 5 年应用案例总量居首,法官主动援引指导性案例的参照率近 86%

指导案例 24 号是最高人民法院于 2014 年 1 月 26 日发布的,至今已有 5 年多。2014 年,指导案例 24 号的应用案例有 64 例,2015 年增加了 87 例,2016 年增加了 112 例,2017 年增加了 136 例,2018 年增加了 272 例。截至 2018 年 12 月 31 日,指导案例 24 号的应用案例共计 671 例,连续 5 年应用案例数量居于 106 例指导性案例之首,总体占比为 22%。

在指导案例 24 号的应用案例中,法官明示援引的有 400 例。其中法官主动援引的 318 例案例中应用结果参照率将近 86%;未参照的有 12 例案例;另外还有 34 例应用案例的终审法官未对原审法官援引进行回应和说明;在法官被动援引的 82 例案例中,50 例案例的应用结果为未参照,仅有 32 例参照了指导性案例进行裁判,法官被动援引的参照率为 39%。

(二)应用案例诉讼标的新增饲养动物侵权、产品责任及其他侵权法律关系,受害人为行人和电动车驾驶人的案例比例接近一半

在 671 例应用案例中,诉讼标的包括侵权法律关系和合同法律关系,其中,涉及侵权法律关系的案例有 656 例,总体占比为 98%,涉及合同法律关系的案例仅有 15 例,总体占比为 2%。在诉讼标的为侵权法律关系的案件中,共涉及交通事故侵权等 11 种侵权法律关系,其中,2018 年新增饲养动物侵权、产品责任及其他侵权法律关系的应用案例。应用案例仍以交通事故侵权为主,共有 565 例案例,总体占比为 86%。受害人以行人和电动车驾驶人为主,总体占比约为 47%,行人占比为 26.55%,与 2017 年(29%)相比下降了 2.45%;电动车驾驶人的比例为 20.51%,与 2017 年基本持平。其次,乘客和摩托车驾驶人成为受害人的数量也较多,总体占比分别为 14.63% 和 11.92%,相比 2017 年(13%、10%)分别上升了 1.63% 和 1.92%。其他类型的受害人相对较少。

---

① 参见张骐:《论中国案例指导制度向司法判例制度转型的必要性与正当性》,载《比较法研究》2017 年第 5 期,第 131 页。

（三）交通事故责任认定受害人有责任仍然参照指导性案例的有 61 例

无论援引的结果是遵从或是背离指导性案例，不同案例多将待决案件的事件要素与指导性案例的事件要素进行对比。① 然而有研究指出，目前的司法实践中易忽视对待决案件与指导性案例使用前提、法律关系语境是否相同的分析。② 具体到对指导案例 24 号的参照，会出现未对应用案例中受害人存在过错予以不同考虑的情况。虽然指导案例 24 号的裁判要点明确了受害人无过错为适用该案例的前提，即意味着交通部门认定受害人为次要责任、同等责任、主要责任和全部责任的情形不符合参照指导案例 24 号的前提。但在实务中即使受害人被认定负有次要责任、同等责任或主要责任，仍然存在参照指导案例 24 号的情况。在认定受害人负次要责任、同等责任以及主要责任时，虽然应用结果为参照的案例数量都少于未参照或未回应的案例，还是有 61 例参照了指导案例 24 号。

（四）未提及个人体质的应用案例占比上升 17%，未提及损伤参与度的应用案例占比高达 44%

在指导案例 24 号的应用案例中，已经有 23% 的案例不再提及个人特殊体质问题，这一比例相较于 2017 年（6%）增加了 17%，增长近 3 倍。在提及受害人个人体质的案例中，自身患有疾病的比例最高，总体占比为 52%；其他体质的总体占比为 18%；自身生理性退变的总体占比为 6%；自身先天残疾的总体占比为 1%。

在参照指导案例 24 号的交通事故侵权应用案例中，有 123 例应用案例未提及损伤参与度，总体占比约为 44%。此外，在提及损伤参与度问题的应用案例中，即使司法鉴定结果建议的损伤参与度仅有 10% ~ 30%，裁判结果也存在不减轻侵权人责任的情况。在上述案例中，无论是否提及损伤参与度或损伤参与度的程度如何，都不影响对指导案例 24 号的参照。由此可知，指导案例 24 号的适用弱化了损伤参与度在交通事故侵权纠纷案件中确定侵权人赔偿责任方面的作用。

（五）在裁判理由中直接引述指导性案例裁判要点的应用案例数量增长超过 1 倍，应用案例的裁判依据为指导性案例相关法条的占 65%

在 671 例应用案例的裁判理由中，侧重点多为对法律上的因果关系的阐述，特别是对交通事故与损害结果的因果关系的阐述，共有 407 例应用案例，总体占比约为 61%。值得注意的是，截至 2018 年 12 月 31 日，有 182 例应用案例直接引述了指导案例 24 号的裁判要点进行说理，总体占比约为 27%，相较于 2017 年（87 例）增加了 95 例，增

---

① 参见雷槟硕：《如何"参照"：指导性案例的适用逻辑》，载《交大法学》2018 年第 1 期，第 69 页。
② 参见谢春晖：《从"个案智慧"到"类案经验"：指导案例裁判规则的发现及适用研究》，载谢进杰主编：《中山大学法律评论》（第 16 卷第 2 辑），中国民主法制出版社 2019 年版，第 119 页。

长率超过1倍。可见，指导案例的裁判要点在裁判理由中被直接引述的倾向明显。

指导案例24号的相关法条为《中华人民共和国侵权责任法》第26条和《中华人民共和国道路交通安全法》第76条第1款第（二）项。在671例应用案例中，裁判依据为《中华人民共和国道路交通安全法》第76条第1款第（二）项的案例数量最多，共计380例，总体占比约为57%；裁判依据为《中华人民共和国侵权责任法》第26条的应用案例共计221例，总体占比约为33%；同时依据上述两个法条进行裁判的应用案例有162例，总体占比约为24%。由此可知，在应用案例中，共有439例的裁判依据为指导案例24号的相关法条，总体占比为65%。

九、执行分报告

最高人民法院执行指导性案例2018年度司法应用报告*

[摘要] 截至2018年12月31日,最高人民法院已发布执行指导性案例5例。本报告以"北大法宝—司法案例库"收录的裁判文书作为数据样本,有3例执行指导性案例已被应用于63例案件,指导案例35号2018年首次被应用,应用情况较好;应用案由不局限于执行案由,还涉及民事类案由;应用主体以法官为主,且法官主动援引的参照率颇高。

[关键词] 执行指导性案例　司法应用　应用案由　应用主体　参照率

截至2018年12月31日,最高人民法院发布了20批共计106例指导性案例,其中执行指导性案例5例,在各类指导性案例中排名第五位,仅高于国家赔偿类指导性案例,2018年未发布执行指导性案例。已被应用于司法实践的执行指导性案例共有3例,尚未被应用的有2例,指导案例35号2018年首次被应用,应用情况相对较好。援引指导性案例的案例,即应用案例,共有63例,比2017年同期(36例)增加了27例。在执行指导性案例中,应用频率最高的是指导案例34号,共应用46次。应用案例主要集中在山东省、辽宁省、江苏省等地的法院,审理法院主要是中级人民法院,审理程序以执行程序为主。

一、执行指导性案例的发布情况

(一)执行指导性案例的发布规律

1. 执行指导性案例主要集中在第八批,2018年未有发布

在最高人民法院发布的5例执行指导性案例中,有4例在第八批发布,有1例在第一批发布。从发布的年份来看,分布在2011年(1例)和2014年(4例)。从发布的月份来看,集中在12月。

2. 执行指导性案例多为4年内审结的案例,间隔时间最短的为17个月左右

在最高人民法院发布的5例执行指导性案例中,审结最早的案例可以追溯到2010年4月,最新的案例是2012年12月,审结时间集中在2010年至2012年。其中,2010年审结的有2例,分别为指导案例2号和36号;2011年审结的有1例,即指导案例37号;2012年审结的有2例,分别为指导案例34号和35号。

审结日期与发布日期间隔时间在4年之内的案例有4例,总体占比为80%。间隔时

---

* 本报告对执行指导性案例发布情况的研究范围为最高人民法院发布的第一至二十批指导性案例,发布案例数据和应用案例数据统计截止时间均为2018年12月31日。

间在 4 年以上的案例有 1 例, 即指导案例 36 号, 审结日期为 2010 年 4 月, 发布日期为 2014 年 12 月。间隔时间最短的是指导案例 2 号, 发布日期和审结日期的间隔时间在 17 个月左右。

图 9-1　执行指导性案例整体发布情况

（二）执行指导性案例的发布特点

1. 裁判要点以程序指引为主, 实体指引为辅

执行指导性案例中的裁判要点为实体指引的共有 1 例, 总体占比为 20%；裁判要点为民事诉讼程序指引的有 4 例, 总体占比为 80%。

图 9-2　执行指导性案例裁判要点指引

2. 关键词"民事诉讼""执行复议"出现次数分别为 5 次、4 次, 执行类词汇较为分散

最高人民法院发布的指导性案例, 每篇有 3~7 个关键词不等。经统计, 在已发布的 5 例执行指导性案例中, 共有 17 个关键词, 其中, "民事诉讼"累计出现 5 次, 因为 5 例执行指导性案例均为民商事案件的执行纠纷；"执行复议"出现 4 次；"不履行和解协议"等 15 个关键词仅出现 1 次。

表 9-1　执行指导性案例关键词统计表

关键词出现次数（次）	关键词数量（个）	具体关键词
5 次	1 个	民事诉讼
4 次	1 个	执行复议
1 次	15 个	不履行和解协议；撤回上诉；到期债权；恶意串通；和解；拍卖无效；权利承受人；涉外仲裁裁决；申请执行；申请执行期间起算；申请执行一审判决；委托拍卖；协助履行；执行；执行管辖

3. 案例来源于最高人民法院及四川省、上海市等地的法院

执行指导性案例主要来源于最高人民法院及四川省和上海市的法院。其中，来源于最高人民法院的指导性案例最多，有 3 例；来自四川省和上海市的案例分别有 1 例。

图 9-3　执行指导性案例的来源地域

4. 审理法院以最高人民法院居多，总体占比为 60%

在已发布的执行指导性案例中，审理法院为最高人民法院的有 3 例，总体占比为 60%；审理法院为高级人民法院和中级人民法院的各有 1 例。

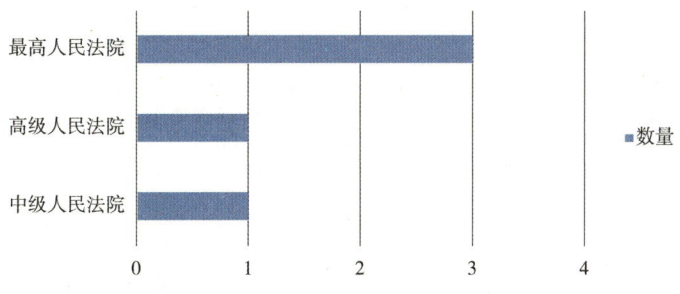

图 9-4　执行指导性案例的审理法院

5. 文书类型以裁定书为主，有 4 例，总体占比为 80%

在最高人民法院已发布的 5 例执行指导性案例中，文书类型为裁定书的有 4 例，总体占比为 80%；为其他文书类型（执督复函）的有 1 例，总体占比为 20%。

图 9-5　执行指导性案例的文书类型

二、执行指导性案例的司法应用

指导性案例被援引的情况可以分为确定性援引和不确定性援引①。为了确保研究结果的准确性，本报告仅对确定性援引进行分析。

在最高人民法院发布的 5 例执行指导性案例中，为了对确定性援引作更为深入的剖析，本报告对确定性援引作了进一步的类型化区分，按照法官在裁判案件时是否明确援引指导性案例进行说理，分为法官明示援引和法官隐性援引。② 在 63 例应用案例中，法官明示援引③共有 42 例应用案例，法官隐性援引④共有 20 例应用案例。2018 年新增法官评析援引⑤，共有 1 例。执行指导性案例并未涉及非法官援引⑥。

（一）执行指导性案例的整体应用情况

1. 从整体来看，已有 3 例执行指导性案例被应用，2018 年新增 35 号指导性案例

截至 2018 年 12 月 31 日，最高人民法院共发布了 5 例执行指导性案例，已被应用的

---

① 确定性援引，是指根据裁判文书内容（包括评析）的表述，能够直接确定其援引了几号指导案例；不确定性援引，是指根据裁判文书内容（包括评析）的表述，不能确定其是否援引了指导性案例。
② 参见张骐：《再论类似案件的判断与指导性案例的使用》，载《法制与社会发展》2015 年第 5 期，第 138 页。
③ 法官明示援引，是指法官作出裁判时明确援引了指导性案例进行说理。主要包括法官主动援引和法官被动援引两种情形，前者是指法官主动援引指导性案例进行说理；后者是指法官被动援引指导性案例进行说理，即检察人员建议或诉讼参与人请求参照指导性案例时，法官在裁判理由中对此作出了回应。
④ 法官隐性援引，是指在审判过程中，检察人员建议或诉讼参与人请求法官参照指导性案例进行裁判，法官对此在裁判理由部分未明确作出回应，但是裁判结果与指导性案例的精神是一致的情况。
⑤ 法官评析援引，是指裁判文书正文中并未提及指导性案例，但是在该案例后所附的专家点评、评析、补评及典型意义部分提到指导性案例的情况。
⑥ 非法官援引，是指在审判过程中，诉讼参与人请求或检察人员建议法官参照指导性案例进行裁判，法官基于案件本身情况未作出回应，且从裁判结果来看与指导性案例不具有相关性的情况。

指导性案例有 3 例，2018 年指导案例 35 号首次被应用，应用率为 60%。未被应用的指导性案例有 2 例，总体占比为 40%。

表 9-2　执行指导性案例的整体应用情况

应用情况	应用数量	指导性案例编号
已被应用	3	2 号、34 号、35 号
未被应用	2	36 号、37 号

2. 在个案应用上，指导案例 34 号增幅显著，总体占比为 73%

截至 2018 年 12 月 31 日，执行指导性案例的应用案例有 63 例，比 2017 年（36 例）增加 27 例。其中，指导案例 34 号被应用 46 次，比 2017 年（27 次）增加 19 次，增幅显著，总体占比为 73%；指导案例 2 号被应用 15 次，比 2017 年（9 次）增加 6 次，总体占比为 24%；2018 年新增指导案例 35 号，被应用 2 次，总体占比不足为 3%。

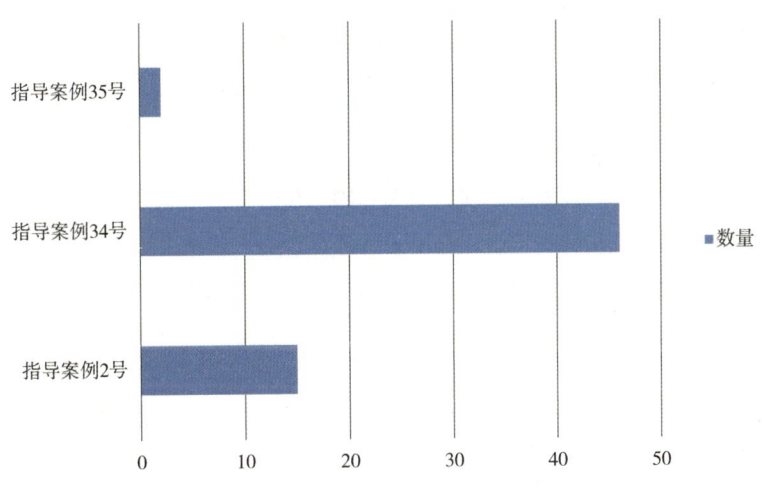

图 9-6　执行指导性案例的个案应用情况

3. 在援引方式上，法官隐性援引增幅显著，2018 年新增法官评析援引

执行指导性案例存在法官明示援引、法官隐性援引和法官评析援引三种援引方式。涉及法官明示援引的共有 42 例应用案例，总体占比为 67%，其中，法官主动援引的有 30 例应用案例，总体占比为 48%，比 2017 年同期（占比 64%）下降 16%；法官被动援引的有 12 例应用案例，总体占比为 19%，比 2017 年同期（占比 5%）上升 14%。涉及法官隐性援引的共有 20 例应用案例，比 2017 年（11 例）新增 9 例，总体占比为 32%；2018 年新增法官评析援引，有 1 例应用案例，总体占比为 1%。

图 9-7　执行指导性案例的援引方式

4. 应用案由仍以执行为主，2018 年新增 9 种民事类案由

执行指导性案例被应用于执行等 16 种案由，相比 2017 年（7 种）增加 9 种，包括金融借款合同纠纷，申请宣告公民限制民事行为能力，确认合同无效纠纷，拍卖合同纠纷，借款合同纠纷，财产损害赔偿纠纷，案外人执行异议之诉，其他劳动争议、人事争议及其他适用特殊程序案件，均为民事类案由。其中，执行类案由最多，共计 41 例，比 2017 年（28 例）增加 13 例，总体占比约为 65%。其次是债权转让合同纠纷类案由，应用案例有 4 例；确认合同有效纠纷，买卖合同纠纷，金融借款合同纠纷和其他合同、无因管理、不当得利纠纷 4 种案由，应用案例各有 2 例，总体占比分别约为 3%。申请宣告公民限制民事行为能力、确认合同无效纠纷、拍卖合同纠纷等 10 种案由，应用案例各有 1 例，总体占比均不足 2%。

图 9-8　执行指导性案例的应用案由

（二）应用案例与指导性案例对比分析

1. 应用案由

已被应用的 3 例（指导案例 2 号、34 号和 35 号）执行指导性案例，既被应用于同类案由又被应用于不同案由。在指导案例 34 号的 46 例应用案例中，应用案由相同的比重最大，有 35 例，总体占比约为 76%。这是因为指导案例 34 号中涉及的债权转让合同，虽然属于金融资产管理公司转让不良债权的性质，但关于如何处理申请主体变更的结论，不仅适用于金融不良债权案件，而且普遍适用于普通执行案件。① 执行指导性案例被应用于不同案由的有 11 例，4 例为债权转让合同纠纷，其他如申请宣告公民限制民事行为能力、借款合同纠纷、确认合同无效纠纷、案外人执行异议之诉等 7 类案由分别有 1 例应用案例。指导案例 34 号的裁判要点为"生效法律文书确定的权利人在进入执行程序前合法转让债权的，债权受让人即权利承受人可以作为申请执行人直接申请执行，无需执行法院作出变更申请执行人的裁定"。4 例债权转让合同纠纷的应用案例虽然与指导案例 34 号案由不同，但是均涉及转让已生效法律文书的权利承受，因此，法官在裁判时参照指导案例 34 号的裁判要点作出了相应的裁判。

在指导案例 2 号的 15 例应用案例中，应用案由相同的有 5 例，总体占比约为 33%。应用案由不同的有 10 例，分别为买卖合同纠纷，确认合同有效纠纷，商品房销售合同纠纷，机动车交通事故责任纠纷，其他合同、无因管理、不当得利纠纷，其他劳动争议、人事争议及金融借款合同纠纷。指导案例 2 号的裁判要点为"民事案件二审期间，双方当事人达成和解协议，人民法院准许撤回上诉的，该和解协议未经人民法院依法制作调解书，属于诉讼外达成的协议。一方当事人不履行和解协议，另一方当事人申请执行一审判决的，人民法院应予支持"。例如，在确认合同有效纠纷、机动车交通事故责任纠纷应用案例中，虽然与指导案例 2 号的案情不同，但是均涉及诉讼外和解协议未完全履行的情形，法官在裁判时参照指导案例 2 号的裁判要点作出了相应的裁判。

指导案例 35 号的 2 例应用案件中，应用案由分别为执行和拍卖合同纠纷。其中 1 例为法官评析援引，法官援引了指导案例 35 号的裁判要点，并予以参照。指导案例 35 号的裁判要点为"拍卖行与买受人有关联关系，拍卖行为存在以下情形，损害与标的物相关权利人合法权益的，人民法院可以视为拍卖行与买受人恶意串通，依法裁定该拍卖无效：①拍卖过程中没有其他无关联关系的竞买人参与竞买，或者虽有其他竞买人参与竞买，但未进行充分竞价的；②拍卖标的物的评估价明显低于实际价格，仍以该评估价成

---

① 参见马岚、吴光侠：《〈李晓玲、李鹏裕申请执行厦门海洋实业股份有限公司、厦门海洋实业总公司执行复议案〉的理解与参照——权利承受人可作为申请执行人直接申请执行》，载《人民司法》2015 年第 18 期，第 14 页。

交的"。在拍卖合同纠纷的应用案例中，因为与指导案例35号的案情不同，法官在裁判时未参照指导案例35号。

表9-3 执行指导性案例应用案由情况

指导性案例	指导性案例案由	应用案例案由	数量
指导案例34号：李晓玲、李鹏裕申请执行厦门海洋实业（集团）股份有限公司、厦门海洋实业总公司执行复议案	执行	执行	35
		债权转让合同纠纷	4
		申请宣告公民限制民事行为能力	1
		借款合同纠纷	1
		确认合同无效纠纷	1
		案外人执行异议之诉	1
		金融借款合同纠纷	1
		财产损害赔偿纠纷	1
		其他适用特殊程序案件	1
指导案例2号：吴梅诉四川省眉山西城纸业有限公司买卖合同纠纷案	执行	执行	5
		买卖合同纠纷	2
		确认合同有效纠纷	2
		商品房销售合同纠纷	1
		机动车交通事故责任纠纷	1
		其他合同、无因管理、不当得利纠纷	2
		其他劳动争议、人事争议	1
		金融借款合同纠纷	1
指导案例35号：广东龙正投资发展有限公司与广东景茂拍卖行有限公司委托拍卖执行复议案	执行	执行	1
		拍卖合同纠纷	1

2. 执行指导性案例的应用地域

（1）应用案例主要集中在山东省，2018年应用地域新增辽宁省、广东省、北京市、湖北省、浙江省、山西省、黑龙江省，辽宁省应用数量位居第二。

已发布的5例执行指导性案例来源于最高人民法院、四川省和上海市，但是应用案例的来源包括最高人民法院及山东省、辽宁省等19个省级行政区。2018年应用地域新增辽宁省、广东省、北京市、湖北省、浙江省、山西省、黑龙江省7个省级行政区。其中，应用率最高的是山东省，共计22例应用案例；其次是辽宁省，有10例应用案例；

江苏省有 4 例应用案例；吉林省和内蒙古自治区各有 3 例应用案例；其余 13 个省级行政区指导案例应用率较低，基本为 1~2 例应用案例。

（2）上海市作为执行指导性案例的来源地域，仍未发现应用案例

在 63 例执行应用案例的应用地域中，黑龙江省、山西省、浙江省、安徽省、新疆维吾尔自治区、广西壮族自治区、湖北省、北京市、广东省、福建省、河北省、江西省、内蒙古自治区、吉林省、江苏省、辽宁省和山东省 17 个省级行政区虽然没有涉及指导性案例的发布，但均在审判实践中应用了执行指导性案例。但是，截至 2018 年 12 月 31 日，作为执行指导性案例来源地域的上海市仍然尚未发现应用案例。

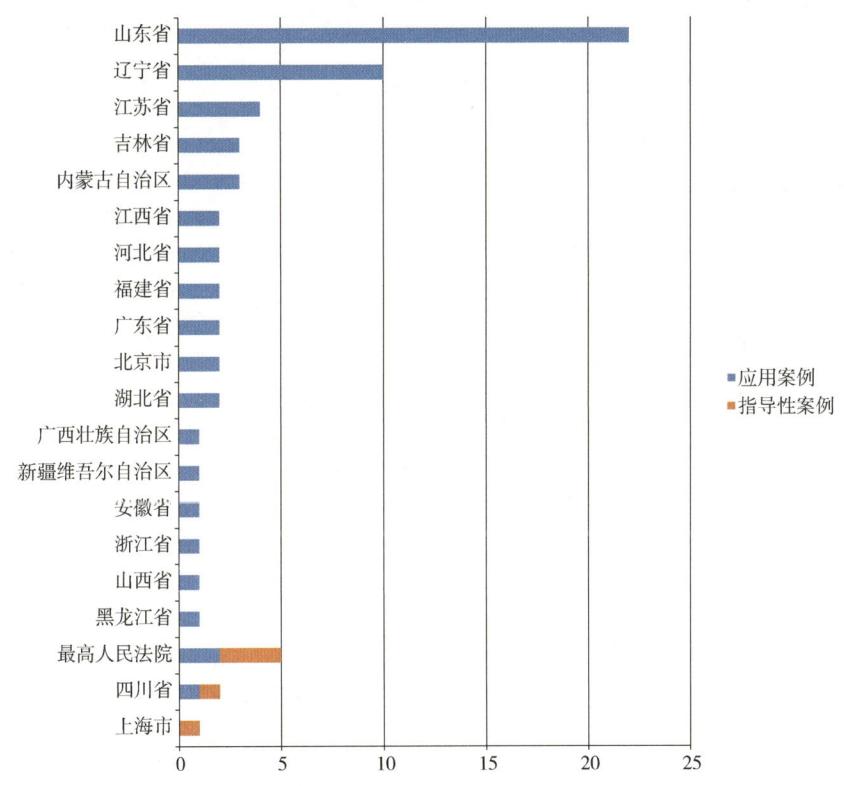

图 9-9　执行指导性案例及其应用案例的分布情况

3. 法院对执行指导性案例的应用

（1）应用案例的审理法院均为普通法院，尚未发现专门法院应用执行指导性案例

在审判实践中，应用执行指导性案例的法院均为普通法院，应用案例共计 63 例，比 2017 年同期（36 例）增加了 27 例，尚未发现专门法院应用执行指导性案例。

（2）应用案例的审理法院以中级人民法院为主，高级人民法院占比上升

中级人民法院应用执行指导性案例的频率较高，应用率为 63%，与 2017 年同期

（占比64%）相比略有下降；基层人民法院的应用率为22%，与2017年同期（占比25%）相比下降3%；高级人民法院的应用率为11%，与2017年同期（占比8%）相比上升3%；最高人民法院的应用率为3%，与2017年占比持平。

（3）最高人民法院应用的执行指导性案例在2018年新增1例

在最高人民法院发布的5例执行指导性案例中，有3例来源于最高人民法院，总体占比为60%，但在司法实践中，最高人民法院对执行指导性案例的应用案例仅有2例，2018年新增1例，总体占比为3%。

图9-10　执行指导性案例及其应用案例的审理情况

4. 执行指导性案例应用案例的审理程序

（1）应用案例涉及执行、一审、二审及再审程序

执行指导性案例均为执行程序，而执行指导性案例的应用案例涉及的审理程序比指导性案例的审理程序要多，包括执行、一审、二审及再审程序四类。

（2）应用案例的审理程序以执行程序为主，二审程序增幅明显

执行指导性案例的应用案例，审理程序以执行程序为主，相关案例共计47例，总体占比约为75%，较2017年同期（占比78%）下降3%。此外，仅涉及一审程序的应用案例有5例，总体占比为8%，与2017年同期（占比11%）相比下降3%；涉及二审程序的应用案例有9例，总体占比约为14%，与2017年同期（占比8%）相比上升6%；涉及再审程序的应用案例仅有2例，总体占比约为3%，基本维持不变。

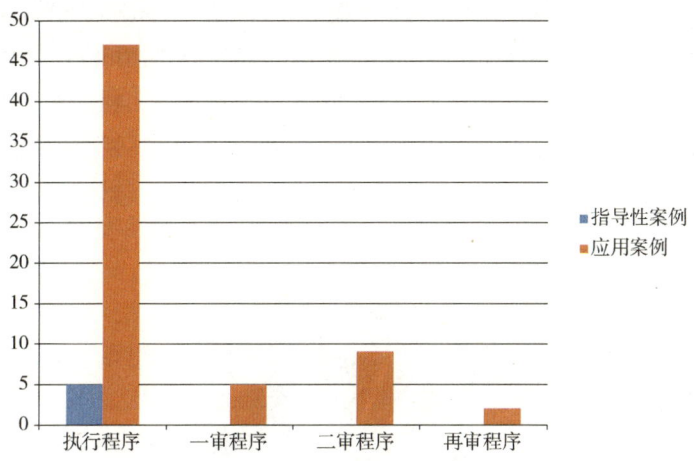

图 9-11 执行指导性案例及其应用案例的审理程序

（三）执行指导性案例的应用情况分析

1. 执行指导性案例的首次应用日期与发布日期间隔时间最短的仅有 16 天

指导案例 2 号的发布日期为 2011 年 12 月 20 日，首次应用日期为 2012 年 1 月 5 日，间隔时间仅有 16 天。指导案例 34 号的发布日期为 2014 年 12 月 18 日，首次应用日期为 2015 年 7 月 6 日，间隔时间为 200 天。2018 年首次被应用的指导案例 35 号发布日期为 2014 年 12 月 18 日，首次应用日期为 2018 年 4 月 2 日，间隔时间为 1201 天。

图 9-12 执行指导性案例首次应用时间

2. 执行指导性案例的应用主体

（1）执行指导性案例的应用主体以法官为主，申请复议人和上诉人增幅明显

在审判实践中，执行指导性案例的应用主体包括法官、申请复议人、上诉人、申请

执行人、再审申请人、异议人，案外人和被告。2018年新增了案外人和被告两类应用主体。其中，法官应用比例最高，总体占比为48%，比2017年同期（占比64%）大幅下降；其次为申请复议人，总体占比为24%，比2017年同期（占比17%）上升了7%；上诉人总体占比约为14%，比2017年同期（占比8%）上升了6%；申请执行人，总体占比为5%；再审申请人、案外人、异议人和被告引用较少，总体占比分别为3%、3%、2%、1%。

图9-13　执行指导性案例的应用主体

（2）法官主动援引指导案例34号的次数最多，指导案例35号仅被援引1次

在审判实践中，法官主动援引指导性案例的，裁判时基本上都参照指导性案例作出了相同判决。在法官主动援引的30例应用案例中，指导案例34号被援引的次数最多，共有27次，比2017年同期（21次）增加了6次，总体占比为90%；指导案例2号被援引2次，指导案例35号于2018年首次被应用，仅被援引1次。

图9-14　执行指导性案例法官主动援引应用案例数量

（3）当事人引用指导性案例的数量超过法官主动援引数量，指导案例 35 号首次被当事人援引

当事人既包括审理程序也包括执行程序中的当事人，在起诉、上诉、答辩和举证、质证等环节均可援引指导性案例来证明自己的主张。在 63 例执行应用案例中，有 33 例应用案例为当事人援引，超过法官援引数量（30 例）。其中，指导案例 34 号被援引的次数最多，共有 19 次；其次为指导案例 2 号，被援引 13 次；2018 年首次被应用的指导案例 35 号为当事人援引，共计 1 次。

3. 执行指导性案例的应用内容以裁判要点为主，新增仅作为证据提交的情况

根据 2011 年 12 月 30 日发布的最高人民法院研究室《关于印发〈关于编写报送指导性案例体例的意见〉、〈指导性案例样式〉的通知》[①] 的规定，每篇指导性案例均由七个部分组成，即标题、关键词、裁判要点、相关法条、基本案情、裁判结果及裁判理由。在审判实践中，无论法官还是当事人，在引用指导性案例时，其引用的内容不仅包括裁判要点、基本案情，还包括裁判理由。其中引用裁判要点的，总体占比为 70%，比 2017 年同期（占比 69%）略有上升；引用基本案情的，总体占比为 21%，比 2017 年同期（占比 28%）下降 7%；引用裁判理由的，总体占比为 8%，比 2017 年同期（占比 3%）上升了 5%；2018 年出现 1 例将指导性案例作为证据提交的，总体占比为 1%。

图 9-15　执行指导性案例应用内容参照情况

---

① 参见最高人民法院研究室《关于印发〈关于编写报送指导性案例体例的意见〉、〈指导性案例样式〉的通知》，载北大法宝—法律法规库（http://www.pkulaw.cn/fbm/，【法宝引证码】CLI.3.175399），访问日期：2019 年 3 月 18 日。

4. 执行指导性案例的应用表述

根据2015年5月13日发布的《〈最高人民法院关于案例指导工作的规定〉实施细则》① 第11条的规定，在办理案件过程中，案件承办人员应当查询相关指导性案例。在裁判文书中引述相关指导性案例的，应在裁判理由部分引述指导性案例的编号和裁判要点。

援引执行指导性案例时的应用表述主要包括发布主体、发布日期、发布批次、指导性案例编号、指导性案例字号、指导性案例标题、裁判要点七个要素。2018年新出现一种七要素组合模式，在执行应用案例中并不涉及。

（1）发布主体、指导性案例编号和裁判要点是应用频率较高的3个要素，裁判要点应用频率进入前三名

在执行指导性案例的应用案例中，发布主体被援引的频率最高，为63次，覆盖全部执行应用案例。主要的表述形式有：参照/依据/根据最高人民法院发布的指导性案例、与最高人民法院发布的指导性案例、请求/建议/应当参照最高人民法院发布的指导性案例等。其次是指导性案例编号，上升趋势明显，仅次于发布主体，被使用频率为51次，比2017年同期（28次）增加23次，总体占比达到81%。其主要的表述方式有：指导案例×号、第×号指导性案例、指导性案例第×号等。再次是裁判要点，被援引的次数为31次，比2017年同期（9次）增加22次，超过发布日期，进入前三名，总体占比达到49%。除此以外，使用频率较高的还有发布日期等要素。

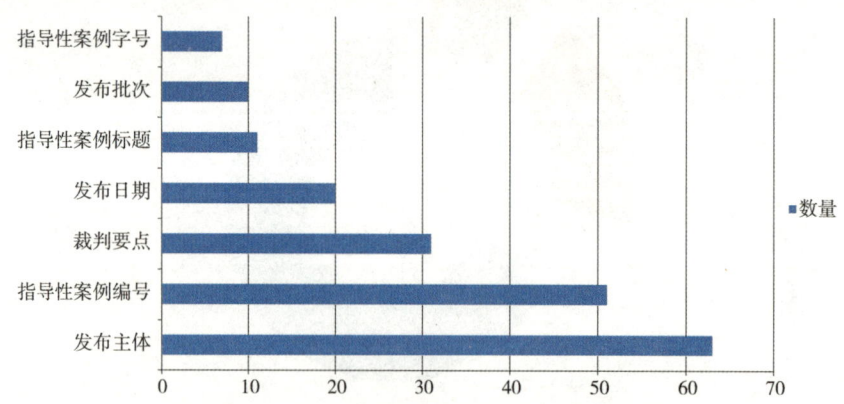

图9-16 执行指导性案例应用表述的使用情况

---

① 参见《〈最高人民法院关于案例指导工作的规定〉实施细则》，载北大法宝—法律法规库（http://www.pkulaw.cn/fbm/，【法宝引证码】CLI.3.249447），访问日期：2019年3月18日。

（2）应用表述模式并不固定，表述要素中以"主体+日期+编号"为主要模式，新增五要素表述组合模式

根据援引执行指导性案例时应用表述所涉及的七个要素的引述情况，可将其分为单要素表述、双要素表述、三要素表述、四要素表述和五要素表述五大类。其中，五要素表述是 2018 年新增的组合模式。

通过对 63 例执行应用案例的统计分析可以看出，五种不同的表述类别所涉及的要素种类和组合模式各不相同，即使是相同的表述类别，具体的要素种类和组合模式也存在差异。其中，以三要素表述的应用案例最多，有 30 例；以双要素表述的应用案例有 14 例；以四要素、五要素表述的应用案例分别有 8 例；以单要素表述的应用案例有 3 例。

三要素表述中包含 7 种表述模式，其中，"主体+日期+编号"模式有 13 例，占三要素表述模式的 43%，属于主导模式；"主题+编号+要点"模式有 11 例，占三要素表述模式的 37%，此两种模式是三要素表述模式的主体。在双要素表述中，"主体+编号"模式有 9 例，占双要素模式的 64%。在单要素表述中，以"主体"为单一的表述模式，同时一般表述构成为"主体"+"指导性案例"字样。四要素的表述模式有 3 种，分别为"主体+编号+标题+要点""主体+日期+标题+要点""主体+日期+编号+要点"。2018 年新增的五要素表述模式分为两种，分别为"主体+批次+字号+编号+要点"和"主体+日期+标题+编号+要点"。

（3）法官同时引述指导性案例编号和裁判要点的应用案例数量成倍增长

在 63 例应用案例中，法官明示援引的共有 42 例，其中包含法官主动援引的 30 例，法官被动援引的 12 例。援引指导性案例时，在裁判理由部分同时引述指导性案例编号和裁判要点的有 15 例，比 2017 年同期（4 例）增长近 3 倍，总体占比为 24%；引述其他要素的涉及 27 例，比 2017 年同期（21 例）增加了 6 例，总体占比为 43%。

图 9-17　法官援引的要素使用情况

5. 在执行指导性案例的应用结果中，法官主动援引的参照率为 93%，2018 年出现法官被动援引予以参照的情况

在 63 例应用案例中，法官明示援引的有 42 例。其中，法官主动援引的有 30 例，且只有 2 例未予以参照，参照率为 93%，与 2017 年同期（占比 96%）相比下降 3%。法官被动援引的有 12 例，其中有 9 例予以参照，3 例未予以参照，参照率为 75%。相比 2017 年法官被动援引的仅有 2 例且都未参照，2018 年法官被动援引出现了予以参照的情况。法官被动援引的指导性案例中未予以参照，主要是因为基本案情不同，法官对其均给出了明确回应。

图 9-18　执行指导性案例的应用结果（明示援引）

三、调研综述

截至 2018 年 12 月 31 日，最高人民法院已发布 5 例执行指导性案例，其中已有 3 例被应用于司法实践，分别为指导案例 2 号、34 号和 35 号，其中 2018 年新增指导案例 35 号，应用案例共计 63 例。本报告通过对执行指导性案例的研究得出如下结论。

（一）执行指导性案例发布数量仅高于国家赔偿指导性案例，但应用情况较好

从 2011 年发布第一批指导性案例以来，截至 2018 年 12 月 31 日，最高人民法院已发布 20 批共计 106 例指导性案例，其中执行指导性案例有 5 例。从整体发布比例来看，执行指导性案例的发布数量远低于民商事指导性案例、知识产权指导性案例、行政指导性案例及刑事指导性案例，仅比国家赔偿指导性案例多 1 例。但 5 例执行指导性案例中已有 3 例（即指导案例 2 号、34 号和 35 号）被应用，应用率为 60%。且应用案例有 63 例，应用情况相对较好。

（二）应用案由以执行为主，2018年新增9种民事类应用案由，应用案由延伸到债权转让合同纠纷、拍卖合同纠纷等民事类案由

最高人民法院发布的5例执行指导性案例的应用案例所涉案由，除执行类外，还涉及16种民事类案由，比2017年同期（7种）增加9种，除了执行，债权转让合同纠纷，确认合同有效纠纷，买卖合同纠纷，机动车交通事故责任纠纷，商品房销售合同纠纷，其他合同、无因管理、不当得利纠纷，2018年新增金融借款合同纠纷，申请宣告公民限制民事行为能力，确认合同无效纠纷，拍卖合同纠纷，借款合同纠纷，财产损害赔偿纠纷，案外人执行异议之诉，其他劳动争议、人事争议，其他适用特殊程序案件9种民事类案由。这主要是因为执行指导性案例是关于民商事案件的执行纠纷，虽然两者案由不同，但涉及的法律问题相似。因此，法官或当事人在诉讼过程中引用了执行指导性案例。

（三）执行指导性案例应用地域2018年新增辽宁省、广东省、北京市、湖北省、浙江省、山西省、黑龙江省等地，上海市仍未发现应用案例

已发布的5例执行指导性案例来源于最高人民法院、四川省和上海市，但是应用案例的来源包括最高人民法院及山东省、辽宁省等19个省级行政区。2018年应用地域新增辽宁省、广东省、北京市、湖北省、浙江省、山西省、黑龙江省7个省级行政区。在63例执行应用案例的应用地域中，黑龙江省、山西省、浙江省、安徽省等17个省级行政区，虽然没有涉及指导性案例的发布，但均在审判实践中应用了执行指导性案例。但是，截至2018年12月31日，作为执行指导性案例来源地的上海市目前仍然尚未发现应用案例。

（四）执行指导性案例中当事人援引超过法官主动援引数量，指导案例35号首次为当事人引用

在审判实践中，执行指导性案例的应用主体包括法官、申请复议人、上诉人、申请执行人、再审申请人、异议人，2018年新增了案外人和被告。在63例执行应用案例中，有33例应用案例为当事人引用，超过法官主动援引数量（30例）。2018年首次被应用的指导案例35号为当事人引用，共计1次。

（五）法官主动援引的仅有2例不予参照，法官被动援引的出现予以参照情况

在执行指导性案例的63例应用案例中，法官明示援引的有42例，总体占比为67%。其中，法官主动援引的有30例，且只有2例未予以参照，参照率为93%，比2017年同期（占比96%）下降3%。法官被动援引的有12例，其中9例予以参照，3例未予以参照，参照率为75%。相比2017年法官被动援引的仅有2例且都未参照，2018年法官被动援引出现予以参照的情况。

第二部分　指导性案例分类汇编

一、刑事指导性案例

1 危害公共安全罪指导性案例（2例）

指导案例 13 号：王召成等非法买卖、储存危险物质案

（最高人民法院审判委员会讨论通过　2013 年 1 月 31 日发布）

来源：最高人民法院关于发布第四批指导性案例的通知
案号：（2011）绍越刑初字第 205 号
审理法院：浙江省绍兴市越城区人民法院
审结日期：2012.03.31
标签：非法买卖、储存危险物质

【关键词】

刑事　非法买卖、储存危险物质　毒害性物质

【裁判要点】

1. 国家严格监督管理的氰化钠等剧毒化学品，易致人中毒或者死亡，对人体、环境具有极大的毒害性和危险性，属于《中华人民共和国刑法》第一百二十五条第二款规定的"毒害性"物质。

2. "非法买卖"毒害性物质，是指违反法律和国家主管部门规定，未经有关主管部门批准许可，擅自购买或者出售毒害性物质的行为，并不需要兼有买进和卖出的行为。

指导案例 32 号：张某某、金某危险驾驶案

（最高人民法院审判委员会讨论通过　2014 年 12 月 18 日发布）

来源：最高人民法院关于发布第八批指导性案例的通知
案号：（2012）浦刑初字第 4245 号

① 扫取案例名切口侧二维码，可于"北大法宝"查阅该案例相关信息。余同。

审理法院：上海市浦东新区人民法院

审结日期：2013.01.21

标签：危险驾驶

【关键词】

刑事　危险驾驶罪　追逐竞驶　情节恶劣

【裁判要点】

1. 机动车驾驶人员出于竞技、追求刺激、斗气或者其他动机，在道路上曲折穿行、快速追赶行驶的，属于《中华人民共和国刑法》第一百三十三条之一规定的"追逐竞驶"。

2. 追逐竞驶虽未造成人员伤亡或财产损失，但综合考虑超过限速、闯红灯、强行超车、抗拒交通执法等严重违反道路交通安全法的行为，足以威胁他人生命、财产安全的，属于危险驾驶罪中"情节恶劣"的情形。

② 破坏社会主义市场经济秩序罪指导性案例（5例）

指导案例61号：马乐利用未公开信息交易案

（最高人民法院审判委员会讨论通过　2016年6月30日发布）

来源：最高人民法院关于发布第13批指导性案例的通知

案号：（2015）刑抗字第1号

审理法院：最高人民法院

审结日期：2015.11.23

标签：利用未公开信息交易

【关键词】

刑事　利用未公开信息交易罪　援引法定刑　情节特别严重

【裁判要点】

《中华人民共和国刑法》第一百八十条第四款规定的利用未公开信息交易罪援引法定刑的情形，应当是对第一款内幕交易、泄露内幕信息罪全部法定刑的引用，即利用未公开信息交易罪应有"情节严重""情节特别严重"两种情形和两个量刑档次。

指导案例 62 号：王新明合同诈骗案

（最高人民法院审判委员会讨论通过　2016 年 6 月 30 日发布）

来源：最高人民法院关于发布第 13 批指导性案例的通知

案号：（2013）一中刑终字第 4134 号

审理法院：北京市第一中级人民法院

审结日期：2013.12.02

标签：数额犯

【关键词】

　　刑事　合同诈骗　数额犯　既遂　未遂

【裁判要点】

　　在数额犯中，犯罪既遂部分与未遂部分分别对应不同法定刑幅度的，应当先决定对未遂部分是否减轻处罚，确定未遂部分对应的法定刑幅度，再与既遂部分对应的法定刑幅度进行比较，选择适用处罚较重的法定刑幅度，并酌情从重处罚；二者在同一量刑幅度的，以犯罪既遂酌情从重处罚。

指导案例 70 号：北京阳光一佰生物技术开发有限公司、习文有等生产、销售有毒、有害食品案

（最高人民法院审判委员会讨论通过　2016 年 12 月 28 日发布）

来源：最高人民法院关于发布第 15 批指导性案例的通知

案号：（2014）扬刑二终字第 0032 号

审理法院：江苏省扬州市中级人民法院

审结日期：2014.06.13

标签：有毒有害的非食品原料

【关键词】

　　刑事　生产、销售有毒、有害食品罪　有毒有害的非食品原料

【裁判要点】

行为人在食品生产经营中添加的虽然不是国务院有关部门公布的《食品中可能违法添加的非食用物质名单》和《保健食品中可能非法添加的物质名单》中的物质，但如果该物质与上述名单中所列物质具有同等属性，并且根据检验报告和专家意见等相关材料能够确定该物质对人体具有同等危害的，应当认定为《中华人民共和国刑法》第一百四十四条规定的"有毒、有害的非食品原料"。

指导案例 87 号：郭明升、郭明锋、孙淑标假冒注册商标案

（最高人民法院审判委员会讨论通过　2017 年 3 月 6 日发布）

来源：最高人民法院关于发布第 16 批指导性案例的通知

案号：（2015）宿中知刑初字第 0004 号

审理法院：江苏省宿迁市中级人民法院

审结日期：2015.09.08

标签：网络销售

【关键词】

刑事　假冒注册商标罪　非法经营数额　网络销售　刷信誉

【裁判要点】

假冒注册商标犯罪的非法经营数额、违法所得数额，应当综合被告人供述、证人证言、被害人陈述、网络销售电子数据、被告人银行账户往来记录、送货单、快递公司电脑系统记录、被告人等所作记账等证据认定。被告人辩解称网络销售记录存在刷信誉的不真实交易，但无证据证实的，对其辩解不予采纳。

指导案例 97 号：王力军非法经营再审改判无罪案

（最高人民法院审判委员会讨论通过　2018 年 12 月 19 日发布）

来源：最高人民法院关于发布第 19 批指导性案例的通知

案号：（2017）内 08 刑再 1 号

审理法院：内蒙古自治区巴彦淖尔市中级人民法院

审结日期：2017.02.14

标签：非法经营改判无罪

【关键词】

刑事　非法经营罪　严重扰乱市场秩序　社会危害性　刑事违法性　刑事处罚必要性

【裁判要点】

1. 对于《中华人民共和国刑法》第二百二十五条第四项规定的"其他严重扰乱市场秩序的非法经营行为"的适用，应当根据相关行为是否具有与刑法第二百二十五条前三项规定的非法经营行为相当的社会危害性、刑事违法性和刑事处罚必要性进行判断。

2. 判断违反行政管理有关规定的经营行为是否构成非法经营罪，应当考虑该经营行为是否属于严重扰乱市场秩序。对于虽然违反行政管理有关规定，但尚未严重扰乱市场秩序的经营行为，不应当认定为非法经营罪。

3 侵犯公民人身权利、民主权利罪指导性案例（4例）

指导案例4号：王志才故意杀人案

（最高人民法院审判委员会讨论通过　2011年12月20日发布）

来源：最高人民法院关于发布第一批指导性案例的通知

案号：（2010）鲁刑四终字第2-1号

审理法院：山东省高级人民法院

审结日期：2011.05.03

标签：故意杀人

【关键词】

刑事　故意杀人罪　婚恋纠纷引发　坦白悔罪　死刑缓期执行　限制减刑

【裁判要点】

因恋爱、婚姻矛盾激化引发的故意杀人案件，被告人犯罪手段残忍，论罪应当判处死刑，但被告人具有坦白悔罪、积极赔偿等从轻处罚情节，同时被害人亲属要求严惩的，人民法院根据案件性质、犯罪情节、危害后果和被告人的主观恶性及人身危险性，可以依法判处被告人死刑，缓期二年执行，同时决定限制减刑，以有效化解社会矛盾，促进社会和谐。

指导案例 12 号：李飞故意杀人案

（最高人民法院审判委员会讨论通过 2012 年 9 月 18 日发布）

来源：最高人民法院关于发布第三批指导性案例的通知

案号：（2011）黑刑三终字第 63 号

审理法院：黑龙江省高级人民法院

审结日期：2011.05.03

标签：故意杀人

【关键词】

刑事 故意杀人罪 民间矛盾引发 亲属协助抓捕 累犯 死刑缓期执行 限制减刑

【裁判要点】

对于因民间矛盾引发的故意杀人案件，被告人犯罪手段残忍，且系累犯，论罪应当判处死刑，但被告人亲属主动协助公安机关将其抓捕归案，并积极赔偿的，人民法院根据案件具体情节，从尽量化解社会矛盾角度考虑，可以依法判处被告人死刑，缓期二年执行，同时决定限制减刑。

指导案例 63 号：徐加富强制医疗案

（最高人民法院审判委员会讨论通过 2016 年 6 月 30 日发布）

来源：最高人民法院关于发布第 13 批指导性案例的通知

案号：（2013）武侯刑强初字第 1 号

审理法院：四川省成都市武侯区人民法院

审结日期：2013.01.24

标签：强制医疗

【关键词】

刑事诉讼 强制医疗 有继续危害社会可能

【裁判要点】

审理强制医疗案件，对被申请人或者被告人是否"有继续危害社会可能"，应当综合被申请人或者被告人所患精神病的种类、症状，案件审理时其病情是否已经好转，以及其家属或者监护人有无严加看管和自行送医治疗的意愿和能力等情况予以判定。必要时，可以委托相关机构或者专家进行评估。

指导案例 93 号：于欢故意伤害案

（最高人民法院审判委员会讨论通过　2018 年 6 月 20 日发布）

来源：最高人民法院关于发布第 18 批指导性案例的通知
案号：（2017）鲁刑终 151 号
审理法院：山东省高级人民法院
审结日期：2017.06.23
标签：防卫过当

【关键词】

刑事　故意伤害罪　非法限制人身自由　正当防卫　防卫过当

【裁判要点】

1. 对正在进行的非法限制他人人身自由的行为，应当认定为《中华人民共和国刑法》第二十条第一款规定的"不法侵害"，可以进行正当防卫。

2. 对非法限制他人人身自由并伴有侮辱、轻微殴打的行为，不应当认定为《中华人民共和国刑法》第二十条第三款规定的"严重危及人身安全的暴力犯罪"。

3. 判断防卫是否过当，应当综合考虑不法侵害的性质、手段、强度、危害程度，以及防卫行为的性质、时机、手段、强度、所处环境和损害后果等情节。对非法限制他人人身自由并伴有侮辱、轻微殴打，且并不十分紧迫的不法侵害，进行防卫致人死亡重伤的，应当认定为《中华人民共和国刑法》第二十条第二款规定的"明显超过必要限度造成重大损害"。

4. 防卫过当案件，如系因被害人实施严重贬损他人人格尊严或者亵渎人伦的不法侵害引发的，量刑时对此应予充分考虑，以确保司法裁判既经得起法律检验，也符合社会公平正义观念。

4 侵犯财产罪指导性案例（3例）

指导案例14号：董某某、宋某某抢劫案
（最高人民法院审判委员会讨论通过　2013年1月31日发布）

来源：最高人民法院关于发布第四批指导性案例的通知

案号：（2011）新刑未初字第29号

审理法院：河南省平顶山市新华区人民法院

审结日期：2011.05.10

标签：未成年人犯罪

【关键词】

　　刑事　抢劫罪　未成年人犯罪　禁止令

【裁判要点】

　　对判处管制或者宣告缓刑的未成年被告人，可以根据其犯罪的具体情况以及禁止事项与所犯罪行的关联程度，对其适用"禁止令"。对于未成年人因上网诱发犯罪的，可以禁止其在一定期限内进入网吧等特定场所。

指导案例27号：臧进泉等盗窃、诈骗案
（最高人民法院审判委员会讨论通过　2014年6月23日发布）

来源：最高人民法院关于发布第七批指导性案例的通知

案号：（2011）浙刑三终字第132号

法院：浙江省高级人民法院

审结日期：2011.08.09

标签：盗窃　诈骗

【关键词】

　　刑事　盗窃　诈骗　利用信息网络

【裁判要点】

　　行为人利用信息网络，诱骗他人点击虚假链接而实际通过预先植入的计算机程序窃

取财物构成犯罪的，以盗窃罪定罪处罚；虚构可供交易的商品或者服务，欺骗他人点击付款链接而骗取财物构成犯罪的，以诈骗罪定罪处罚。

指导案例 28 号：胡克金拒不支付劳动报酬案

（最高人民法院审判委员会讨论通过　2014 年 6 月 23 日发布）

来源：最高人民法院关于发布第七批指导性案例的通知

案号：（2011）双流刑初字第 544 号

审理法院：四川省双流县人民法院

审结日期：2011.12.29

标签：拒不支付劳动报酬

【关键词】

刑事　拒不支付劳动报酬罪　不具备用工主体资格的单位或者个人

【裁判要点】

1. 不具备用工主体资格的单位或者个人（包工头），违法用工且拒不支付劳动者报酬，数额较大，经政府有关部门责令支付仍不支付的，应当以拒不支付劳动报酬罪追究刑事责任。

2. 不具备用工主体资格的单位或者个人（包工头）拒不支付劳动报酬，即使其他单位或者个人在刑事立案前为其垫付了劳动报酬的，也不影响追究该用工单位或者个人（包工头）拒不支付劳动报酬罪的刑事责任。

5 妨害社会管理秩序罪指导性案例（6 例）

指导案例 71 号：毛建文拒不执行判决、裁定案

（最高人民法院审判委员会讨论通过　2016 年 12 月 28 日发布）

来源：最高人民法院关于发布第 15 批指导性案例的通知

案号：（2014）温平刑初字第 314 号

审理法院：浙江省温州市平阳县人民法院

审结日期：2014.06.17

标签：拒不执行判决、裁定

【关键词】

　　刑事　拒不执行判决、裁定罪　起算时间

【裁判要点】

　　有能力执行而拒不执行判决、裁定的时间从判决、裁定发生法律效力时起算。具有执行内容的判决、裁定发生法律效力后，负有执行义务的人有隐藏、转移、故意毁损财产等拒不执行行为，致使判决、裁定无法执行，情节严重的，应当以拒不执行判决、裁定罪定罪处罚。

指导案例 102 号：付宣豪、黄子超破坏计算机信息系统案

（最高人民法院审判委员会讨论通过　2018 年 12 月 25 日发布）

来源：最高人民法院关于发布第 20 批指导性案例的通知

案号：（2015）浦刑初字第 1460 号

审理法院：上海市浦东新区人民法院

审结日期：2015.05.20

标签：破坏计算机信息系统

【关键词】

　　刑事　破坏计算机信息系统罪　DNS 劫持　后果严重　后果特别严重

【裁判要点】

　　1. 通过修改路由器、浏览器设置、锁定主页或者弹出新窗口等技术手段，强制网络用户访问指定网站的"DNS 劫持"行为，属于破坏计算机信息系统，后果严重的，构成破坏计算机信息系统罪。

　　2. 对于"DNS 劫持"，应当根据造成不能正常运行的计算机信息系统数量、相关计算机信息系统不能正常运行的时间，以及所造成的损失或者影响等，认定其是"后果严重"还是"后果特别严重"。

指导案例 103 号：徐强破坏计算机信息系统案

（最高人民法院审判委员会讨论通过　2018 年 12 月 25 日发布）

来源：最高人民法院关于发布第 20 批指导性案例的通知

案号：（2016）湘 01 刑终 58 号

审理法院：湖南省长沙市中级人民法院

审结日期：2016.08.09

标签：破坏计算机信息系统

【关键词】

　　刑事　破坏计算机信息系统罪　机械远程监控系统

【裁判要点】

　　企业的机械远程监控系统属于计算机信息系统。违反国家规定，对企业的机械远程监控系统功能进行破坏，造成计算机信息系统不能正常运行，后果严重的，构成破坏计算机信息系统罪。

指导案例 104 号：李森、何利民、张锋勃等人破坏计算机信息系统案

（最高人民法院审判委员会讨论通过　2018 年 12 月 25 日发布）

来源：最高人民法院关于发布第 20 批指导性案例的通知

案号：（2016）陕 01 刑初 233 号

审理法院：陕西省西安市中级人民法院

审结日期：2017.06.15

标签：破坏计算机信息系统

【关键词】

　　刑事　破坏计算机信息系统罪　干扰环境质量监测　采样　数据失真　后果严重

【裁判要点】

　　环境质量监测系统属于计算机信息系统。用棉纱等物品堵塞环境质量监测采样设备，干扰采样，致使监测数据严重失真的，构成破坏计算机信息系统罪。

指导案例 105 号：洪小强、洪礼沃、洪清泉、李志荣开设赌场案

（最高人民法院审判委员会讨论通过　2018 年 12 月 25 日发布）

来源：最高人民法院关于发布第 20 批指导性案例的通知

案号：（2016）赣 0702 刑初 367 号

审理法院：江西省赣州市章贡区人民法院

审结日期：2017.03.27

标签：网络赌博

【关键词】

　　刑事　开设赌场罪　网络赌博　微信群

【裁判要点】

　　以营利为目的，通过邀请人员加入微信群的方式招揽赌客，根据竞猜游戏网站的开奖结果等方式进行赌博，设定赌博规则，利用微信群进行控制管理，在一段时间内持续组织网络赌博活动的，属于《中华人民共和国刑法》第三百零三条第二款规定的"开设赌场"。

指导案例 106 号：谢检军、高垒、高尔樵、杨泽彬开设赌场案

（最高人民法院审判委员会讨论通过　2018 年 12 月 25 日发布）

来源：最高人民法院关于发布第 20 批指导性案例的通知

案号：（2016）浙 01 刑终 1143 号

审理法院：浙江省杭州市中级人民法院

审结日期：2016.12.29

标签：网络赌博

【关键词】

　　刑事　开设赌场罪　网络赌博　微信群　微信群抢红包

【裁判要点】

　　以营利为目的，通过邀请人员加入微信群，利用微信群进行控制管理，以抢红包方式进行赌博，在一段时间内持续组织赌博活动的行为，属于《中华人民共和国刑法》第三百零三条第二款规定的"开设赌场"。

6 贪污贿赂罪指导性案例（2例）

指导案例3号：潘玉梅、陈宁受贿案

（最高人民法院审判委员会讨论通过　2011年12月20日发布）

来源：最高人民法院关于发布第一批指导性案例的通知

案号：(2009) 苏刑二终字第0028号

审理法院：江苏省高级人民法院

审结日期：2009.11.30

标签：受贿

【关键词】

刑事　受贿罪　"合办"公司受贿　低价购房受贿　承诺谋利　受贿数额计算　掩饰受贿退赃

【裁判要点】

1. 国家工作人员利用职务上的便利为请托人谋取利益，并与请托人以"合办"公司的名义获取"利润"，没有实际出资和参与经营管理的，以受贿论处。

2. 国家工作人员明知他人有请托事项而收受其财物，视为承诺"为他人谋取利益"，是否已实际为他人谋取利益或谋取到利益，不影响受贿的认定。

3. 国家工作人员利用职务上的便利为请托人谋取利益，以明显低于市场的价格向请托人购买房屋等物品的，以受贿论处，受贿数额按照交易时当地市场价格与实际支付价格的差额计算。

4. 国家工作人员收受财物后，因与其受贿有关联的人、事被查处，为掩饰犯罪而退还的，不影响认定受贿罪。

指导案例11号：杨延虎等贪污案

（最高人民法院审判委员会讨论通过　2012年9月18日发布）

来源：最高人民法院关于发布第三批指导性案例的通知

案号：(2009) 浙刑二终字第34号

审理法院：浙江省高级人民法院

审结日期：2009.03.16

标签：贪污

【关键词】

刑事　贪污罪　职务便利　骗取土地使用权

【裁判要点】

1. 贪污罪中的"利用职务上的便利"，是指利用职务上主管、管理、经手公共财物的权力及方便条件，既包括利用本人职务上主管、管理公共财物的职务便利，也包括利用职务上有隶属关系的其他国家工作人员的职务便利。

2. 土地使用权具有财产性利益，属于刑法第三百八十二条第一款规定中的"公共财物"，可以成为贪污的对象。

二、民商事指导性案例

1 婚姻家庭、继承纠纷指导性案例（2例）

指导案例50号：李某、郭某阳诉郭某和、童某某继承纠纷案

（最高人民法院审判委员会讨论通过　2015年4月15日发布）

来源：最高人民法院关于发布第10批指导性案例的通知

案号：（2006）秦民一初字第14号

审理法院：江苏省南京市秦淮区人民法院

审结日期：2006.04.20

标签：人工授精　胎儿继承

【关键词】

民事　继承　人工授精　婚生子女

【裁判要点】

1. 夫妻关系存续期间，双方一致同意利用他人的精子进行人工授精并使女方受孕后，男方反悔，而女方坚持生出该子女的，不论该子女是否在夫妻关系存续期间出生，都应视为夫妻双方的婚生子女。

2. 如果夫妻一方所订立的遗嘱中没有为胎儿保留遗产份额，因违反《中华人民共和国继承法》第十九条规定，该部分遗嘱内容无效。分割遗产时，应当依照《中华人民共和国继承法》第二十八条规定，为胎儿保留继承份额。

指导案例66号：雷某某诉宋某某离婚纠纷案

（最高人民法院审判委员会讨论通过　2016年9月19日发布）

来源：最高人民法院关于发布第14批指导性案例的通知

案号：（2015）三中民终字第08205号

审理法院：北京市第三中级人民法院

审结日期：2015.10.19

标签：离婚纠纷

【关键词】

民事　离婚　离婚时　擅自处分共同财产

【裁判要点】

一方在离婚诉讼期间或离婚诉讼前，隐藏、转移、变卖、毁损夫妻共同财产，或伪造债务企图侵占另一方财产的，离婚分割夫妻共同财产时，依照《中华人民共和国婚姻法》第四十七条的规定可以少分或不分财产。

2 物权纠纷指导性案例（1例）

指导案例65号：上海市虹口区久乐大厦小区业主大会诉上海环亚实业总公司业主共有权纠纷案

（最高人民法院审判委员会讨论通过　2016年9月19日发布）

来源：最高人民法院关于发布第14批指导性案例的通知

案号：(2011) 沪二中民二（民）终字第1908号

审理法院：上海市第二中级人民法院

审结日期：2011.09.21

标签：建筑物区分所有权

【关键词】

民事　业主共有权　专项维修资金　法定义务　诉讼时效

【裁判要点】

专项维修资金是专门用于物业共用部位、共用设施设备保修期满后的维修和更新、改造的资金，属于全体业主共有。缴纳专项维修资金是业主为维护建筑物的长期安全使用而应承担的一项法定义务。业主拒绝缴纳专项维修资金，并以诉讼时效提出抗辩的，人民法院不予支持。

3 确认合同效力纠纷指导性案例（1例）

指导案例33号：瑞士嘉吉国际公司诉福建金石制油有限公司等确认合同无效纠纷案

（最高人民法院审判委员会讨论通过　2014年12月18日发布）

来源：最高人民法院关于发布第八批指导性案例的通知

案号：（2012）民四终字第1号

审理法院：最高人民法院

审结日期：2012.08.22

标签：确认合同效力

【关键词】

民事　确认合同无效　恶意串通　财产返还

【裁判要点】

1. 债务人将主要财产以明显不合理低价转让给其关联公司，关联公司在明知债务人欠债的情况下，未实际支付对价的，可以认定债务人与其关联公司恶意串通、损害债权人利益，与此相关的财产转让合同应当认定为无效。

2.《中华人民共和国合同法》第五十九条规定适用于第三人为财产所有权人的情形，在债权人对债务人享有普通债权的情况下，应当根据《中华人民共和国合同法》第五十八条的规定，判令因无效合同取得的财产返还给原财产所有人，而不能根据第五十九条规定直接判令债务人的关联公司因"恶意串通，损害第三人利益"的合同而取得的债务人的财产返还给债权人。

4 买卖合同纠纷指导性案例（4例）

指导案例9号：上海存亮贸易有限公司诉蒋志东、王卫明等买卖合同纠纷案

（最高人民法院审判委员会讨论通过　2012年9月18日发布）

来源：最高人民法院关于发布第三批指导性案例的通知

案号：（2010）沪一中民四（商）终字第1302号

审理法院：上海市第一中级人民法院

审结日期：2010.09.01

标签：公司清算义务

【关键词】

民事　公司清算义务　连带清偿责任

【裁判要点】

有限责任公司的股东、股份有限公司的董事和控股股东，应当依法在公司被吊销营业执照后履行清算义务，不能以其不是实际控制人或者未实际参加公司经营管理为由，免除清算义务。

指导案例 15 号：徐工集团工程机械股份有限公司诉成都川交工贸有限责任公司等买卖合同纠纷案

（最高人民法院审判委员会讨论通过 2013 年 1 月 31 日发布）

来源：最高人民法院关于发布第四批指导性案例的通知

案号：（2011）苏商终字第 0107 号

审理法院：江苏省高级人民法院

审结日期：2011.10.19

标签：公司人格混同

【关键词】

民事　关联公司　人格混同　连带责任

【裁判要点】

1. 关联公司的人员、业务、财务等方面交叉或混同，导致各自财产无法区分，丧失独立人格的，构成人格混同。

2. 关联公司人格混同，严重损害债权人利益的，关联公司相互之间对外部债务承担连带责任。

指导案例 17 号：张莉诉北京合力华通汽车服务有限公司买卖合同纠纷案

（最高人民法院审判委员会讨论通过 2013 年 11 月 8 日发布）

来源：最高人民法院关于发布第五批指导性案例的通知

案号：（2008）二中民终字第 00453 号

审理法院：北京市第二中级人民法院

审结日期：2008.03.13

标签：商品销售欺诈

【关键词】

民事　买卖合同　欺诈　家用汽车

【裁判要点】

1. 为家庭生活消费需要购买汽车，发生欺诈纠纷的，可以按照《中华人民共和国消费者权益保护法》处理。

2. 汽车销售者承诺向消费者出售没有使用或维修过的新车，消费者购买后发现系使用或维修过的汽车，销售者不能证明已履行告知义务且得到消费者认可的，构成销售欺诈，消费者要求销售者按照消费者权益保护法赔偿损失的，人民法院应予支持。

指导案例 23 号：孙银山诉南京欧尚超市有限公司江宁店买卖合同纠纷案

（最高人民法院审判委员会讨论通过　2014 年 1 月 26 日发布）

来源：最高人民法院关于发布第六批指导性案例的通知

案号：（2012）江宁开民初字第 646 号

审理法院：江苏省南京市江宁区人民法院

审结日期：2012.09.10

标签：食品买卖合同

【关键词】

民事　买卖合同　食品安全　十倍赔偿

【裁判要点】

消费者购买到不符合食品安全标准的食品，要求销售者或者生产者依照食品安全法规定支付价款十倍赔偿金或者依照法律规定的其他赔偿标准赔偿的，不论其购买时是否明知食品不符合安全标准，人民法院都应予支持。

5 房屋买卖合同纠纷指导性案例（1例）

指导案例72号：汤龙、刘新龙、马忠太、王洪刚诉新疆鄂尔多斯彦海房地产开发有限公司商品房买卖合同纠纷案

（最高人民法院审判委员会讨论通过　2016年12月28日发布）

来源：最高人民法院关于发布第15批指导性案例的通知

案号：（2015）民一终字第180号

审理法院：最高人民法院

审结日期：2015.10.08

标签：商品房买卖

【关键词】

民事　商品房买卖合同　借款合同　清偿债务　法律效力　审查

【裁判要点】

借款合同双方当事人经协商一致，终止借款合同关系，建立商品房买卖合同关系，将借款本金及利息转化为已付购房款并经对账清算的，不属于《中华人民共和国物权法》第一百八十六条规定禁止的情形，该商品房买卖合同的订立目的，亦不属于《最高人民法院关于审理民间借贷案件适用法律若干问题的规定》第二十四条规定的"作为民间借贷合同的担保"。在不存在《中华人民共和国合同法》第五十二条规定情形的情况下，该商品房买卖合同具有法律效力。但对转化为已付购房款的借款本金及利息数额，人民法院应当结合借款合同等证据予以审查，以防止当事人将超出法律规定保护限额的高额利息转化为已付购房款。

6 借款合同纠纷指导性案例（4例）

指导案例53号：福建海峡银行股份有限公司福州五一支行诉长乐亚新污水处理有限公司、福州市政工程有限公司金融借款合同纠纷案

（最高人民法院审判委员会讨论通过　2015年11月19日发布）

来源：最高人民法院关于发布第11批指导性案例的通知

案号：(2013) 闽民终字第 870 号

审理法院：福建省高级人民法院

审结日期：2013.09.17

标签：特许经营权质押

【关键词】

民事　金融借款合同　收益权质押　出质登记　质权实现

【裁判要点】

1. 特许经营权的收益权可以质押，并可作为应收账款进行出质登记。

2. 特许经营权的收益权依其性质不宜折价、拍卖或变卖，质权人主张优先受偿权的，人民法院可以判令出质债权的债务人将收益权的应收账款优先支付质权人。

指导案例 57 号：温州银行股份有限公司宁波分行诉浙江创菱电器有限公司等金融借款合同纠纷案

(最高人民法院审判委员会讨论通过　2016 年 5 月 20 日发布)

来源：最高人民法院关于发布第 12 批指导性案例的通知

案号：(2014) 浙甬商终字第 369 号

审理法院：浙江省宁波市中级人民法院

审结日期：2014.05.14

标签：最高额担保

【关键词】

民事　金融借款合同　最高额担保

【裁判要点】

在有数份最高额担保合同情形下，具体贷款合同中选择性列明部分最高额担保合同，如债务发生在最高额担保合同约定的决算期内，且债权人未明示放弃担保权利，未列明的最高额担保合同的担保人也应当在最高债权限额内承担担保责任。

指导案例 68 号：上海欧宝生物科技有限公司诉辽宁特莱维置业发展有限公司企业借贷纠纷案

（最高人民法院审判委员会讨论通过　2016 年 9 月 19 日发布）

来源：最高人民法院关于发布第 14 批指导性案例的通知

案号：(2015) 民二终字第 324 号

审理法院：最高人民法院第二巡回法庭

审结日期：2015.10.27

标签：虚假诉讼

【关键词】

　　民事诉讼　企业借贷　虚假诉讼

【裁判要点】

　　人民法院审理民事案件中发现存在虚假诉讼可能时，应当依职权调取相关证据，详细询问当事人，全面严格审查诉讼请求与相关证据之间是否存在矛盾，以及当事人诉讼中言行是否违背常理。经综合审查判断，当事人存在虚构事实、恶意串通、规避法律或国家政策以谋取非法利益，进行虚假民事诉讼情形的，应当依法予以制裁。

指导案例 95 号：中国工商银行股份有限公司宣城龙首支行诉宣城柏冠贸易有限公司、江苏凯盛置业有限公司等金融借款合同纠纷案

（最高人民法院审判委员会讨论通过　2018 年 6 月 20 日发布）

来源：最高人民法院关于发布第 18 批指导性案例的通知

案号：(2014) 皖民二终字第 00395 号

审理法院：安徽省高级人民法院

审结日期：2014.10.21

标签：最高额抵押权

【关键词】

　　民事　金融借款合同　担保　最高额抵押权

【裁判要点】

当事人另行达成协议将最高额抵押权设立前已经存在的债权转入该最高额抵押担保的债权范围，只要转入的债权数额仍在该最高额抵押担保的最高债权额限度内，即使未对该最高额抵押权办理变更登记手续，该最高额抵押权的效力仍然及于被转入的债权，但不得对第三人产生不利影响。

7 建设工程合同纠纷指导性案例（1 例）

指导案例 7 号：牡丹江市宏阁建筑安装有限责任公司诉牡丹江市华隆房地产开发有限责任公司、张继增建设工程施工合同纠纷案

（最高人民法院审判委员会讨论通过　2012 年 4 月 9 日发布）

来源：最高人民法院关于发布第二批指导性案例的通知

案号：（2011）民抗字第 29 号

审理法院：最高人民法院

审结日期：2011.07.06

标签：民事抗诉

【关键词】

民事诉讼　抗诉　申请撤诉　终结审查

【裁判要点】

人民法院接到民事抗诉书后，经审查发现案件纠纷已经解决，当事人申请撤诉，且不损害国家利益、社会公共利益或第三人利益的，应当依法作出对抗诉案终结审查的裁定；如果已裁定再审，应当依法作出终结再审诉讼的裁定。

8 运输合同纠纷指导性案例（1 例）

指导案例 51 号：阿卜杜勒·瓦希德诉中国东方航空股份有限公司航空旅客运输合同纠纷案

（最高人民法院审判委员会讨论通过　2015 年 4 月 15 日发布）

来源：最高人民法院关于发布第 10 批指导性案例的通知

案号：（2006）沪一中民一（民）终字第609号
审理法院：上海市第一中级人民法院
审结日期：2006.02.24
标签：航空旅客运输合同

【关键词】

民事　航空旅客运输合同　航班延误　告知义务　赔偿责任

【裁判要点】

1. 对航空旅客运输实际承运人提起的诉讼，可以选择对实际承运人或缔约承运人提起诉讼，也可以同时对实际承运人和缔约承运人提起诉讼。被诉承运人申请追加另一方承运人参加诉讼的，法院可以根据案件的实际情况决定是否准许。

2. 当不可抗力造成航班延误，致使航空公司不能将换乘其他航班的旅客按时运抵目的地时，航空公司有义务及时向换乘的旅客明确告知到达目的地后是否提供转签服务，以及在不能提供转签服务时旅客如何办理旅行手续。航空公司未履行该项义务，给换乘旅客造成损失的，应当承担赔偿责任。

3. 航空公司在打折机票上注明"不得退票，不得转签"，只是限制购买打折机票的旅客由于自身原因而不得退票和转签，不能据此剥夺旅客在支付票款后享有的乘坐航班按时抵达目的地的权利。

9 居间合同纠纷指导性案例（1例）

指导案例1号：上海中原物业顾问有限公司诉
陶德华居间合同纠纷案

（最高人民法院审判委员会讨论通过　2011年12月20日发布）

来源：最高人民法院关于发布第一批指导性案例的通知
案号：（2009）沪二中民二（民）终字第1508号
审理法院：上海市第二中级人民法院
审结日期：2009.09.04
标签：居间合同

【关键词】

民事　居间合同　二手房买卖　违约

【裁判要点】

房屋买卖居间合同中关于禁止买方利用中介公司提供的房源信息却绕开该中介公司与卖方签订房屋买卖合同的约定合法有效。但是，当卖方将同一房屋通过多个中介公司挂牌出售时，买方通过其他公众可以获知的正当途径获得相同房源信息的，买方有权选择报价低、服务好的中介公司促成房屋买卖合同成立，其行为并没有利用先前与之签约中介公司的房源信息，故不构成违约。

10 服务合同纠纷指导性案例（1例）

指导案例 64 号：刘超捷诉中国移动通信集团江苏有限公司徐州分公司电信服务合同纠纷案

（最高人民法院审判委员会讨论通过　2016年6月30日发布）

来源：最高人民法院关于发布第13批指导性案例的通知

案号：（2011）泉商初字第240号

审理法院：江苏省徐州市泉山区人民法院

审结日期：2011.06.16

标签：电信服务合同

【关键词】

民事　电信服务合同　告知义务　有效期限　违约

【裁判要点】

1. 经营者在格式合同中未明确规定对某项商品或服务的限制条件，且未能证明在订立合同时已将该限制条件明确告知消费者并获得消费者同意的，该限制条件对消费者不产生效力。

2. 电信服务企业在订立合同时未向消费者告知某项服务设定了有效期限限制，在合同履行中又以该项服务超过有效期限为由限制或停止对消费者服务的，构成违约，应当承担违约责任。

11 劳动、人事争议指导性案例（1例）

指导案例 18 号：中兴通讯（杭州）有限责任公司诉王鹏劳动合同纠纷案

（最高人民法院审判委员会讨论通过 2013 年 11 月 8 日发布）

来源：最高人民法院关于发布第五批指导性案例的通知

案号：（2011）杭滨民初字第 885 号

审理法院：浙江省杭州市滨江区人民法院

审结日期：2011.12.06

标签：劳动合同　末位淘汰

【关键词】

民事　劳动合同　单方解除

【裁判要点】

劳动者在用人单位等级考核中居于末位等次，不等同于"不能胜任工作"，不符合单方解除劳动合同的法定条件，用人单位不能据此单方解除劳动合同。

12 海事海商纠纷指导性案例（2例）

指导案例 31 号：江苏炜伦航运股份有限公司诉米拉达玫瑰公司船舶碰撞损害赔偿纠纷案

（最高人民法院审判委员会讨论通过 2014 年 6 月 23 日发布）

来源：最高人民法院关于发布第七批指导性案例的通知

案号：（2010）沪海法海初字第 24 号

审理法院：上海海事法院

审结日期：2011.09.20

标签：船舶碰撞损害责任

【关键词】

民事　船舶碰撞损害赔偿　合意违反航行规则　责任认定

【裁判要点】

航行过程中，当事船舶协商不以《1972年国际海上避碰规则》确立的规则交会，发生碰撞事故后，双方约定的内容以及当事船舶在发生碰撞事故时违反约定的情形，不应作为人民法院判定双方责任的主要依据，仍应当以前述规则为准据，在综合分析紧迫局面形成原因、当事船舶双方过错程度及处置措施恰当与否的基础上，对事故责任作出认定。

指导案例52号：海南丰海粮油工业有限公司诉中国人民财产保险股份有限公司海南省分公司海上货物运输保险合同纠纷案

（最高人民法院审判委员会讨论通过　2015年4月15日发布）

来源：最高人民法院关于发布第10批指导性案例的通知

案号：(2003) 民四提字第5号

审理法院：最高人民法院

审结日期：2004.07.13

标签：海上货物运输保险

【关键词】

民事　海事　海上货物运输保险合同　一切险　外来原因

【裁判要点】

海上货物运输保险合同中的"一切险"，除包括平安险和水渍险的各项责任外，还包括被保险货物在运输途中由于外来原因所致的全部或部分损失。在被保险人不存在故意或者过失的情况下，由于相关保险合同中除外责任条款所列明情形之外的其他原因，造成被保险货物损失的，可以认定属于导致被保险货物损失的"外来原因"，保险人应当承担运输途中由该外来原因所致的一切损失。

13 与公司有关的民事纠纷指导性案例（4例）

指导案例8号：林方清诉常熟市凯莱实业有限公司、戴小明公司解散纠纷案

（最高人民法院审判委员会讨论通过　2012年4月9日发布）

来源：最高人民法院关于发布第二批指导性案例的通知

案号：(2010) 苏商终字第0043号
审理法院：江苏省高级人民法院
审结日期：2010.10.19
标签：公司解散

【关键词】

民事　公司解散　经营管理严重困难　公司僵局

【裁判要点】

《中华人民共和国公司法》第一百八十三条将"公司经营管理发生严重困难"作为股东提起解散公司之诉的条件之一。判断"公司经营管理是否发生严重困难"，应从公司组织机构的运行状态进行综合分析。公司虽处于盈利状态，但其股东会机制长期失灵，内部管理有严重障碍，已陷入僵局状态，可以认定为公司经营管理发生严重困难。对于符合《中华人民共和国公司法》及相关司法解释规定的其他条件的，人民法院可以依法判决公司解散。

指导案例10号：李建军诉上海佳动力环保科技有限公司公司决议撤销纠纷案

（最高人民法院审判委员会讨论通过　2012年9月18日发布）

来源：最高人民法院关于发布第三批指导性案例的通知
案号：(2010) 沪二中民四（商）终字第436号
审理法院：上海市第二中级人民法院
审结日期：2010.06.04
标签：公司决议撤销

【关键词】

民事　公司决议撤销　司法审查范围

【裁判要点】

人民法院在审理公司决议撤销纠纷案件中应当审查：会议召集程序、表决方式是否违反法律、行政法规或者公司章程，以及决议内容是否违反公司章程。在未违反上述规定的前提下，解聘总经理职务的决议所依据的事实是否属实，理由是否成立，不属于司法审查范围。

指导案例67号：汤长龙诉周士海股权转让纠纷案

（最高人民法院审判委员会讨论通过　2016年9月19日发布）

来源：最高人民法院关于发布第14批指导性案例的通知

案号：（2015）民申字第2532号

审理法院：最高人民法院

审结日期：2015.10.26

标签：股权转让

【关键词】

民事　股权转让　分期付款　合同解除

【裁判要点】

有限责任公司的股权分期支付转让款中发生股权受让人延迟或者拒付等违约情形，股权转让人要求解除双方签订的股权转让合同的，不适用《中华人民共和国合同法》第一百六十七条关于分期付款买卖中出卖人在买受人未支付到期价款的金额达到合同全部价款的五分之一时即可解除合同的规定。

指导案例96号：宋文军诉西安市大华餐饮有限公司股东资格确认纠纷案

（最高人民法院审判委员会讨论通过　2018年6月20日发布）

来源：最高人民法院关于发布第18批指导性案例的通知

案号：（2014）陕民二申字第00215号

审理法院：陕西省高级人民法院

审结日期：2015.03.25

标签：股权转让限制

【关键词】

民事　股东资格确认　初始章程　股权转让限制　回购

【裁判要点】

国有企业改制为有限责任公司，其初始章程对股权转让进行限制，明确约定公司回购条款，只要不违反公司法等法律强制性规定，可认定为有效。有限责任公司按照初始章程约定，支付合理对价回购股东股权，且通过转让给其他股东等方式进行合理处置的，人民法院应予支持。

14 与破产有关的民事纠纷指导性案例（1例）

指导案例73号：通州建总集团有限公司诉安徽天宇化工有限公司别除权纠纷案

（最高人民法院审判委员会讨论通过　2016年12月28日发布）

来源：最高人民法院关于发布第15批指导性案例的通知

案号：（2014）皖民一终字第00054号

审理法院：安徽省高级人民法院

审结日期：2014.07.14

标签：别除权

【关键词】

民事　别除权　优先受偿权　行使期限　起算点

【裁判要点】

符合《中华人民共和国破产法》第十八条规定的情形，建设工程施工合同视为解除的，承包人行使优先受偿权的期限应自合同解除之日起计算。

15 保险纠纷指导性案例（2例）

指导案例25号：华泰财产保险有限公司北京分公司诉李志贵、天安财产保险股份有限公司河北省分公司张家口支公司保险人代位求偿权纠纷案

（最高人民法院审判委员会讨论通过　2014年1月26日发布）

来源：最高人民法院关于发布第六批指导性案例的通知

案号：（2012）东民初字第13663号

审理法院：北京市东城区人民法院

审结日期：2012.12.17

标签：保险人代位求偿

【关键词】

民事诉讼 保险人代位求偿 管辖

【裁判要点】

因第三者对保险标的的损害造成保险事故，保险人向被保险人赔偿保险金后，代位行使被保险人对第三者请求赔偿的权利而提起诉讼的，应当根据保险人所代位的被保险人与第三者之间的法律关系，而不应当根据保险合同法律关系确定管辖法院。第三者侵害被保险人合法权益的，由侵权行为地或者被告住所地法院管辖。

指导案例 74 号：中国平安财产保险股份有限公司江苏分公司诉江苏镇江安装集团有限公司保险人代位求偿权纠纷案

（最高人民法院审判委员会讨论通过　2016 年 12 月 28 日发布）

来源：最高人民法院关于发布第 15 批指导性案例的通知

案号：（2012）苏商再提字第 0035 号

审理法院：江苏省高级人民法院

审结日期：2014.05.30

标签：保险代位求偿权

【关键词】

民事 保险代位求偿权 财产保险合同 第三者对保险标的的损害 违约行为

【裁判要点】

因第三者的违约行为给被保险人的保险标的造成损害的，可以认定为属于《中华人民共和国保险法》第六十条第一款规定的"第三者对保险标的的损害"的情形。保险人由此依法向第三者行使代位求偿权的，人民法院应予支持。

16 侵权责任纠纷指导性案例（6 例）

指导案例 19 号：赵春明等诉烟台市福山区汽车运输公司、卫德平等机动车交通事故责任纠纷案

（最高人民法院审判委员会讨论通过　2013 年 11 月 8 日发布）

来源：最高人民法院关于发布第五批指导性案例的通知

案号：（2010）沪二中民一（民）终字第 1353 号

审理法院：上海市第二中级人民法院

审结日期：2010.08.05

标签：机动车交通事故

【关键词】

　　民事　机动车交通事故　责任　套牌　连带责任

【裁判要点】

　　机动车所有人或者管理人将机动车号牌出借他人套牌使用，或者明知他人套牌使用其机动车号牌不予制止，套牌机动车发生交通事故造成他人损害的，机动车所有人或者管理人应当与套牌机动车所有人或者管理人承担连带责任。

指导案例 24 号：荣宝英诉王阳、永诚财产保险股份有限公司江阴支公司机动车交通事故责任纠纷案

（最高人民法院审判委员会讨论通过　2014 年 1 月 26 日发布）

来源：最高人民法院关于发布第六批指导性案例的通知

案号：（2013）锡民终字第 497 号

审理法院：江苏省无锡市中级人民法院

审结日期：2013.06.21

标签：机动车交通事故

【关键词】

　　民事　交通事故　过错责任

【裁判要点】

交通事故的受害人没有过错，其体质状况对损害后果的影响不属于可以减轻侵权人责任的法定情形。

指导案例 56 号：韩凤彬诉内蒙古九郡药业有限责任公司等产品责任纠纷管辖权异议案

（最高人民法院审判委员会讨论通过　2015 年 11 月 19 日发布）

来源：最高人民法院关于发布第 11 批指导性案例的通知

案号：（2013）民再申字第 27 号

审理法院：最高人民法院

审结日期：2013.03.27

标签：管辖权异议

【关键词】

民事诉讼　管辖异议　再审期间

【裁判要点】

当事人在一审提交答辩状期间未提出管辖异议，在二审或者再审发回重审时提出管辖异议的，人民法院不予审查。

指导案例 75 号：中国生物多样性保护与绿色发展基金会诉宁夏瑞泰科技股份有限公司环境污染公益诉讼案

（最高人民法院审判委员会讨论通过　2016 年 12 月 28 日发布）

来源：最高人民法院关于发布第 15 批指导性案例的通知

案号：（2016）最高法民再 47 号

审理法院：最高人民法院

审结日期：2016.01.28

标签：环境污染公益诉讼

【关键词】

民事　环境污染公益诉讼　专门从事环境保护公益活动的社会组织

【裁判要点】

1. 社会组织的章程虽未载明维护环境公共利益，但工作内容属于保护环境要素及生态系统的，应认定符合《最高人民法院关于审理环境民事公益诉讼案件适用法律若干问题的解释》（以下简称《解释》）第四条关于"社会组织章程确定的宗旨和主要业务范围是维护社会公共利益"的规定。

2. 《解释》第四条规定的"环境保护公益活动"，既包括直接改善生态环境的行为，也包括与环境保护相关的有利于完善环境治理体系、提高环境治理能力、促进全社会形成环境保护广泛共识的活动。

3. 社会组织起诉的事项与其宗旨和业务范围具有对应关系，或者与其所保护的环境要素及生态系统具有一定联系的，应认定符合《解释》第四条关于"与其宗旨和业务范围具有关联性"的规定。

指导案例98号：张庆福、张殿凯诉朱振彪生命权纠纷案

（最高人民法院审判委员会讨论通过　2018年12月19日发布）

来源：最高人民法院关于发布第19批指导性案例的通知

案号：（2018）冀02民终2730号

审理法院：河北省唐山市中级人民法院

审结日期：2018.02.28

标签：见义勇为

【关键词】

　　民事　生命权　见义勇为

【裁判要点】

　　行为人非因法定职责、法定义务或约定义务，为保护国家、社会公共利益或者他人的人身、财产安全，实施阻止不法侵害者逃逸的行为，人民法院可以认定为见义勇为。

指导案例99号：葛长生诉洪振快名誉权、荣誉权纠纷案

（最高人民法院审判委员会讨论通过　2018年12月19日发布）

来源：最高人民法院关于发布第19批指导性案例的通知

案号：（2016）京02民终6272号
审理法院：北京市第二中级人民法院
审结日期：2016.08.15
标签：英雄烈士名誉、荣誉

【关键词】

民事　名誉权　荣誉权　英雄烈士　社会公共利益

【裁判要点】

1. 对侵害英雄烈士名誉、荣誉等行为，英雄烈士的近亲属依法向人民法院提起诉讼的，人民法院应予受理。

2. 英雄烈士事迹和精神是中华民族的共同历史记忆和社会主义核心价值观的重要体现，英雄烈士的名誉、荣誉等受法律保护。人民法院审理侵害英雄烈士名誉、荣誉等案件，不仅要依法保护相关个人权益，还应发挥司法彰显公共价值功能，维护社会公共利益。

3. 任何组织和个人以细节考据、观点争鸣等名义对英雄烈士的事迹和精神进行污蔑和贬损，属于歪曲、丑化、亵渎、否定英雄烈士事迹和精神的行为，应当依法承担法律责任。

17 适用特殊程序指导性案例（2例）

指导案例16号：中海发展股份有限公司货轮公司申请设立海事赔偿责任限制基金案

（最高人民法院审判委员会讨论通过　2013年1月31日发布）

来源：最高人民法院关于发布第四批指导性案例的通知
案号：（2009）沪高民四（海）限字第1号
审理法院：上海市高级人民法院
审结日期：2009.07.27
标签：海事赔偿责任限制基金

【关键词】

海事诉讼　海事赔偿责任限制基金　海事赔偿责任限额计算

【裁判要点】

1. 对于申请设立海事赔偿责任限制基金的，法院仅就申请人主体资格、事故所涉及的债权性质和申请设立基金的数额进行程序性审查。有关申请人实体上应否享有海事赔偿责任限制,以及事故所涉债权除限制性债权外是否同时存在其他非限制性债权等问题,不影响法院依法作出准予设立海事赔偿责任限制基金的裁定。

2.《中华人民共和国海商法》第二百一十条第二款规定的"从事中华人民共和国港口之间的运输的船舶",应理解为发生海事事故航次正在从事中华人民共和国港口之间运输的船舶。

指导案例54号:中国农业发展银行安徽省分行诉张大标、安徽长江融资担保集团有限公司执行异议之诉纠纷案

(最高人民法院审判委员会讨论通过 2015年11月19日发布)

来源:最高人民法院关于发布第11批指导性案例的通知
案号:(2013)皖民二终字第00261号
审理法院:安徽省高级人民法院
审结日期:2013.11.19
标签:保证金账户

【关键词】

民事 执行异议之诉 金钱质押 特定化 移交占有

【裁判要点】

当事人依约为出质的金钱开立保证金专门账户,且质权人取得对该专门账户的占有控制权,符合金钱特定化和移交占有的要求,即使该账户内资金余额发生浮动,也不影响该金钱质权的设立。

三、知识产权指导性案例

1 著作权权属、侵权纠纷指导性案例（4例）

指导案例48号：北京精雕科技有限公司诉上海奈凯电子科技有限公司侵害计算机软件著作权纠纷案

（最高人民法院审判委员会讨论通过　2015年4月15日发布）

来源：最高人民法院关于发布第10批指导性案例的通知

案号：(2006) 沪高民三 (知) 终字第110号

审理法院：上海市高级人民法院

审结日期：2006.12.13

标签：计算机软件著作权

【关键词】

民事　侵害计算机软件著作权　捆绑销售　技术保护措施　权利滥用

【裁判要点】

计算机软件著作权人为实现软件与机器的捆绑销售，将软件运行的输出数据设定为特定文件格式，以限制其他竞争者的机器读取以该特定文件格式保存的数据，从而将其在软件上的竞争优势扩展到机器，不属于著作权法所规定的著作权人为保护其软件著作权而采取的技术措施。他人研发软件读取其设定的特定文件格式的，不构成侵害计算机软件著作权。

指导案例49号：石鸿林诉泰州华仁电子资讯有限公司侵害计算机软件著作权纠纷案

（最高人民法院审判委员会讨论通过　2015年4月15日发布）

来源：最高人民法院关于发布第10批指导性案例的通知

案号：(2007) 苏民三终字第0018号

审理法院：江苏省高级人民法院

审结日期：2007.12.17

标签：计算机软件著作权

【关键词】

民事　侵害计算机软件著作权　举证责任　侵权对比　缺陷性特征

【裁判要点】

在被告拒绝提供被控侵权软件的源程序或者目标程序,且由于技术上的限制,无法从被控侵权产品中直接读出目标程序的情形下,如果原、被告软件在设计缺陷方面基本相同,而被告又无正当理由拒绝提供其软件源程序或者目标程序以供直接比对,则考虑到原告的客观举证难度,可以判定原、被告计算机软件构成实质性相同,由被告承担侵权责任。

指导案例 80 号:洪福远、邓春香诉贵州五福坊食品有限公司、贵州今彩民族文化研发有限公司著作权侵权纠纷案

(最高人民法院审判委员会讨论通过　2017 年 3 月 6 日发布)

来源:最高人民法院关于发布第 16 批指导性案例的通知

案号:(2015)筑知民初字第 17 号

审理法院:贵州省贵阳市中级人民法院

审结日期:2015.09.18

标签:民间文学艺术衍生作品

【关键词】

民事　著作权侵权　民间文学艺术衍生作品

【裁判要点】

民间文学艺术衍生作品的表达系独立完成且有创作性的部分,符合著作权法保护的作品特征的,应当认定作者对其独创性部分享有著作权。

指导案例 81 号:张晓燕诉雷献和、赵琪、山东爱书人音像图书有限公司著作权侵权纠纷案

(最高人民法院审判委员会讨论通过　2017 年 3 月 6 日发布)

来源:最高人民法院关于发布第 16 批指导性案例的通知

案号:(2013)民申字第 1049 号

审理法院：最高人民法院

审结日期：2014.11.28

标签：影视作品

【关键词】

民事　著作权侵权　影视作品　历史题材　实质相似

【裁判要点】

1. 根据同一历史题材创作的作品中的题材主线、整体线索脉络，是社会共同财富，属于思想范畴，不能为个别人垄断，任何人都有权对此类题材加以利用并创作作品。

2. 判断作品是否构成侵权，应当从被诉侵权作品作者是否接触过权利人作品、被诉侵权作品与权利人作品之间是否构成实质相似等方面进行。在判断是否构成实质相似时，应比较作者在作品表达中的取舍、选择、安排、设计等是否相同或相似，不应从思想、情感、创意、对象等方面进行比较。

3. 按照著作权法保护作品的规定，人民法院应保护作者具有独创性的表达，即思想或情感的表现形式。对创意、素材、公有领域信息、创作形式、必要场景，以及具有唯一性或有限性的表达形式，则不予保护。

2 商标权权属、侵权纠纷指导性案例（4例）

指导案例 30 号：兰建军、杭州小拇指汽车维修科技股份有限公司诉天津市小拇指汽车维修服务有限公司等侵害商标权及不正当竞争纠纷案

（最高人民法院审判委员会讨论通过　2014 年 6 月 26 日发布）

来源：最高人民法院关于发布第七批指导性案例的通知

案号：（2012）津高民三终字第 0046 号

审理法院：天津市高级人民法院

审结日期：2013.02.19

标签：侵害商标权

【关键词】

民事　侵害商标权　不正当竞争　竞争关系

【裁判要点】

1. 经营者是否具有超越法定经营范围而违反行政许可法律法规的行为，不影响其依法行使制止商标侵权和不正当竞争的民事权利。

2. 反不正当竞争法并未限制经营者之间必须具有直接的竞争关系，也没有要求其从事相同行业。经营者之间具有间接竞争关系，行为人违背反不正当竞争法的规定，损害其他经营者合法权益的，也应当认定为不正当竞争行为。

指导案例 46 号：山东鲁锦实业有限公司诉鄄城县鲁锦工艺品有限责任公司、济宁礼之邦家纺有限公司侵害商标权及不正当竞争纠纷案

（最高人民法院审判委员会讨论通过 2015 年 4 月 15 日发布）

来源：最高人民法院关于发布第 10 批指导性案例的通知

案号：（2009）鲁民三终字第 34 号

审理法院：山东省高级人民法院

审结日期：2009.08.05

标签：商品通用名称

【关键词】

民事　商标侵权　不正当竞争　商品通用名称

【裁判要点】

判断具有地域性特点的商品通用名称，应当注意从以下方面综合分析：（1）该名称在某一地区或领域约定俗成，长期普遍使用并为相关公众认可；（2）该名称所指代的商品生产工艺经某一地区或领域群众长期共同劳动实践而形成；（3）该名称所指代的商品生产原料在某一地区或领域普遍生产。

指导案例 58 号：成都同德福合川桃片有限公司诉重庆市合川区同德福桃片有限公司、余晓华侵害商标权及不正当竞争纠纷案

（最高人民法院审判委员会讨论通过 2016 年 5 月 20 日发布）

来源：最高人民法院关于发布第 12 批指导性案例的通知

案号：（2013）渝高法民终字 00292 号

审理法院：重庆市高级人民法院

审结日期：2013.12.17

标签：老字号

【关键词】

民事　侵害商标权　不正当竞争　老字号　虚假宣传

【裁判要点】

1. 与"老字号"无历史渊源的个人或企业将"老字号"或与其近似的字号注册为商标后，以"老字号"的历史进行宣传的，应认定为虚假宣传，构成不正当竞争。

2. 与"老字号"具有历史渊源的个人或企业在未违反诚实信用原则的前提下，将"老字号"注册为个体工商户字号或企业名称，未引人误认且未突出使用该字号的，不构成不正当竞争或侵犯注册商标专用权。

指导案例82号：王碎永诉深圳歌力思服饰股份有限公司、杭州银泰世纪百货有限公司侵害商标权纠纷案

（最高人民法院审判委员会讨论通过　2017年3月6日发布）

来源：最高人民法院关于发布第16批指导性案例的通知

案号：(2014)民提字第24号

审理法院：最高人民法院

审结日期：2014.08.14

标签：侵害商标权

【关键词】

民事　侵害商标权　诚实信用　权利滥用

【裁判要点】

当事人违反诚实信用原则，损害他人合法权益，扰乱市场正当竞争秩序，恶意取得、行使商标权并主张他人侵权的，人民法院应当以构成权利滥用为由，判决对其诉讼请求不予支持。

3 专利权权属、侵权纠纷指导性案例（5例）

指导案例20号：深圳市斯瑞曼精细化工有限公司诉深圳市坑梓自来水有限公司、深圳市康泰蓝水处理设备有限公司侵害发明专利权纠纷案

（最高人民法院审判委员会讨论通过 2013年11月8日发布）

来源：最高人民法院关于发布第五批指导性案例的通知

案号：（2011）民提字第259号

审理法院：最高人民法院

审结日期：2011.12.20

标签：侵害发明专利权

【关键词】

民事 知识产权 侵害 发明专利权 临时保护期 后续行为

【裁判要点】

在发明专利申请公布后至专利权授予前的临时保护期内制造、销售、进口的被诉专利侵权产品不为专利法禁止的情况下，其后续的使用、许诺销售、销售，即使未经专利权人许可，也不视为侵害专利权，但专利权人可以依法要求临时保护期内实施其发明的单位或者个人支付适当的费用。

指导案例55号：柏万清诉成都难寻物品营销服务中心等侵害实用新型专利权纠纷案

（最高人民法院审判委员会讨论通过 2015年11月19日发布）

来源：最高人民法院关于发布第11批指导性案例的通知

案号：（2012）民申字第1544号

审理法院：最高人民法院

审结日期：2012.12.28

标签：侵害实用新型专利权

【关键词】

民事 侵害实用新型专利权 保护范围 技术术语 侵权对比

【裁判要点】

专利权的保护范围应当清楚，如果实用新型专利权的权利要求书的表述存在明显瑕疵，结合涉案专利说明书、附图、本领域的公知常识及相关现有技术等，不能确定权利要求中技术术语的具体含义而导致专利权的保护范围明显不清，则因无法将其与被诉侵权技术方案进行有实质意义的侵权对比，从而不能认定被诉侵权技术方案构成侵权。

指导案例83号：威海嘉易烤生活家电有限公司诉永康市金仕德工贸有限公司、浙江天猫网络有限公司侵害发明专利权纠纷案

（最高人民法院审判委员会讨论通过　2017年3月6日发布）

来源：最高人民法院关于发布第16批指导性案例的通知

案号：（2015）浙知终字第186号

审理法院：浙江省高级人民法院

审结日期：2015.11.17

标签：侵害发明专利权

【关键词】

民事　侵害发明专利权　有效通知　必要措施　网络服务提供者　连带责任

【裁判要点】

1. 网络用户利用网络服务实施侵权行为，被侵权人依据侵权责任法向网络服务提供者所发出的要求其采取必要措施的通知，包含被侵权人身份情况、权属凭证、侵权人网络地址、侵权事实初步证据等内容的，即属有效通知。网络服务提供者自行设定的投诉规则，不得影响权利人依法维护其自身合法权利。

2.《中华人民共和国侵权责任法》第三十六条第二款所规定的网络服务提供者接到通知后所应采取的必要措施包括但并不限于删除、屏蔽、断开链接。"必要措施"应遵循审慎、合理的原则，根据所侵害权利的性质、侵权的具体情形和技术条件等来加以综合确定。

指导案例84号：礼来公司诉常州华生制药有限公司侵害发明专利权纠纷案

（最高人民法院审判委员会讨论通过　2017年3月6日发布）

来源：最高人民法院关于发布第16批指导性案例的通知

案号：（2015）民三终字第1号
审理法院：最高人民法院
审结日期：2016.05.31
标签：侵害发明专利权

【关键词】

民事　侵害发明专利权　药品制备方法发明专利　保护范围　技术调查官　被诉侵权药品制备工艺查明

【裁判要点】

1. 药品制备方法专利侵权纠纷中，在无其他相反证据情形下，应当推定被诉侵权药品在药监部门的备案工艺为其实际制备工艺；有证据证明被诉侵权药品备案工艺不真实的，应当充分审查被诉侵权药品的技术来源、生产规程、批生产记录、备案文件等证据，依法确定被诉侵权药品的实际制备工艺。

2. 对于被诉侵权药品制备工艺等复杂的技术事实，可以综合运用技术调查官、专家辅助人、司法鉴定以及科技专家咨询等多种途径进行查明。

指导案例85号：高仪股份公司诉浙江健龙卫浴有限公司侵害外观设计专利权纠纷案

（最高人民法院审判委员会讨论通过　2017年3月6日发布）

来源：最高人民法院关于发布第16批指导性案例的通知
案号：（2015）民提字第23号
审理法院：最高人民法院
审结日期：2015.08.11
标签：侵害外观设计专利

【关键词】

民事　侵害外观设计专利　设计特征　功能性特征　整体视觉效果

【裁判要点】

1. 授权外观设计的设计特征体现了其不同于现有设计的创新内容，也体现了设计人对现有设计的创造性贡献。如果被诉侵权设计未包含授权外观设计区别于现有设计的全部设计特征，一般可以推定被诉侵权设计与授权外观设计不近似。

2. 对设计特征的认定，应当由专利权人对其所主张的设计特征进行举证。人民法院在听取各方当事人质证意见基础上，对证据进行充分审查，依法确定授权外观设计的设计特征。

3. 对功能性设计特征的认定，取决于外观设计产品的一般消费者看来该设计是否仅仅由特定功能所决定，而不需要考虑该设计是否具有美感。功能性设计特征对于外观设计的整体视觉效果不具有显著影响。功能性与装饰性兼具的设计特征对整体视觉效果的影响需要考虑其装饰性的强弱，装饰性越强，对整体视觉效果的影响越大，反之则越小。

4 植物新品种权权属、侵权纠纷指导性案例（3例）

指导案例86号：天津天隆种业科技有限公司与江苏徐农种业科技有限公司侵害植物新品种权纠纷案

（最高人民法院审判委员会讨论通过　2017年3月6日发布）

来源：最高人民法院关于发布第16批指导性案例的通知
案号：（2011）苏知民终字第0194号、（2012）苏知民终字第0055号
审理法院：江苏省高级人民法院
审结日期：2013.12.29
标签：侵害植物新品种权

【关键词】

民事　侵害植物新品种权　相互授权许可

【裁判要点】

分别持有植物新品种父本与母本的双方当事人，因不能达成相互授权许可协议，导致植物新品种不能继续生产，损害双方各自利益，也不符合合作育种的目的。为维护社会公共利益，保障国家粮食安全，促进植物新品种转化实施，确保已广为种植的新品种继续生产，在衡量父本与母本对植物新品种生产具有基本相同价值基础上，人民法院可以直接判令双方当事人相互授权许可并相互免除相应的许可费。

指导案例92号：莱州市金海种业有限公司诉张掖市富凯农业科技有限责任公司侵犯植物新品种权纠纷案

（最高人民法院审判委员会讨论通过 2017年11月15日发布）

来源：最高人民法院关于发布第17批指导性案例的通知

案号：(2013) 甘民三终字第63号

审理法院：甘肃省高级人民法院

审结日期：2014.09.17

标签：侵犯植物新品种权

【关键词】

民事　侵犯植物新品种权　玉米品种鉴定　DNA指纹检测　近似品种　举证责任

【裁判要点】

依据中华人民共和国农业行业标准《玉米品种鉴定DNA指纹方法》NY/T1432—2007检测及判定标准的规定，品种间差异位点数等于1，判定为近似品种；品种间差异位点数大于等于2，判定为不同品种。品种间差异位点数等于1，不足以认定不是同一品种。对差异位点数在两个以下的，应当综合其他因素判定是否为不同品种，如可采取扩大检测位点进行加测，以及提交审定样品进行测定等，举证责任由被诉侵权一方承担。

指导案例100号：山东登海先锋种业有限公司诉陕西农丰种业有限责任公司、山西大丰种业有限公司侵害植物新品种权纠纷案

（最高人民法院审判委员会讨论通过 2018年12月19日发布）

来源：最高人民法院关于发布第19批指导性案例的通知

案号：(2015) 民申字第2633号

审理法院：最高人民法院

审结日期：2015.12.11

标签：侵害植物新品种权

【关键词】

民事　侵害植物新品种权　特征特性　DNA指纹鉴定　DUS测试报告　特异性

【裁判要点】

判断被诉侵权繁殖材料的特征特性与授权品种的特征特性相同是认定构成侵害植物新品种权的前提。当 DNA 指纹鉴定意见为两者相同或相近似时，被诉侵权方提交 DUS 测试报告证明通过田间种植，被控侵权品种与授权品种对比具有特异性，应当认定不构成侵害植物新品种权。

5 不正当竞争纠纷指导性案例（6 例）

指导案例 29 号：天津中国青年旅行社诉天津国青国际旅行社擅自使用他人企业名称纠纷案

（最高人民法院审判委员会讨论通过　2014 年 6 月 26 日发布）

来源：最高人民法院关于发布第七批指导性案例的通知

案号：（2012）津高民三终字第 3 号

审理法院：天津市高级人民法院

审结日期：2012.03.20

标签：擅用他人企业名称

【关键词】

民事　不正当竞争　擅用他人企业名称

【裁判要点】

1. 对于企业长期、广泛对外使用，具有一定市场知名度、为相关公众所知悉，已实际具有商号作用的企业名称简称，可以视为企业名称予以保护。

2. 擅自将他人已实际具有商号作用的企业名称简称作为商业活动中互联网竞价排名关键词，使相关公众产生混淆误认的，属于不正当竞争行为。

指导案例 30 号：兰建军、杭州小拇指汽车维修科技股份有限公司诉天津市小拇指汽车维修服务有限公司等侵害商标权及不正当竞争纠纷案

（最高人民法院审判委员会讨论通过　2014 年 6 月 26 日发布）

来源：最高人民法院关于发布第七批指导性案例的通知

案号：（2012）津高民三终字第0046号

审理法院：天津市高级人民法院

审结日期：2013.02.19

标签：不正当竞争

【关键词】

民事　侵害商标权　不正当竞争　竞争关系

【裁判要点】

1. 经营者是否具有超越法定经营范围而违反行政许可法律法规的行为，不影响其依法行使制止商标侵权和不正当竞争的民事权利。

2. 反不正当竞争法并未限制经营者之间必须具有直接的竞争关系，也没有要求其从事相同行业。经营者之间具有间接竞争关系，行为人违背反不正当竞争法的规定，损害其他经营者合法权益的，也应当认定为不正当竞争行为。

指导案例45号：北京百度网讯科技有限公司诉青岛奥商网络技术有限公司等不正当竞争纠纷案

（最高人民法院审判委员会讨论通过　2015年4月15日发布）

来源：最高人民法院关于发布第10批指导性案例的通知

案号：（2010）鲁民三终字第5-2号

审理法院：山东省高级人民法院

审结日期：2010.03.20

标签：不正当竞争

【关键词】

民事　不正当竞争　网络服务　诚信原则

【裁判要点】

从事互联网服务的经营者，在其他经营者网站的搜索结果页面强行弹出广告的行为，违反诚实信用原则和公认商业道德，妨碍其他经营者正当经营并损害其合法权益，可以依照《中华人民共和国反不正当竞争法》第二条的原则性规定认定为不正当竞争。

指导案例 46 号：山东鲁锦实业有限公司诉鄄城县鲁锦工艺品有限责任公司、济宁礼之邦家纺有限公司侵害商标权及不正当竞争纠纷案

（最高人民法院审判委员会讨论通过　2015 年 4 月 15 日发布）

来源：最高人民法院关于发布第 10 批指导性案例的通知

案号：（2009）鲁民三终字第 34 号

审理法院：山东省高级人民法院

审结日期：2009.08.05

标签：商品通用名称

【关键词】

民事　商标侵权　不正当竞争　商品通用名称

【裁判要点】

判断具有地域性特点的商品通用名称，应当注意从以下方面综合分析：（1）该名称在某一地区或领域约定俗成，长期普遍使用并为相关公众认可；（2）该名称所指代的商品生产工艺经某一地区或领域群众长期共同劳动实践而形成；（3）该名称所指代的商品生产原料在某一地区或领域普遍生产。

指导案例 47 号：意大利费列罗公司诉蒙特莎（张家港）食品有限公司、天津经济技术开发区正元行销有限公司不正当竞争纠纷案

（最高人民法院审判委员会讨论通过　2015 年 4 月 15 日发布）

来源：最高人民法院关于发布第 10 批指导性案例的通知

案号：（2006）民三提字第 3 号

审理法院：最高人民法院

审结日期：2008.03.24

标签：不正当竞争

【关键词】

民事　不正当竞争　知名商品　特有包装、装潢

【裁判要点】

1. 反不正当竞争法所称的知名商品，是指在中国境内具有一定的市场知名度，为相关公众所知悉的商品。在国际上已知名的商品，我国对其特有的名称、包装、装潢的保护，仍应以其在中国境内为相关公众所知悉为必要。故认定该知名商品，应当结合该商品在中国境内的销售时间、销售区域、销售额和销售对象，进行宣传的持续时间、程度和地域范围，作为知名商品受保护的情况等因素，并适当考虑该商品在国外已知名的情况，进行综合判断。

2. 反不正当竞争法所保护的知名商品特有的包装、装潢，是指能够区别商品来源的盛装或者保护商品的容器等包装，以及在商品或者其包装上附加的文字、图案、色彩及其排列组合所构成的装潢。

3. 对他人能够区别商品来源的知名商品特有的包装、装潢，进行足以引起市场混淆、误认的全面模仿，属于不正当竞争行为。

指导案例 58 号：成都同德福合川桃片有限公司诉重庆市合川区同德福桃片有限公司、余晓华侵害商标权及不正当竞争纠纷案

（最高人民法院审判委员会讨论通过　2016 年 5 月 20 日发布）

来源：最高人民法院关于发布第 12 批指导性案例的通知

案号：(2013) 渝高法民终字第 00292 号

审理法院：重庆市高级人民法院

审结日期：2013.12.17

标签：老字号

【关键词】

民事　侵害商标权　不正当竞争　老字号　虚假宣传

【裁判要点】

1. 与"老字号"无历史渊源的个人或企业将"老字号"或与其近似的字号注册为商标后，以"老字号"的历史进行宣传的，应认定为虚假宣传，构成不正当竞争。

2. 与"老字号"具有历史渊源的个人或企业在未违反诚实信用原则的前提下，将"老字号"注册为个体工商户字号或企业名称，未引人误认且未突出使用该字号的，不构成不正当竞争或侵犯注册商标专用权。

6 垄断纠纷指导性案例（2例）

指导案例78号：北京奇虎科技有限公司诉腾讯科技（深圳）有限公司、深圳市腾讯计算机系统有限公司滥用市场支配地位纠纷案

（最高人民法院审判委员会讨论通过　2017年3月6日发布）

来源：最高人民法院关于发布第16批指导性案例的通知

案号：（2013）民三终字第4号

审理法院：最高人民法院

审结日期：2014.10.08

标签：滥用市场支配地位

【关键词】

民事　滥用市场支配地位　垄断　相关市场

【裁判要点】

1. 在反垄断案件的审理中，界定相关市场通常是重要的分析步骤。但是，能否明确界定相关市场取决于案件具体情况。在滥用市场支配地位的案件中，界定相关市场是评估经营者的市场力量及被诉垄断行为对竞争影响的工具，其本身并非目的。如果通过排除或者妨碍竞争的直接证据，能够对经营者的市场地位及被诉垄断行为的市场影响进行评估，则不需要在每一个滥用市场支配地位的案件中，都明确而清楚地界定相关市场。

2. 假定垄断者测试（HMT）是普遍适用的界定相关市场的分析思路。在实际运用时，假定垄断者测试可以通过价格上涨（SSNIP）或质量下降（SSNDQ）等方法进行。互联网即时通信服务的免费特征使用户具有较高的价格敏感度，采用价格上涨的测试方法将导致相关市场界定过宽，应当采用质量下降的假定垄断者测试进行定性分析。

3. 基于互联网即时通信服务低成本、高覆盖的特点，在界定其相关地域市场时，应当根据多数需求者选择商品的实际区域、法律法规的规定、境外竞争者的现状及进入相关地域市场的及时性等因素，进行综合评估。

4. 在互联网领域中，市场份额只是判断市场支配地位的一项比较粗糙且可能具有误导性的指标，其在认定市场支配力方面的地位和作用必须根据案件具体情况确定。

指导案例 79 号：吴小秦诉陕西广电网络传媒（集团）股份有限公司捆绑交易纠纷案

（最高人民法院审判委员会讨论通过 2017 年 3 月 6 日发布）

来源：最高人民法院关于发布第 16 批指导性案例的通知

案号：（2016）最高法民再 98 号

审理法院：最高人民法院

审结日期：2016.05.31

标签：捆绑交易

【关键词】

民事 捆绑交易 垄断 市场支配地位 搭售

【裁判要点】

1. 作为特定区域内唯一合法经营有线电视传输业务的经营者及电视节目集中播控者，在市场准入、市场份额、经营地位、经营规模等各要素上均具有优势，可以认定该经营者占有市场支配地位。

2. 经营者利用市场支配地位，将数字电视基本收视维护费和数字电视付费节目费捆绑在一起向消费者收取，侵害了消费者的消费选择权，不利于其他服务提供者进入数字电视服务市场。经营者即使存在两项服务分别收费的例外情形，也不足以否认其构成反垄断法所禁止的搭售。

四、行政指导性案例

1 行政处罚指导性案例（4例）

指导案例5号：鲁潍（福建）盐业进出口有限公司苏州分公司诉江苏省苏州市盐务管理局盐业行政处罚案

（最高人民法院审判委员会讨论通过 2012年4月9日发布）

来源：最高人民法院关于发布第二批指导性案例的通知

案号：（2009）金行初字第0027号

审理法院：江苏省苏州市金阊区人民法院

审结日期：2011.04.29

标签：行政许可 行政处罚

【关键词】

行政 行政许可 行政处罚 规章参照 盐业管理

【裁判要点】

1. 盐业管理的法律、行政法规没有设定工业盐准运证的行政许可，地方性法规或者地方政府规章不能设定工业盐准运证这一新的行政许可。

2. 盐业管理的法律、行政法规对盐业公司之外的其他企业经营盐的批发业务没有设定行政处罚，地方政府规章不能对该行为设定行政处罚。

3. 地方政府规章违反法律规定设定许可、处罚的，人民法院在行政审判中不予适用。

指导案例6号：黄泽富、何伯琼、何熠诉四川省成都市金堂工商行政管理局行政处罚案

（最高人民法院审判委员会讨论通过 2012年4月9日发布）

来源：最高人民法院关于发布第二批指导性案例的通知

案号：（2006）成行终字第228号

审理法院：四川省成都市中级人民法院

审结日期：2006.09.28

标签：行政处罚

【关键词】

行政诉讼　行政处罚　没收较大数额财产　听证程序

【裁判要点】

行政机关作出没收较大数额涉案财产的行政处罚决定时，未告知当事人有要求举行听证的权利或者未依法举行听证的，人民法院应当依法认定该行政处罚违反法定程序。

指导案例60号：盐城市奥康食品有限公司东台分公司诉盐城市东台工商行政管理局工商行政处罚案

（最高人民法院审判委员会讨论通过　2016年5月20日发布）

来源：最高人民法院关于发布第12批指导性案例的通知

案号：（2013）盐行终字第0032号

审理法院：江苏省盐城市中级人民法院

审结日期：2013.05.09

标签：行政处罚

【关键词】

行政　行政处罚　食品安全标准　食品标签　食品说明书

【裁判要点】

1. 食品经营者在食品标签、食品说明书上特别强调添加、含有一种或多种有价值、有特性的配料、成分，应标示所强调配料、成分的添加量或含量，未标示的，属于违反《中华人民共和国食品安全法》的行为，工商行政管理部门依法对其实施行政处罚的，人民法院应予支持。

2. 所谓"强调"，是指通过名称、色差、字体、字号、图形、排列顺序、文字说明、同一内容反复出现或多个内容都指向同一事物等形式进行着重标识。所谓"有价值、有特性的配料"，是指不同于一般配料的特殊配料，对人体有较高的营养作用，其市场价格、营养成分往往高于其他配料。

指导案例 90 号：贝汇丰诉海宁市公安局交通警察大队道路交通管理行政处罚案

（最高人民法院审判委员会讨论通过　2017 年 11 月 15 日发布）

来源：最高人民法院关于发布第 17 批指导性案例的通知

案号：（2015）浙嘉行终字第 52 号

审理法院：浙江省嘉兴市中级人民法院

审结日期：2015.09.10

标签：行政处罚

【关键词】

行政　行政处罚　机动车让行　正在通过人行横道

【裁判要点】

礼让行人是文明安全驾驶的基本要求。机动车驾驶人驾驶车辆行经人行横道，遇行人正在人行横道通行或者停留时，应当主动停车让行，除非行人明确示意机动车先通过。公安机关交通管理部门对不礼让行人的机动车驾驶人依法作出行政处罚的，人民法院应予支持。

② 行政确认指导性案例（3 例）

指导案例 40 号：孙立兴诉天津新技术产业园区劳动人事局工伤认定案

（最高人民法院审判委员会讨论通过　2014 年 12 月 25 日发布）

来源：最高人民法院关于发布第九批指导性案例的通知

案号：（2005）津高行终字第 0034 号

审理法院：天津市高级人民法院

审结日期：2005.07.11

标签：工伤认定

【关键词】

行政工伤认定　工作原因　工作场所　工作过失

【裁判要点】

1.《工伤保险条例》第十四条第一项规定的"因工作原因",是指职工受伤与其从事本职工作之间存在关联关系。

2.《工伤保险条例》第十四条第一项规定的"工作场所",是指与职工工作职责相关的场所,有多个工作场所的,还包括工作时间内职工来往于多个工作场所之间的合理区域。

3. 职工在从事本职工作中存在过失,不属于《工伤保险条例》第十六条规定的故意犯罪、醉酒或者吸毒、自残或者自杀情形,不影响工伤的认定。

指导案例 59 号：戴世华诉济南市公安消防支队消防验收纠纷案

（最高人民法院审判委员会讨论通过　2016 年 5 月 20 日发布）

来源：最高人民法院关于发布第 12 批指导性案例的通知

案号：(2012) 济行终字第 223 号

审理法院：山东省济南市中级人民法院

审结日期：2013.01.17

标签：消防验收

【关键词】

行政诉讼　受案范围　行政确认　消防验收　备案结果通知

【裁判要点】

建设工程消防验收备案结果通知含有消防竣工验收是否合格的评定,具有行政确认的性质,当事人对公安机关消防机构的消防验收备案结果通知行为提起行政诉讼的,人民法院应当依法予以受理。

指导案例 94 号：重庆市涪陵志大物业管理有限公司诉重庆市涪陵区人力资源和社会保障局劳动和社会保障行政确认案

（最高人民法院审判委员会讨论通过　2018 年 6 月 20 日发布）

来源：最高人民法院关于发布第 18 批指导性案例的通知

案号：(2013) 涪法行初字第00077号
审理法院：重庆市涪陵区人民法院
审结日期：2013.09.23
标签：见义勇为　工伤

【关键词】

行政　行政确认　视同工伤　见义勇为

【裁判要点】

职工见义勇为，为制止违法犯罪行为而受到伤害的，属于《工伤保险条例》第十五条第一款第二项规定的为维护公共利益受到伤害的情形，应当视同工伤。

3 行政许可指导性案例（3例）

指导案例38号：田永诉北京科技大学拒绝颁发毕业证、学位证案

（最高人民法院审判委员会讨论通过　2014年12月25日发布）

来源：最高人民法院关于发布第九批指导性案例的通知
案号：(1999) 一中行终字第73号
审理法院：北京市第一中级人民法院
审结日期：1999.04.26
标签：毕业证　学位证

【关键词】

行政诉讼　颁发证书　高等学校　受案范围　正当程序

【裁判要点】

1. 高等学校对受教育者因违反校规、校纪而拒绝颁发学历证书、学位证书，受教育者不服的，可以依法提起行政诉讼。

2. 高等学校依据违背国家法律、行政法规或规章的校规、校纪，对受教育者作出退学处理等决定的，人民法院不予支持。

3. 高等学校对因违反校规、校纪的受教育者作出影响其基本权利的决定时，应当允许其申辩并在决定作出后及时送达，否则视为违反法定程序。

指导案例 39 号：何小强诉华中科技大学拒绝授予学位案

（最高人民法院审判委员会讨论通过 2014 年 12 月 25 日发布）

来源：最高人民法院关于发布第九批指导性案例的通知

案号：（2009）武行终字第 61 号

审理法院：湖北省武汉市中级人民法院

审结日期：2009.05.31

标签：毕业证 学位证

【关键词】

行政诉讼 学位授予 高等学校 学术自治

【裁判要点】

1. 具有学位授予权的高等学校，有权对学位申请人提出的学位授予申请进行审查并决定是否授予其学位。申请人对高等学校不授予其学位的决定不服提起行政诉讼的，人民法院应当依法受理。

2. 高等学校依照《中华人民共和国学位条例暂行实施办法》的有关规定，在学术自治范围内制定的授予学位的学术水平标准，以及据此标准作出的是否授予学位的决定，人民法院应予支持。

指导案例 88 号：张道文、陶仁等诉四川省简阳市人民政府侵犯客运人力三轮车经营权案

（最高人民法院审判委员会讨论通过 2017 年 11 月 15 日发布）

来源：最高人民法院关于发布第 17 批指导性案例的通知

案号：（2016）行再字第 81 号

审理法院：最高人民法院

审结日期：2017.05.03

标签：行政许可

【关键词】

行政　行政许可　期限　告知义务　行政程序　确认　违法判决

【裁判要点】

1. 行政许可具有法定期限，行政机关在作出行政许可时，应当明确告知行政许可的期限，行政相对人也有权利知道行政许可的期限。

2. 行政相对人仅以行政机关未告知期限为由，主张行政许可没有期限限制的，人民法院不予支持。

3. 行政机关在作出行政许可时没有告知期限，事后以期限届满为由终止行政相对人行政许可权益的，属于行政程序违法，人民法院应当依法判决撤销被诉行政行为。但如果判决撤销被诉行政行为，将会给社会公共利益和行政管理秩序带来明显不利影响的，人民法院应当判决确认被诉行政行为违法。

4 行政批准指导性案例（2 例）

指导案例 22 号：魏永高、陈守志诉来安县人民政府收回土地使用权批复案

（最高人民法院审判委员会讨论通过　2013 年 11 月 8 日发布）

来源：最高人民法院关于发布第五批指导性案例的通知

案号：(2012) 皖行终字第 14 号

审理法院：安徽省高级人民法院

审结日期：2012.09.10

标签：行政批复

【关键词】

行政诉讼　受案范围　批复

【裁判要点】

地方人民政府对其所属行政管理部门的请示作出的批复，一般属于内部行政行为，不可对此提起诉讼。但行政管理部门直接将该批复付诸实施并对行政相对人的权利义务产生了实际影响，行政相对人对该批复不服提起诉讼的，人民法院应当依法受理。

指导案例 41 号：宣懿成等诉浙江省衢州市国土资源局收回国有土地使用权案

（最高人民法院审判委员会讨论通过　2014年12月25日发布）

来源：最高人民法院关于发布第九批指导性案例的通知

案号：(2003) 柯行初字第 8 号

审理法院：浙江省衢州市柯城区人民法院

审结日期：2003.08.29

标签：具体行政行为法律适用

【关键词】

行政诉讼　举证责任　未引用具体法律条款　适用法律错误

【裁判要点】

行政机关作出具体行政行为时未引用具体法律条款，且在诉讼中不能证明该具体行政行为符合法律的具体规定，应当视为该具体行政行为没有法律依据，适用法律错误。

5 行政合同指导性案例（1例）

指导案例 76 号：萍乡市亚鹏房地产开发有限公司诉萍乡市国土资源局不履行行政协议案

（最高人民法院审判委员会讨论通过　2016年12月28日发布）

来源：最高人民法院关于发布第 15 批指导性案例的通知

案号：(2014) 萍行终字第 10 号

审理法院：江西省萍乡市中级人民法院

审结日期：2014.08.15

标签：行政协议

【关键词】

行政　行政协议　合同解释　司法审查　法律效力

【裁判要点】

行政机关在职权范围内对行政协议约定的条款进行的解释，对协议双方具有法律约束力，人民法院经过审查，根据实际情况，可以作为审查行政协议的依据。

6 行政受理指导性案例（1例）

指导案例69号：王明德诉乐山市人力资源和社会保障局工伤认定案

（最高人民法院审判委员会讨论通过　2016年9月19日发布）

来源：最高人民法院关于发布第14批指导性案例的通知

案号：（2013）乐中行初字第36号

审理法院：四川省乐山市市中区人民法院

审结日期：2013.09.25

标签：工伤认定

【关键词】

行政诉讼　工伤认定　程序性行政行为　受理

【裁判要点】

当事人认为行政机关作出的程序性行政行为侵犯其人身权、财产权等合法权益，对其权利义务产生明显的实际影响，且无法通过提起针对相关的实体性行政行为的诉讼获得救济，而对该程序性行政行为提起行政诉讼的，人民法院应当依法受理。

7 行政征收指导性案例（1例）

指导案例21号：内蒙古秋实房地产开发有限责任公司诉呼和浩特市人民防空办公室人防行政征收案

（最高人民法院审判委员会讨论通过　2013年11月8日发布）

来源：最高人民法院关于发布第五批指导性案例的通知

案号：（2010）呼行终字第16号

审理法院：内蒙古自治区呼和浩特市中级人民法院

审结日期：2010.04.20

标签：行政征收

【关键词】

行政　人防　行政征收　防空地下室　易地建设费

【裁判要点】

建设单位违反《中华人民共和国人民防空法》及有关规定，应当建设防空地下室而不建的，属于不履行法定义务的违法行为。建设单位应当依法缴纳防空地下室易地建设费的，不适用廉租住房和经济适用住房等保障性住房建设项目关于"免收城市基础设施配套费等各种行政事业性收费"的规定。

8 行政登记指导性案例（1例）

指导案例89号："北雁云依"诉济南市公安局历下区分局燕山派出所公安行政登记案

（最高人民法院审判委员会讨论通过　2017年11月15日发布）

来源：最高人民法院关于发布第17批指导性案例的通知

案号：(2010) 历行初字第4号

审理法院：山东省济南市历下区人民法院

审结日期：2015.04.25

标签：公安行政登记

【关键词】

行政　公安行政登记　姓名权　公序良俗　正当理由

【裁判要点】

公民选取或创设姓氏应当符合中华传统文化和伦理观念。仅凭个人喜好和愿望在父姓、母姓之外选取其他姓氏或者创设新的姓氏，不属于《全国人民代表大会常务委员会关于〈中华人民共和国民法通则〉第九十九条第一款、〈中华人民共和国婚姻法〉第二十二条的解释》第二款第三项规定的"有不违反公序良俗的其他正当理由"。

9 其他行政行为指导性案例（3例）

指导案例26号：李健雄诉广东省交通运输厅政府信息公开案

（最高人民法院审判委员会讨论通过　2014年1月26日发布）

来源：最高人民法院关于发布第六批指导性案例的通知

案号：（2011）越法行初字第252号

审理法院：广东省广州市越秀区人民法院

审结日期：2011.08.24

标签：政府信息公开

【关键词】

行政　政府信息公开　网络申请　逾期答复

【裁判要点】

公民、法人或者其他组织通过政府公众网络系统向行政机关提交政府信息公开申请的，如该网络系统未作例外说明，则系统确认申请提交成功的日期应当视为行政机关收到政府信息公开申请之日。行政机关对于该申请的内部处理流程，不能成为行政机关延期处理的理由，逾期作出答复的，应当确认为违法。

指导案例77号：罗镕荣诉吉安市物价局物价行政处理案

（最高人民法院审判委员会讨论通过　2016年12月28日发布）

来源：最高人民法院关于发布第15批指导性案例的通知

案号：（2012）吉行初字第13号

审理法院：江西省吉安市吉州区人民法院

审结日期：2012.11.01

标签：举报答复

【关键词】

行政诉讼　举报答复　受案范围　原告资格

【裁判要点】

1. 行政机关对与举报人有利害关系的举报仅作出告知性答复，未按法律规定对举报进行处理，不属于《最高人民法院关于执行〈中华人民共和国行政诉讼法〉若干问题的解释》第一条第六项规定的"对公民、法人或者其他组织权利义务不产生实际影响的行为"，因而具有可诉性，属于人民法院行政诉讼的受案范围。

2. 举报人就其自身合法权益受侵害向行政机关进行举报的，与行政机关的举报处理行为具有法律上的利害关系，具备行政诉讼原告主体资格。

指导案例 101 号：罗元昌诉重庆市彭水苗族土家族自治县地方海事处政府信息公开案

（最高人民法院审判委员会讨论通过　2018 年 12 月 19 日发布）

来源：最高人民法院关于发布第 19 批指导性案例的通知

案号：(2015) 渝四中法行终字第 00050 号

审理法院：重庆市第四中级人民法院

审结日期：2015.09.18

标签：政府信息公开

【关键词】

行政　政府信息公开　信息不存在　检索义务

【裁判要点】

在政府信息公开案件中，被告以政府信息不存在为由答复原告的，人民法院应审查被告是否已经尽到充分合理的查找、检索义务。原告提交了该政府信息系由被告制作或者保存的相关线索等初步证据后，若被告不能提供相反证据，并举证证明已尽到充分合理的查找、检索义务的，人民法院不予支持被告有关政府信息不存在的主张。

五、执行类指导性案例

指导案例 2 号：吴梅诉四川省眉山西城纸业有限公司买卖合同纠纷案

（最高人民法院审判委员会讨论通过 2011 年 12 月 20 日发布）

来源：最高人民法院关于发布第一批指导性案例的通知

案号：（2010）眉执督字第 4 号

审理法院：四川省眉山市中级人民法院

审结日期：2010.07.07

标签：二审和解协议

【关键词】

民事诉讼　执行和解　撤回上诉　不履行和解协议　申请执行　一审判决

【裁判要点】

民事案件二审期间，双方当事人达成和解协议，人民法院准许撤回上诉的，该和解协议未经人民法院依法制作调解书，属于诉讼外达成的协议。一方当事人不履行和解协议，另一方当事人申请执行一审判决的，人民法院应予支持。

指导案例 34 号：李晓玲、李鹏裕申请执行厦门海洋实业（集团）股份有限公司、厦门海洋实业总公司执行复议案

（最高人民法院审判委员会讨论通过 2014 年 12 月 18 日发布）

来源：最高人民法院关于发布第八批指导性案例的通知

案号：（2012）执复字第 26 号

审理法院：最高人民法院

审结日期：2012.12.11

标签：债权转让后申请执行

【关键词】

民事诉讼　执行复议　权利承受人　申请执行

【裁判要点】

生效法律文书确定的权利人在进入执行程序前合法转让债权的，债权受让人即权利承受人可以作为申请执行人直接申请执行，无需执行法院作出变更申请执行人的裁定。

指导案例 35 号：广东龙正投资发展有限公司与广东景茂拍卖行有限公司委托拍卖执行复议案

（最高人民法院审判委员会讨论通过　2014 年 12 月 18 日发布）

来源：最高人民法院关于发布第八批指导性案例的通知

案号：（2012）执复字第 6 号

审理法院：最高人民法院

审结日期：2012.06.15

标签：拍卖

【关键词】

民事诉讼　执行复议　委托拍卖　恶意串通　拍卖无效

【裁判要点】

拍卖行与买受人有关联关系，拍卖行为存在以下情形，损害与标的物相关权利人合法权益的，人民法院可以视为拍卖行与买受人恶意串通，依法裁定该拍卖无效：（1）拍卖过程中没有其他无关联关系的竞买人参与竞买，或者虽有其他竞买人参与竞买，但未进行充分竞价的；（2）拍卖标的物的评估价明显低于实际价格，仍以该评估价成交的。

指导案例 36 号：中投信用担保有限公司与海通证券股份有限公司等证券权益纠纷执行复议案

（最高人民法院审判委员会讨论通过　2014 年 12 月 18 日发布）

来源：最高人民法院关于发布第八批指导性案例的通知

案号：（2010）执复字第 2 号

审理法院：最高人民法院

审结日期：2010.04.13

标签：执行交叉

【关键词】

民事诉讼　执行复议　到期债权　协助履行

【裁判要点】

被执行人在收到执行法院执行通知之前，收到另案执行法院要求其向申请执行人的债权人直接清偿已经法院生效法律文书确认的债务的通知，并清偿债务的，执行法院不能将该部分已清偿债务纳入执行范围。

指导案例37号：上海金纬机械制造有限公司与瑞士瑞泰克公司仲裁裁决执行复议案

（最高人民法院审判委员会讨论通过　2014年12月18日发布）

来源：最高人民法院关于发布第八批指导性案例的通知

案号：（2009）沪高执复议字第2号

审理法院：上海市高级人民法院

审结日期：2011.12.20

标签：涉外仲裁执行

【关键词】

民事诉讼　执行复议　涉外仲裁裁决　执行管辖　申请执行期间起算

【裁判要点】

当事人向我国法院申请执行发生法律效力的涉外仲裁裁决，发现被申请执行人或者其财产在我国领域内的，我国法院即对该案具有执行管辖权。当事人申请法院强制执行的时效期间，应当自发现被申请执行人或者其财产在我国领域内之日起算。

六、国家赔偿指导性案例

指导案例 42 号：朱红蔚申请无罪逮捕赔偿案

（最高人民法院审判委员会讨论通过　2014 年 12 月 25 日发布）

来源：最高人民法院关于发布第九批指导性案例的通知

案号：（2011）法委赔字第 4 号

审理法院：最高人民法院

审结日期：2012.06.18

标签：无罪逮捕

【关键词】

国家赔偿　刑事赔偿　无罪逮捕　精神损害赔偿

【裁判要点】

1. 国家机关及其工作人员行使职权时侵犯公民人身自由权，严重影响受害人正常的工作、生活，导致其精神极度痛苦，属于造成精神损害严重后果。

2. 赔偿义务机关支付精神损害抚慰金的数额，应当根据侵权行为的手段、场合、方式等具体情节，侵权行为造成的影响、后果，以及当地平均生活水平等综合因素确定。

指导案例 43 号：国泰君安证券股份有限公司海口滨海大道（天福酒店）证券营业部申请错误执行赔偿案

（最高人民法院审判委员会讨论通过　2014 年 12 月 25 日发布）

来源：最高人民法院关于发布第九批指导性案例的通知

案号：（2011）法委赔字第 3 号

审理法院：最高人民法院

审结日期：2012.03.23

标签：执行错误

【关键词】

国家赔偿　司法赔偿　错误执行　执行回转

【裁判要点】

1. 赔偿请求人以人民法院具有《中华人民共和国国家赔偿法》第三十八条规定的违法侵权情形为由申请国家赔偿的,人民法院应就赔偿请求人诉称的司法行为是否违法,以及是否应当承担国家赔偿责任一并予以审查。

2. 人民法院审理执行异议案件,因原执行行为所依据的当事人执行和解协议侵犯案外人合法权益,对原执行行为裁定予以撤销,并将被执行财产回复至执行之前状态的,该撤销裁定及执行回转行为不属于《中华人民共和国国家赔偿法》第三十八条规定的执行错误。

指导案例44号:卜新光申请刑事违法追缴赔偿案

(最高人民法院审判委员会讨论通过 2014年12月25日发布)

来源:最高人民法院关于发布第九批指导性案例的通知

案号:(2011)法委赔字第1号

审理法院:最高人民法院

审结日期:2011.11.24

标签:刑事违法追缴

【关键词】

国家赔偿 刑事赔偿 刑事追缴 发还赃物

【裁判要点】

公安机关根据人民法院生效刑事判决将判令追缴的赃物发还被害单位,并未侵犯赔偿请求人的合法权益,不属于《中华人民共和国国家赔偿法》第十八条第一项规定的情形,不应承担国家赔偿责任。

指导案例91号:沙明保等诉马鞍山市花山区人民政府
房屋强制拆除行政赔偿案

(最高人民法院审判委员会讨论通过 2017年11月15日发布)

来源:最高人民法院关于发布第17批指导性案例的通知

案号:(2015)皖行赔终字第00011号

审理法院：安徽省高级人民法院

审结日期：2015.11.24

标签：行政赔偿

【关键词】

行政　行政赔偿　强制拆除　举证责任　市场合理价值

【裁判要点】

在房屋强制拆除引发的行政赔偿案件中，原告提供了初步证据，但因行政机关的原因导致原告无法对房屋内物品损失举证，行政机关亦因未依法进行财产登记、公证等措施无法对房屋内物品损失举证的，人民法院对原告未超出市场价值的符合生活常理的房屋内物品的赔偿请求，应当予以支持。

第三部分　与案例指导制度相关的法律规范性文件

最高人民法院印发《关于案例指导工作的规定》的通知

(法发〔2010〕51号)

各省、自治区、直辖市高级人民法院，解放军军事法院，新疆维吾尔自治区高级人民法院生产建设兵团分院：

《最高人民法院关于案例指导工作的规定》已于2010年11月15日由最高人民法院审判委员会第1501次会议讨论通过，现印发给你们，请认真贯彻执行。

最高人民法院

2010年11月26日

最高人民法院关于案例指导工作的规定

为总结审判经验，统一法律适用，提高审判质量，维护司法公正，根据《中华人民共和国人民法院组织法》等法律规定，就开展案例指导工作，制定本规定。

第一条　对全国法院审判、执行工作具有指导作用的指导性案例，由最高人民法院确定并统一发布。

第二条　本规定所称指导性案例，是指裁判已经发生法律效力，并符合以下条件的案例：

（一）社会广泛关注的；

（二）法律规定比较原则的；

（三）具有典型性的；

（四）疑难复杂或者新类型的；

（五）其他具有指导作用的案例。

第三条　最高人民法院设立案例指导工作办公室，负责指导性案例的遴选、审查和报审工作。

第四条　最高人民法院各审判业务单位对本院和地方各级人民法院已经发生法律效力的裁判，认为符合本规定第二条规定的，可以向案例指导工作办公室推荐。

各高级人民法院、解放军军事法院对本院和本辖区内人民法院已经发生法律效力的裁判，认为符合本规定第二条规定的，经本院审判委员会讨论决定，可以向最高人民法院案例指导工作办公室推荐。

中级人民法院、基层人民法院对本院已经发生法律效力的裁判，认为符合本规定第二条规定的，经本院审判委员会讨论决定，层报高级人民法院，建议向最高人民法院案例指导工作办公室推荐。

第五条 人大代表、政协委员、专家学者、律师，以及其他关心人民法院审判、执行工作的社会各界人士对人民法院已经发生法律效力的裁判，认为符合本规定第二条规定的，可以向作出生效裁判的原审人民法院推荐。

第六条 案例指导工作办公室对于被推荐的案例，应当及时提出审查意见。符合本规定第二条规定的，应当报请院长或者主管副院长提交最高人民法院审判委员会讨论决定。

最高人民法院审判委员会讨论决定的指导性案例，统一在《最高人民法院公报》、最高人民法院网站、《人民法院报》上以公告的形式发布。

第七条 最高人民法院发布的指导性案例，各级人民法院审判类似案例时应当参照。

第八条 最高人民法院案例指导工作办公室每年度对指导性案例进行编纂。

第九条 本规定施行前，最高人民法院已经发布的对全国法院审判、执行工作具有指导意义的案例，根据本规定清理、编纂后，作为指导性案例公布。

第十条 本规定自公布之日起施行。

最高人民法院研究室关于印发《关于编写报送指导性案例体例的意见》、《指导性案例样式》的通知

（法研〔2012〕2号）

各省、自治区、直辖市高级人民法院，解放军军事法院，新疆维吾尔自治区高级人民法院生产建设兵团分院：

现将《关于编写报送指导性案例体例的意见》、《指导性案例样式》印发给你们，供编写向最高人民法院报送推荐的指导性案例时参照。执行中有何问题，请及时报告我院。

附：《关于编写报送指导性案例体例的意见》、《指导性案例样式》

最高人民法院

2011年12月30日

附:

关于编写报送指导性案例体例的意见

为正确适用《最高人民法院关于案例指导工作的规定》,充分发挥指导性案例的作用,统一指导性案例制发体例,现就指导性案例体例提出如下意见:

指导性案例的体例主要包括标题、关键词、裁判要点、相关法条、基本案情、裁判结果、裁判理由七个部分。

一、关于"标题"

标题由案件当事人名称和案由构成,一般采用某某诉某某加案由的形式,如张三诉李四侵害商标权纠纷案。刑事案例则由被告人姓名和案由组成,如张某盗窃案。

二、关于"关键词"

关键词空一行放在标题之后、裁判要点之前,以词或词组反映指导性案例涉及的最关紧要的法律适用问题或者其他核心内容。标示次序应根据关键词的涵义由大到小排列,如有两个以上的主题内容,则按其重要性由大到小排列。关键词一般不超过7个,关键词之间空1个字。

三、关于"裁判要点"

裁判要点原则上归纳为一个自然段,是整个指导性案例要点的概要表述。有两个以上裁判要点的,按照裁判要点的重要性或者逻辑关系用阿拉伯数字顺序号分段标示。裁判要点可以直接摘录裁判文书中具有指导意义的主要部分,也可以对其进行提炼和概括。

裁判要点应简要归纳和提炼指导性案例体现的具有指导意义的重要裁判规则、理念或方法,应当概要、准确、精炼,结构严谨,表达简明,语义确切,对类似案件的裁判具有指导、启示意义。

四、关于"相关法条"

相关法条列明与裁判要点最密切相关的法律及其条文的序号。法律以其全称加书名号表述,法条序号采用法条原文序号,如"《中华人民共和国刑法》第五十条";涉及同一法律不同法条的,按法条的先后次序排列,中间用顿号,如"《中华人民共和国合同法》第八条、第一百零七条";涉及不同法律的,则按法律位阶依次起行并列排列。有两个以上裁判要点,且分别有最密切相关法条的,按照裁判要点的排列次序用阿拉伯数字顺序号对应标明。

五、关于"基本案情"

基本案情部分一般先准确概述控(诉)辩意见,再叙述法院经审理查明事实,也可以视情直接叙述法院审理查明事实。其中控(诉)辩意见和具体证据,可以根据是否与裁判要点有联系而决定是否列出。与裁判要点相关的事实、情节和法律适用问题，要有针对性地详加阐明。

基本案情部分准确和概括反映案件的基本情况，应当层次清楚，重点突出，详略得当，简明扼要，通俗易懂。

六、关于"裁判结果"

裁判结果部分简述诉讼经过和结果，写明案件的裁判法院、裁判时间、案号和裁判主文。

裁判结果是判决或者裁定的主文，应当依法、准确、公正。

七、关于"裁判理由"

裁判理由应当根据案件事实、法律、司法解释、政策精神和法学理论通说，从法理、事理、情理等方面，结合案情和裁判要点，详细论述法院裁判的正确性和公正性。根据指导性案例具体情况，可以针对控（诉）辩意见论述，也可以针对裁判要点涉及问题直接论述。可以依照裁判文书的论述次序，在裁判文书的理由基础上进行适当充实，但不能与裁判文书论述矛盾，也不能在理由中出现前面未表述的事实。一、二审等裁判理由不一致的，一般只写法院生效裁判的论述理由。

裁判理由应当重点围绕案件的主要问题、争议焦点或者分歧意见，充分阐明案例的指导价值。说理应当准确、精当、透彻，与叙述的基本案情前后照应，并紧密结合选定指导性案例的社会背景，有针对性和说服力，确保法律效果和社会效果的统一、良好。

八、关于其他技术规范

文字、数字和标点符号等技术规范，采用裁判文书的相关要求。

案例中涉及被害人、证人、第三人、未成年人等姓名、名称、地址等具体信息的，予以技术处理。

标题使用二号宋体字加粗，"关键词"中的具体内容使用三号楷体字，标示案例组成部分的"关键词"、"裁判要点"等使用三号黑体字，正文全部采用三号仿宋体字。印刷指导性案例时，可以适当调整字体或字号。

指导性案例样式

××××× 案（标题）

关键词　　××　　××　　××　　××　　××××（以词或词组反映指导性案例涉及的最关紧要的法律适用问题或者其他核心内容，标示次序应根据关键词的涵义由大到小排

列，如有两个以上的主题内容，则按其重要性由大到小排列）

裁判要点

……（裁判要点简要归纳和提炼具有指导意义的重要裁判规则、理念、方法。一个裁判要点归纳为一个自然段，有两个以上裁判要点的，按照裁判要点的重要性或者逻辑关系用数字顺序号分段标示）

相关法条

……（列明与裁判要点最密切相关的法律及其条文的序号。

法律以其全称加书名号表述，法条序号采用法条原文序号）

基本案情

×××诉称：……

×××辩称：……

（分别概述起诉、辩护意见及其主要理由，也可以直接叙述法院查明事实，不列诉辩情况。是否列出诉辩情况，根据与裁判要点是否有密切联系而定）

法院经审理查明：……（准确概述审理查明事实，不列诉辩意见的同时省略"法院经审理查明"字样，直接叙述案情。一般不列具体证据，但与裁判要点有密切联系的，在查明事实之后列出具体证据。与裁判要点相关的事实、情节和法律适用问题，要有针对性地详加阐述）

裁判结果

××××法院于××××年××月××日作出××××号（写明案号）刑事（民事、行政等）判决（裁定等）……（写明裁判结果）。宣判后，×××提出上诉（未提出上诉，判决已发生法律效力）。××××法院于××××年××月××日作出××××号（写明案号）刑事（民事、行政等）裁定（判决），驳回上诉，维持原判。（二审改判、发回重审的，则写明改判、发回重审的简要理由和情况。再审的写明再审的简要理由和情况）

裁判理由

法院生效裁判（最高人民法院作出终审生效裁判的，则写"最高人民法院"）认为：……（从法理、事理、情理等方面结合案情和裁判要点分析阐述裁判理由，做到法律效果和社会效果的统一。根据案例具体情况，可以针对诉辩意见论述，也可以列出裁判要点问题直接论述。可以在裁判文书理由的基础上进行适当充实，但理由部分不能与裁判文书论述矛盾，也不能出现新的事实。一、二审等裁判理由不一致的，一般只写生效裁判的理由）

最高人民法院印发《〈关于案例指导工作的规定〉实施细则》的通知

(法〔2015〕130号)

本院各审判业务单位,各省、自治区、直辖市高级人民法院,解放军军事法院,新疆维吾尔自治区高级人民法院生产建设兵团分院:

《〈最高人民法院关于案例指导工作的规定〉实施细则》已于2015年4月27日由最高人民法院审判委员会第1649次会议讨论通过,现印发给你们,请认真遵照执行。执行中遇到问题,请及时报告我院。

最高人民法院
2015年5月13日

《最高人民法院关于案例指导工作的规定》实施细则

第一条 为了具体实施《最高人民法院关于案例指导工作的规定》,加强、规范和促进案例指导工作,充分发挥指导性案例对审判工作的指导作用,统一法律适用标准,维护司法公正,制定本实施细则。

第二条 指导性案例应当是裁判已经发生法律效力,认定事实清楚,适用法律正确,裁判说理充分,法律效果和社会效果良好,对审理类似案件具有普遍指导意义的案例。

第三条 指导性案例由标题、关键词、裁判要点、相关法条、基本案情、裁判结果、裁判理由以及包括生效裁判审判人员姓名的附注等组成。指导性案例体例的具体要求另行规定。

第四条 最高人民法院案例指导工作办公室(以下简称案例指导办公室)负责指导性案例的征集、遴选、审查、发布、研究和编纂,以及对全国法院案例指导工作的协调和指导等工作。

最高人民法院各审判业务单位负责指导性案例的推荐、审查等工作,并指定专人负责联络工作。

各高级人民法院负责辖区内指导性案例的推荐、调研、监督等工作。各高级人民法院向最高人民法院推荐的备选指导性案例,应当经审判委员会讨论决定或经审判委员会过半数委员审核同意。

中级人民法院、基层人民法院应当通过高级人民法院推荐备选指导性案例,并指定专人负责案例指导工作。

第五条 人大代表、政协委员、人民陪审员、专家学者、律师，以及其他关心人民法院审判、执行工作的社会各界人士，对于符合指导性案例条件的案例，可以向作出生效裁判的原审人民法院推荐，也可以向案例指导办公室提出推荐建议。

案例指导工作专家委员会委员对于符合指导性案例条件的案例，可以向案例指导办公室提出推荐建议。

第六条 最高人民法院各审判业务单位、高级人民法院向案例指导办公室推荐备选指导性案例，应当提交下列材料：

（一）《指导性案例推荐表》；

（二）按照规定体例编写的案例文本及其编选说明；

（三）相关裁判文书。

以上材料需要纸质版一式三份，并附电子版。

推荐法院可以提交案件审理报告、相关新闻报道及研究资料等。

第七条 案例指导办公室认为有必要进一步研究的备选指导性案例，可以征求相关国家机关、部门、社会组织以及案例指导工作专家委员会委员、专家学者的意见。

第八条 备选指导性案例由案例指导办公室按照程序报送审核。经最高人民法院审判委员会讨论通过的指导性案例，印发各高级人民法院，并在《最高人民法院公报》《人民法院报》和最高人民法院网站上公布。

第九条 各级人民法院正在审理的案件，在基本案情和法律适用方面，与最高人民法院发布的指导性案例相类似的，应当参照相关指导性案例的裁判要点作出裁判。

第十条 各级人民法院审理类似案件参照指导性案例的，应当将指导性案例作为裁判理由引述，但不作为裁判依据引用。

第十一条 在办理案件过程中，案件承办人员应当查询相关指导性案例。在裁判文书中引述相关指导性案例的，应在裁判理由部分引述指导性案例的编号和裁判要点。

公诉机关、案件当事人及其辩护人、诉讼代理人引述指导性案例作为控（诉）辩理由的，案件承办人员应当在裁判理由中回应是否参照了该指导性案例并说明理由。

第十二条 指导性案例有下列情形之一的，不再具有指导作用：

（一）与新的法律、行政法规或者司法解释相冲突的；

（二）为新的指导性案例所取代的。

第十三条 最高人民法院建立指导性案例纸质档案与电子信息库，为指导性案例的参照适用、查询、检索和编纂提供保障。

第十四条 各级人民法院对于案例指导工作中做出突出成绩的单位和个人，应当依照《中华人民共和国法官法》等规定给予奖励。

第十五条 本实施细则自印发之日起施行。

最高人民法院关于印发《人民法院民事裁判文书制作规范》《民事诉讼文书样式》的通知

（法〔2016〕221号）

各省、自治区、直辖市高级人民法院，解放军军事法院，新疆维吾尔自治区高级人民法院生产建设兵团分院：

为进一步规范和统一民事裁判文书写作标准，提高民事诉讼文书质量，最高人民法院制定了《人民法院民事裁判文书制作规范》《民事诉讼文书样式》。该两份文件已于2016年2月22日经最高人民法院审判委员会第1679次会议通过，现予印发，自2016年8月1日起施行。请认真遵照执行。

最高人民法院
2016年6月28日

人民法院民事裁判文书制作规范

为指导全国法院民事裁判文书的制作，确保文书撰写做到格式统一、要素齐全、结构完整、繁简得当、逻辑严密、用语准确，提高文书质量，制定本规范。

一、基本要素

文书由标题、正文、落款三部分组成。

标题包括法院名称、文书名称和案号。

正文包括首部、事实、理由、裁判依据、裁判主文、尾部。首部包括诉讼参加人及其基本情况，案件由来和审理经过等；事实包括当事人的诉讼请求、事实和理由，人民法院认定的证据及事实；理由是根据认定的案件事实和法律依据，对当事人的诉讼请求是否成立进行分析评述，阐明理由；裁判依据是人民法院作出裁判所依据的实体法和程序法条文；裁判主文是人民法院对案件实体、程序问题作出的明确、具体、完整的处理决定；尾部包括诉讼费用负担和告知事项。

落款包括署名和日期。

二、标题

标题由法院名称、文书名称和案号构成，例如："××××人民法院民事判决书

（民事调解书、民事裁定书）+案号"。

（一）法院名称

法院名称一般应与院印的文字一致。基层人民法院、中级人民法院名称前应冠以省、自治区、直辖市的名称，但军事法院、海事法院、铁路运输法院、知识产权法院等专门人民法院除外。

涉外裁判文书，法院名称前一般应冠以"中华人民共和国"国名；案件当事人中如果没有外国人、无国籍人、外国企业或组织的，地方人民法院、专门人民法院制作的裁判文书标题中的法院名称无需冠以"中华人民共和国"。

（二）案号

案号由收案年度、法院代字、类型代字、案件编号组成。

案号＝"（"＋收案年度＋"）"＋法院代字＋类型代字＋案件编号＋"号"。

案号的编制、使用应根据《最高人民法院关于人民法院案件案号的若干规定》等执行。

三、正文

（一）当事人的基本情况

1. 当事人的基本情况包括：诉讼地位和基本信息。

2. 当事人是自然人的，应当写明其姓名、性别、出生年月日、民族、职业或者工作单位和职务、住所。姓名、性别等身份事项以居民身份证、户籍证明为准。

当事人职业或者工作单位和职务不明确的，可以不表述。

当事人住所以其户籍所在地为准；离开户籍所在地有经常居住地的，经常居住地为住所。连续两个当事人的住所相同的，应当分别表述，不用"住所同上"的表述。

3. 有法定代理人或指定代理人的，应当在当事人之后另起一行写明其姓名、性别、职业或工作单位和职务、住所，并在姓名后用括号注明其与当事人的关系。代理人为单位的，写明其名称及其参加诉讼人员的基本信息。

4. 当事人是法人的，写明名称和住所，并另起一行写明法定代表人的姓名和职务。当事人是其他组织的，写明名称和住所，并另起一行写明负责人的姓名和职务。

当事人是个体工商户的，写明经营者的姓名、性别、出生年月日、民族、住所；起有字号的，以营业执照上登记的字号为当事人，并写明该字号经营者的基本信息。

当事人是起字号的个人合伙的，在其姓名之后用括号注明"系……（写明字号）合伙人"。

5. 法人、其他组织、个体工商户、个人合伙的名称应写全称，以其注册登记文件记载的内容为准。

6. 法人或者其他组织的住所是指法人或者其他组织的主要办事机构所在地；主要办事机构所在地不明确的，法人或者其他组织的注册地或者登记地为住所。

7. 当事人为外国人的，应当写明其经过翻译的中文姓名或者名称和住所，并用括号注明其外文姓名或者名称和住所。

外国自然人应当注明其国籍。国籍应当用全称。无国籍人，应当注明无国籍。

港澳台地区的居民在姓名后写明"香港特别行政区居民""澳门特别行政区居民"或"台湾地区居民"。

外国自然人的姓名、性别等基本信息以其护照等身份证明文件记载的内容为准；外国法人或者其他组织的名称、住所等基本信息以其注册登记文件记载的内容为准。

8. 港澳地区当事人的住所，应当冠以"香港特别行政区""澳门特别行政区"。

台湾地区当事人的住所，应当冠以"台湾地区"。

9. 当事人有曾用名，且该曾用名与本案有关联的，裁判文书在当事人现用名之后用括号注明曾用名。

诉讼过程中当事人姓名或名称变更的，裁判文书应当列明变更后的姓名或名称，变更前姓名或名称无需在此处列明。对于姓名或者名称变更的事实，在查明事实部分写明。

10. 诉讼过程中，当事人权利义务继受人参加诉讼的，诉讼地位从其承继的诉讼地位。裁判文书中，继受人为当事人；被继受人在当事人部分不写，在案件由来中写明继受事实。

11. 在代表人诉讼中，被代表或者登记权利的当事人人数众多的，可以采取名单附后的方式表述，"原告×××等×人（名单附后）"。

当事人自行参加诉讼的，要写明其诉讼地位及基本信息。

12. 当事人诉讼地位在前，其后写当事人姓名或者名称，两者之间用冒号。当事人姓名或者名称之后，用逗号。

（二）委托诉讼代理人的基本情况

1. 当事人有委托诉讼代理人的，应当在当事人之后另起一行写明为"委托诉讼代理人"，并写明委托诉讼代理人的姓名和其他基本情况。有两个委托诉讼代理人的，分行分别写明。

2. 当事人委托近亲属或者本单位工作人员担任委托诉讼代理人的，应当列在第一位，委托外单位的人员或者律师等担任委托诉讼代理人的列在第二位。

3. 当事人委托本单位人员作为委托诉讼代理人的，写明姓名、性别及其工作人员身份。其身份信息可表述为"该单位（如公司、机构、委员会、厂等）工作人员"。

4. 律师、基层法律服务工作者担任委托诉讼代理人的，写明律师、基层法院法律服务工作者的姓名，所在律师事务所的名称、法律服务所的名称及执业身份。其身份信息表述为"××律师事务所律师""××法律服务所法律工作者"。属于提供法律援助的，应当写明法律援助情况。

5. 委托诉讼代理人是当事人近亲属的，应当在姓名后用括号注明其与当事人的关系，写明住所。代理人是当事人所在社区、单位以及有关社会团体推荐的公民的，写明姓名、性别、住所，并在住所之后注明具体由何社区、单位、社会团体推荐。

6. 委托诉讼代理人变更的，裁判文书首部只列写变更后的委托诉讼代理人。对于变更的事实可根据需要写明。

7. 委托诉讼代理人后用冒号，再写委托诉讼代理人姓名。委托诉讼代理人姓名后用逗号。

（三）当事人的诉讼地位

1. 一审民事案件当事人的诉讼地位表述为"原告""被告"和"第三人"。先写原告，后写被告，再写第三人。有多个原告、被告、第三人的，按照起诉状列明的顺序写。起诉状中未列明的当事人，按照参加诉讼的时间顺序写。

提出反诉的，需在本诉称谓后用括号注明反诉原告、反诉被告。反诉情况在案件由来和事实部分写明。

2. 二审民事案件当事人的诉讼地位表述为"上诉人""被上诉人""第三人""原审原告""原审被告""原审第三人"。先写上诉人，再写被上诉人，后写其他当事人。其他当事人按照原审诉讼地位和顺序写明。被上诉人也提出上诉的，列为"上诉人"。

上诉人和被上诉人之后，用括号注明原审诉讼地位。

3. 再审民事案件当事人的诉讼地位表述为"再审申请人""被申请人"。其他当事人按照原审诉讼地位表述，例如，一审终审的，列为"原审原告""原审被告""原审第三人"；二审终审的，列为"二审上诉人""二审被上诉人"等。

再审申请人、被申请人和其他当事人诉讼地位之后，用括号注明一审、二审诉讼地位。

抗诉再审案件（再审检察建议案件），应当写明抗诉机关（再审检察建议机关）及申诉人与被申诉人的诉讼地位。案件由来部分写明检察机关出庭人员的基本情况。对于检察机关因国家利益、社会公共利益受损而依职权启动程序的案件，应列明当事人的原审诉讼地位。

4. 第三人撤销之诉案件，当事人的诉讼地位表述为"原告""被告""第三人"。"被告"之后用括号注明原审诉讼地位。

5. 执行异议之诉案件，当事人的诉讼地位表述为"原告""被告""第三人"，并用括号注明当事人在执行异议程序中的诉讼地位。

6. 特别程序案件，当事人的诉讼地位表述为"申请人"。有被申请人的，应当写明被申请人。

选民资格案件，当事人的诉讼地位表述为"起诉人"。

7. 督促程序案件，当事人的诉讼地位表述为"申请人""被申请人"。

公示催告程序案件，当事人的诉讼地位表述为"申请人"；有权利申报人的，表述为"申报人"。申请撤销除权判决的案件，当事人表述为"原告""被告"。

8. 保全案件，当事人的诉讼地位表述为"申请人""被申请人"。

9. 复议案件，当事人的诉讼地位表述为"复议申请人""被申请人"。

10. 执行案件，执行实施案件，当事人的诉讼地位表述为"申请执行人""被执行人"。

执行异议案件，提出异议的当事人或者利害关系人的诉讼地位表述为"异议人"，异议人之后用括号注明案件当事人或利害关系人，其他未提出异议的当事人亦应分别列明。

案外人异议案件，当事人的诉讼地位表述为"案外人""申请执行人""被执行人"。

（四）案件由来和审理经过

1. 案件由来部分简要写明案件名称与来源。

2. 案件名称是当事人与案由的概括。民事一审案件名称表述为"原告×××与被告×××……（写明案由）一案"。

诉讼参加人名称过长的，可以在案件由来部分第一次出现时用括号注明其简称，表述为"（以下简称×××）"。裁判文书中其他单位或组织名称过长的，也可在首次表述时用括号注明其简称。

诉讼参加人的简称应当规范，需能够准确反映其名称的特点。

3. 案由应当准确反映案件所涉及的民事法律关系的性质，符合最高人民法院有关民事案件案由的规定。

经审理认为立案案由不当的，以经审理确定的案由为准，但应在本院认为部分予以说明。

4. 民事一审案件来源包括：

（1）新收；

（2）有新的事实、证据重新起诉；

（3）上级人民法院发回重审；

（4）上级人民法院指令立案受理；

（5）上级人民法院指定审理；

（6）上级人民法院指定管辖；

（7）其他人民法院移送管辖；

（8）提级管辖。

5. 书写一审案件来源的总体要求是：

（1）新收、重新起诉的，应当写明起诉人；

（2）上级法院指定管辖、本院提级管辖的，除应当写明起诉人外，还应写明报请上级人民法院指定管辖（报请移送上级人民法院）日期或者下级法院报请指定管辖（下级法院报请移送）日期，以及上级法院或者本院作出管辖裁定日期；

（3）上级法院发回重审、上级法院指令受理、上级法院指定审理、移送管辖的，应当写明原审法院作出裁判的案号及日期，上诉人，上级法院作出裁判的案号及日期、裁判结果，说明引起本案的起因。

6. 一审案件来源为上级人民法院发回重审的，发回重审的案件应当写明"原告×××与被告×××……（写明案由）一案，本院于××××年××月××日作出……（写明案号）民事判决。×××不服该判决，向×××法院提起上诉。×××法院于××××年××月××日作出……（写明案号）裁定，发回重审。本院依法另行组成合议庭……"。

7. 审理经过部分应写明立案日期及庭审情况。

8. 立案日期表述为："本院于××××年××月××日立案后"。

9. 庭审情况包括适用程序、程序转换、审理方式、参加庭审人员等。

10. 适用程序包括普通程序、简易程序、小额诉讼程序和非讼程序。

非讼程序包括特别程序、督促程序、公示催告程序等。

11. 民事一审案件由简易程序（小额诉讼程序）转为普通程序的，审理经过表述为："于××××年××月××日公开/因涉及……不公开（写明不公开开庭的理由）开庭审理了本案，经审理发现有不宜适用简易程序（小额诉讼程序）的情形，裁定转为普通程序，于××××年××月××日再次公开/不公开开庭审理了本案"。

12. 审理方式包括开庭审理和不开庭审理。开庭审理包括公开开庭和不公开开庭。

不公开开庭的情形包括：

（1）因涉及国家秘密不公开开庭；

（2）因涉及个人隐私不公开开庭；

（3）因涉及商业秘密，经当事人申请，决定不公开开庭；

(4) 因离婚，经当事人申请，决定不公开开庭；

(5) 法律另有规定的。

13. 开庭审理的应写明当事人出庭参加诉讼情况（包括未出庭或者中途退庭情况）；不开庭的，不写。不开庭审理的，应写明不开庭的原因。

14. 当事人未到庭应诉或者中途退庭的，写明经传票传唤，无正当理由拒不到庭或者未经法庭许可中途退庭的情况。

15. 一审庭审情况表述为："本院于××××年××月××日公开/因涉及……（写明不公开开庭的理由）不公开开庭审理了本案，原告×××及其诉讼代理人×××，被告×××及其诉讼代理人×××等到庭参加诉讼。"

16. 对于审理中其他程序性事项，如中止诉讼情况应当写明。对中止诉讼情形，表述为："因……（写明中止诉讼事由），于××××年××月××日裁定中止诉讼，××××年××月××日恢复诉讼。"

（五）事实

1. 裁判文书的事实主要包括：原告起诉的诉讼请求、事实和理由，被告答辩的事实和理由，法院认定的事实和据以定案的证据。

2. 事实首先写明当事人的诉辩意见。按照原告、被告、第三人的顺序依次表述当事人的起诉意见、答辩意见、陈述意见。诉辩意见应当先写明诉讼请求，再写事实和理由。

二审案件先写明当事人的上诉请求等诉辩意见。然后再概述一审当事人的诉讼请求，人民法院认定的事实、裁判理由、裁判结果。

再审案件应当先写明当事人的再审请求等诉辩意见，然后再简要写明原审基本情况。生效判决为一审判决的，原审基本情况应概述一审诉讼请求、法院认定的事实、裁判理由和裁判结果；生效判决为二审判决的，原审基本情况先概述一审诉讼请求、法院认定的事实和裁判结果，再写明二审上诉请求、认定的事实、裁判理由和裁判结果。

3. 诉辩意见不需原文照抄当事人的起诉状或答辩状、代理词内容或起诉、答辩时提供的证据，应当全案考虑当事人在法庭上的诉辩意见和提供的证据综合表述。

4. 当事人在法庭辩论终结前变更诉讼请求或者提出新的请求的，应当在诉称部分中写明。

5. 被告承认原告主张的全部事实的，写明"×××承认×××主张的事实"。被告承认原告主张的部分事实的，写明"×××承认×××主张的……事实"。

被告承认全部诉讼请求的，写明："×××承认×××的全部诉讼请求"。被告承认部分诉讼请求的，写明被告承认原告的部分诉讼请求的具体内容。

6. 在诉辩意见之后，另起一段简要写明当事人举证、质证的一般情况，表述为："本案当事人围绕诉讼请求依法提交了证据，本院组织当事人进行了证据交换和质证。"

7. 当事人举证质证一般情况后直接写明人民法院对证据和事实的认定情况。对当事人所提交的证据原则上不一一列明，可以附录全案证据或者证据目录。

对当事人无争议的证据，写明"对当事人无异议的证据，本院予以确认并在卷佐证"。对有争议的证据，应当写明争议的证据名称及人民法院对争议证据认定的意见和理由；对有争议的事实，应当写明事实认定意见和理由。

8. 对于人民法院调取的证据、鉴定意见，经庭审质证后，按照当事人是否有争议分别写明。对逾期提交的证据、非法证据等不予采纳的，应当说明理由。

9. 争议证据认定和事实认定，可以合并写，也可以分开写。分开写的，在证据的审查认定之后，另起一段概括写明法院认定的基本事实，表述为："根据当事人陈述和经审查确认的证据，本院认定事实如下：……"。

10. 认定的事实，应当重点围绕当事人争议的事实展开。按照民事举证责任分配和证明标准，根据审查认定的证据有无证明力、证明力大小，对待证事实存在与否进行认定。要说明事实认定的结果、认定的理由以及审查判断证据的过程。

11. 认定事实的书写方式应根据案件的具体情况，层次清楚，重点突出，繁简得当，避免遗漏与当事人争议有关的事实。一般按时间先后顺序叙述，或者对法律关系或请求权认定相关的事实着重叙述，对其他事实则可归纳、概括叙述。

综述事实时，可以划分段落层次，亦可根据情况以"另查明"为引语叙述其他相关事实。

12. 召开庭前会议时或者在庭审时归纳争议焦点的，应当写明争议焦点。争议焦点的摆放位置，可以根据争议的内容处理。争议焦点中有证据和事实内容的，可以在当事人诉辩意见之后在当事人争议的证据和事实中写明。争议焦点主要是法律适用问题的，可以在本院认为部分，先写明争议焦点。

13. 适用外国法的，应当叙述查明外国法的事实。

（六）理由

1. 理由部分的核心内容是针对当事人的诉讼请求，根据认定的案件事实，依照法律规定，明确当事人争议的法律关系，阐述原告请求权是否成立，依法应当如何处理。裁判文书说理要做到论理透彻，逻辑严密，精炼易懂，用语准确。

2. 理由部分以"本院认为"作为开头，其后直接写明具体意见。

3. 理由部分应当明确纠纷的性质、案由。原审确定案由错误，二审或者再审予以改正的，应在此部分首先进行叙述并阐明理由。

4. 说理应当围绕争议焦点展开，逐一进行分析论证，层次明确。对争议的法律适用问题，应当根据案件的性质、争议的法律关系、认定的事实，依照法律、司法解释规定的法律适用规则进行分析，作出认定，阐明支持或不予支持的理由。

5. 争议焦点之外，涉及当事人诉讼请求能否成立或者与本案裁判结果有关的问题，也应在说理部分一并进行分析论证。

6. 理由部分需要援引法律、法规、司法解释时，应当准确、完整地写明规范性法律文件的名称、条款项序号和条文内容，不得只引用法律条款项序号，在裁判文书后附相关条文。引用法律条款中的项的，一律使用汉字不加括号，例如："第一项"。

7. 正在审理的案件在基本案情和法律适用方面与最高人民法院颁布的指导性案例相类似的，应当将指导性案例作为裁判理由引述，并写明指导性案例的编号和裁判要点。

8. 司法指导性文件体现的原则和精神，可在理由部分予以阐述或者援引。

9. 在说理最后，可以另起一段，以"综上所述"引出，对当事人的诉讼请求是否支持进行评述。

（七）裁判依据

1. 引用法律、法规、司法解释时，应当严格适用《最高人民法院关于裁判文书引用法律、法规等规范性法律文件的规定》。

2. 引用多个法律文件的，顺序如下：法律及法律解释、行政法规、地方性法规、自治条例或者单行条例、司法解释；同时引用两部以上法律的，应当先引用基本法律，后引用其他法律；同时引用实体法和程序法的，先引用实体法，后引用程序法。

3. 确需引用的规范性文件之间存在冲突，根据《中华人民共和国立法法》等有关法律规定无法选择适用的，应依法提请有决定权的机关作出裁决，不得自行在裁判文书中认定相关规范性法律文件的效力。

4. 裁判文书不得引用宪法和各级人民法院关于审判工作的指导性文件、会议纪要、各审判业务庭的答复意见以及人民法院与有关部门联合下发的文件作为裁判依据，但其体现的原则和精神可以在说理部分予以阐述。

5. 引用最高人民法院的司法解释时，应当按照公告公布的格式书写。

6. 指导性案例不作为裁判依据引用。

（八）裁判主文

1. 裁判主文中当事人名称应当使用全称。

2. 裁判主文内容必须明确、具体、便于执行。

3. 多名当事人承担责任的,应当写明各当事人承担责任的形式、范围。

4. 有多项给付内容的,应当先写明各项目的名称、金额,再写明累计金额。如:"交通费……元、误工费……元、……,合计……元"。

5. 当事人互负给付义务且内容相同的,应当另起一段写明抵付情况。

6. 对于金钱给付的利息,应当明确利息计算的起止点、计息本金及利率。

7. 一审判决未明确履行期限的,二审判决应当予以纠正。

判决承担利息,当事人提出具体请求数额的,二审法院可以根据当事人请求的数额作出相应判决;当事人没有提出具体请求数额的,可以表述为"按×××利率,自××××年××月××日起计算至××××年××月××日止"。

(九)尾部

1. 尾部应当写明诉讼费用的负担和告知事项。

2. 诉讼费用包括案件受理费和其他诉讼费用。收取诉讼费用的,写明诉讼费用的负担情况。如:"案件受理费……元,由……负担;申请费……元,由……负担"。

3. 诉讼费用不属于诉讼争议的事项,不列入裁判主文,在判决主文后另起一段写明。

4. 一审判决中具有金钱给付义务的,应当在所有判项之后另起一行写明:"如果未按本判决指定的期间履行给付金钱义务,应当依照《中华人民共和国民事诉讼法》第二百五十三条的规定,加倍支付迟延履行期间的债务利息。"二审判决具有金钱给付义务的,属于二审改判的,无论一审判决是否写入了上述告知内容,均应在所有判项之后另起一行写明上述告知内容。二审维持原判的判决,如果一审判决已经写明上述告知内容,可不再重复告知。

5. 对依法可以上诉的一审判决,在尾部表述为:"如不服本判决,可以在判决书送达之日起十五日内,向本院递交上诉状,并按对方当事人的人数或者代表人的人数提出副本,上诉于××××人民法院。"

6. 对一审不予受理、驳回起诉、管辖权异议的裁定,尾部表述为:"如不服本裁定,可以在裁定书送达之日起十日内,向本院递交上诉状,并按对方当事人的人数或者代表人的人数提出副本,上诉于××××人民法院。"

四、落款

(一)署名

诉讼文书应当由参加审判案件的合议庭组成人员或者独任审判员署名。

合议庭的审判长,不论审判职务,均署名为"审判长";合议庭成员有审判员的,署名为"审判员";有助理审判员的,署名为"代理审判员";有陪审员的,署名为"人民陪审员"。独任审理的,署名为"审判员"或者"代理审判员"。书记员,署名为"书记员"。

（二）日期

裁判文书落款日期为作出裁判的日期,即裁判文书的签发日期。当庭宣判的,应当写宣判的日期。

（三）核对戳

本部分加盖"本件与原本核对无异"字样的印戳。

五、数字用法

（一）裁判主文的序号使用汉字数字,例:"一""二";

（二）裁判尾部落款时间使用汉字数字,例:"二〇一六年八月二十九日";

（三）案号使用阿拉伯数字,例:"（2016）京 0101 民初 1 号";

（四）其他数字用法按照《中华人民共和国国家标准 GB/T 15835—2011 出版物上数字用法》执行。

六、标点符号用法

（一）"被告辩称""本院认为"等词语之后用逗号。

（二）"×××向本院提出诉讼请求""本院认定如下""判决如下""裁定如下"等词语之后用冒号。

（三）裁判项序号后用顿号。

（四）除本规范有明确要求外,其他标点符号用法按照《中华人民共和国国家标准 GB/T 15834—2011 标点符号用法》执行。

七、引用规范

（一）引用法律、法规、司法解释应书写全称并加书名号。

（二）法律全称太长的,也可以简称,简称不使用书名号。可以在第一次出现全称后使用简称,例:"《中华人民共和国民事诉讼法》（以下简称民事诉讼法）"。

（三）引用法律、法规和司法解释条文有序号的,书写序号应与法律、法规和司法解释正式文本中的写法一致。

（四）引用公文应先用书名号引标题,后用圆括号引发文字号;引用外文应注明中文译文。

八、印刷标准

（一）纸张标准,A4 型纸,成品幅面尺寸为:210mm×297mm。

（二）版心尺寸为：156mm×225mm，一般每面排22行，每行排28个字。

（三）采用双面印刷；单页页码居右，双页页码居左；印品要字迹清楚、均匀。

（四）标题位于版心下空两行，居中排布。标题中的法院名称和文书名称一般用二号小标宋体字；标题中的法院名称与文书名称分两行排列。

（五）案号之后空二个汉字空格至行末端。

（六）案号、主文等用三号仿宋体字。

（七）落款与正文同处一面。排版后所剩空白处不能容下印章时，可以适当调整行距、字距，不用"此页无正文"的方法解决。审判长、审判员每个字之间空二个汉字空格。审判长、审判员与姓名之间空三个汉字空格，姓名之后空二个汉字空格至行末端。

（八）院印加盖在日期居中位置。院印上不压审判员，下不压书记员，下弧骑年压月在成文时间上。印章国徽底边缘及上下弧以不覆盖文字为限。公章不应歪斜、模糊。

（九）凡裁判文书中出现误写、误算，诉讼费用漏写、误算和其他笔误的，未送达的应重新制作，已送达的应以裁定补正，避免使用校对章。

（十）确需加装封面的应印制封面。封面可参照以下规格制作：

1. 国徽图案高55mm，宽50mm。

2. 上页边距为65mm，国徽下沿与标题文字上沿之间距离为75mm。

3. 标题文字为"××××人民法院××判决书（或裁定书等）"，位于国徽图案下方，字体为小标宋体字；标题分两行或三行排列，法院名称字体大小为30磅，裁判文书名称字体大小为36磅。

4. 封面应庄重、美观，页边距、字体大小及行距可适当进行调整。

九、其他

（一）本规范可以适用于人民法院制作的其他诉讼文书，根据具体文书性质和内容作相应调整。

（二）本规范关于裁判文书的要素和文书格式、标点符号、数字使用、印刷规范等技术化标准，各级人民法院应当认真执行。对于裁判文书正文内容、事实认定和说理部分，可以根据案件的情况合理确定。

（三）逐步推行裁判文书增加二维条形码，增加裁判文书的可识别性。

附：

（一）民事判决书

1. 民事判决书（第一审普通程序用）

××××人民法院
民事判决书

（××××）……民初……号

原告：×××，男/女，××××年××月××日出生，×族，……（工作单位和职务或者职业），住……。

法定代理人/指定代理人：×××，……。

委托诉讼代理人：×××，……。

被告：×××，住所地……。

法定代表人/主要负责人：×××，……。

委托诉讼代理人：×××，……。

第三人：×××，……。

法定代理人/指定代理人/法定代表人/主要负责人：×××，……。

委托诉讼代理人：×××，……。

（以上写明当事人和其他诉讼参加人的姓名或者名称等基本信息）

原告×××与被告×××、第三人×××……（写明案由）一案，本院于××××年××月××日立案后，依法适用普通程序，公开/因涉及……（写明不公开开庭的理由）不公开开庭进行了审理。原告×××、被告×××、第三人×××（写明当事人和其他诉讼参加人的诉讼地位和姓名或者名称）到庭参加诉讼。本案现已审理终结。

×××向本院提出诉讼请求：1.……；2.……（明确原告的诉讼请求）。事实和理由：……（概述原告主张的事实和理由）。

×××辩称，……（概述被告答辩意见）。

×××诉/述称，……（概述第三人陈述意见）。

当事人围绕诉讼请求依法提交了证据，本院组织当事人进行了证据交换和质证。对当事人无异议的证据，本院予以确认并在卷佐证。对有争议的证据和事实，本院认定如下：1.……；2.……（写明法院是否采信证据，事实认定的意见和理由）。

本院认为，……（写明争议焦点，根据认定的事实和相关法律，对当事人的诉讼请求作出分析评判，说明理由）。

综上所述，……（对当事人的诉讼请求是否支持进行总结评述）。依照《中华人民共和国……法》第×条、……（写明法律文件名称及其条款项序号）规定，判决如下：

一、……；

二、……。

（以上分项写明判决结果）

如果未按本判决指定的期间履行给付金钱义务，应当依照《中华人民共和国民事诉讼法》第二百五十三条规定，加倍支付迟延履行期间的债务利息（没有给付金钱义务的，不写）。

案件受理费……元，由……负担（写明当事人姓名或者名称、负担金额）。

如不服本判决，可以在判决书送达之日起十五日内，向本院递交上诉状，并按照对方当事人或者代表人的人数提出副本，上诉于××××人民法院。

审判长×××
审判员×××
审判员×××

××××年××月××日
（院印）
书记员×××

【说明】

一、依据

本样式根据《中华人民共和国民事诉讼法》第一百五十二条等制定，供人民法院适用第一审普通程序开庭审理民事案件终结后，根据已经查明的事实、证据和有关的法律规定，对案件的实体问题作出判决用。除有特别规定外，其他民事判决书可以参照本判决书样式和说明制作。

二、标题

标题由法院名称、文本名称、案号组成。

依照《中华人民共和国民事诉讼法》第一百五十三条规定就一部分事实先行判决的，第二份民事判决书开始可在案号后缀"之一""之二"……，以示区别。

三、首部

首部依次写明诉讼参加人基本情况、案件由来和审理经过。

（一）诉讼参加人基本情况

1. 诉讼参加人包括当事人、诉讼代理人。全部诉讼参加人均分行写明。

2. 当事人诉讼地位写明"原告""被告"。反诉的写明"原告(反诉被告)""被告(反诉原告)"。有独立请求权第三人或者无独立请求权第三人,均写明"第三人"。

当事人是自然人的,写明姓名、性别、出生年月日、民族、工作单位和职务或者职业、住所。外国人写明国籍,无国籍人写明"无国籍";港澳台地区的居民分别写明"香港特别行政区居民""澳门特别行政区居民""台湾地区居民"。

共同诉讼代表人参加诉讼的,按照当事人是自然人的基本信息内容写明。

当事人是法人或者其他组织的,写明名称、住所。另起一行写明法定代表人或者主要负责人及其姓名、职务。

当事人是无民事行为能力人或者限制民事行为能力人的,写明法定代理人或者指定代理人及其姓名、住所,并在姓名后括注与当事人的关系。

当事人及其法定代理人有委托诉讼代理人的,写明委托诉讼代理人的诉讼地位、姓名。委托诉讼代理人是当事人近亲属的,近亲属姓名后括注其与当事人的关系,写明住所;委托诉讼代理人是当事人本单位工作人员的,写明姓名、性别及其工作人员身份;委托诉讼代理人是律师的,写明姓名、律师事务所的名称及律师执业身份;委托诉讼代理人是基层法律服务工作者的,写明姓名、法律服务所名称及基层法律服务工作者执业身份;委托诉讼代理人是当事人所在社区、单位以及有关社会团体推荐的公民的,写明姓名、性别、住所及推荐的社区、单位或有关社会团体名称。

委托诉讼代理人排列顺序,近亲属或者本单位工作人员在前,律师、法律工作者、被推荐公民在后。

委托诉讼代理人为当事人共同委托的,可以合并写明。

(二) 案件由来和审理经过

案件由来和审理经过,依次写明当事人诉讼地位和姓名或者名称、案由、立案日期、适用普通程序、开庭日期、开庭方式、到庭参加诉讼人员、未到庭或者中途退庭诉讼参加人、审理终结。

不公开审理的,写明不公开审理的理由,例:"因涉及国家秘密"或者"因涉及个人隐私"或者"因涉及商业秘密,×××申请"或者"因涉及离婚,×××申请"。

当事人及其诉讼代理人均到庭的,可以合并写明。例:"原告×××及其委托诉讼代理人×××、被告×××、第三人×××到庭参加诉讼。"

诉讼参加人均到庭参加诉讼的,可以合并写明。例:"本案当事人和委托诉讼代理人均到庭参加诉讼。"

当事人经合法传唤未到庭参加诉讼的,写明:"×××经传票传唤无正当理由拒不到庭参加诉讼。"或者"×××经公告送达开庭传票,未到庭参加诉讼。"

当事人未经法庭许可中途退庭的,写明:"×××未经法庭许可中途退庭。"

诉讼过程中,如果存在指定管辖、移送管辖、程序转化、审判人员变更、中止诉讼等情形,应当同时写明。

四、事实

事实部分主要包括：原告起诉的诉讼请求、事实和理由，被告答辩的事实和理由，人民法院认定的证据和事实。

（一）当事人诉辩意见

诉辩意见包括原告诉称、被告辩称，有第三人的，还包括第三人诉（述）称。

1. 原告诉称包括原告诉讼请求、事实和理由

先写诉讼请求，后写事实和理由。诉讼请求两项以上的，用阿拉伯数字加点号分项写明。

诉讼过程中增加、变更、放弃诉讼请求的，应当连续写明。增加诉讼请求的，写明："诉讼过程中，×××增加诉讼请求：……。"变更诉讼请求的，写明："诉讼过程中，×××变更……诉讼请求为：……。"放弃诉讼请求的，写明："诉讼过程中，×××放弃……的诉讼请求。"

2. 被告辩称包括对诉讼请求的意见、事实和理由

被告承认原告主张的全部事实的，写明："×××承认×××主张的事实。"被告承认原告主张的部分事实的，先写明："×××承认×××主张的……事实。"后写明有争议的事实。

被告承认全部诉讼请求的，写明："×××承认×××的全部诉讼请求。"被告承认部分诉讼请求的，写明被告承认原告的部分诉讼请求的具体内容。

被告提出反诉的，写明："×××向本院提出反诉请求：1……；2……。"后接反诉的事实和理由。再另段写明："×××对×××的反诉辩称，……。"

被告未作答辩的，写明："×××未作答辩。"

3. 第三人诉（述）称包括第三人主张、事实和理由

有独立请求权的第三人，写明："×××向本院提出诉讼请求：……。"后接第三人请求的事实和理由。再另段写明原告、被告对第三人的诉讼请求的答辩意见："×××对×××的诉讼请求辩称，……。"

无独立请求权第三人，写明："×××述称，……。"第三人未作陈述的，写明："×××未作陈述。"

原告、被告或者第三人有多名，且意见一致的，可以合并写明；意见不同的，应当分别写明。

（二）证据和事实认定

对当事人提交的证据和人民法院调查收集的证据数量较多的，原则上不一一列举，可以附证据目录清单。

对当事人没有争议的证据，写明："对当事人无异议的证据，本院予以确认并在卷佐证。"

对有争议的证据，应当写明争议证据的名称及法院对争议证据的认定意见和理由；对争议的事实，应当写明事实认定意见和理由。

争议的事实较多的，可以对争议事实分别认定；针对同一事实有较多争议证据的，可以对争议的证据分别认定。

对争议的证据和事实，可以一并叙明；也可以先单独对争议证据进行认定后，另段概括写明认定的案件基本事实，即"根据当事人陈述和经审查确认的证据，本院认定事实如下：……。"

对于人民法院调取的证据、鉴定意见，经庭审质证后，按照是否有争议分别写明。

召开庭前会议或者在庭审时归纳争议焦点的，应当写明争议焦点。争议焦点的摆放位置，可以根据争议的内容处理。争议焦点中有证据和事实内容的，可以在当事人诉辩意见之后写明。争议焦点主要是法律适用问题的，可以在本院认为部分，先写明争议焦点，再进行说理。

五、理由

理由应当围绕当事人的诉讼请求，根据认定的事实和相关法律，逐一评判并说明理由。

理由部分，有争议焦点的，先列争议焦点，再分别分析认定，后综合分析认定。

没有列争议焦点的，直接写明裁判理由。

被告承认原告全部诉讼请求，且不违反法律规定的，只写明："被告承认原告的诉讼请求，不违反法律规定。"

就一部分事实先行判决的，写明："本院对已经清楚的部分事实，先行判决。"

经审判委员会讨论决定的，在法律依据引用前写明："经本院审判委员会讨论决定，……。"

六、裁判依据

在说理之后，作出判决前，应当援引法律依据。

分项说理后，可以另起一段，综述对当事人诉讼请求是否支持的总结评价，后接法律依据，直接引出判决主文。说理部分已经完成，无需再对诉讼请求进行总结评价的，直接另段援引法律依据，写明判决主文。

援引法律依据，应当依照《最高人民法院关于裁判文书引用法律、法规等规范性法律文件的规定》处理。

法律文件引用顺序，先基本法律，后其他法律；先法律，后行政法规和司法解释；先实体法，后程序法。实体法的司法解释可以放在被解释的实体法之后。

七、判决主文

判决主文两项以上的，各项前依次使用汉字数字分段写明。

单项判决主文和末项判决主文句末用句号，其余判决主文句末用分号。如果一项判决主文句中有分号或者句号的，各项判决主文后均用句号。

判决主文中可以用括注，对判项予以说明。括注应当紧跟被注释的判决主文。例：（已给付……元，尚需给付……元）；（已给付……元，应返还……元）；（已履行）；（按双方订立的《××借款合同》约定的标准执行）；（内容须事先经本院审查）；（清单详见附件）等等；

判决主文中当事人姓名或者名称应当用全称，不得用简称。

金额，用阿拉伯数字。金额前不加"人民币"；人民币以外的其他种类货币的，金额前加货币种类。有两种以上货币的，金额前要加货币种类。

八、尾部

尾部包括迟延履行责任告知、诉讼费用负担、上诉权利告知。

1. 迟延履行责任告知

判决主文包括给付金钱义务的，在判决主文后另起一段写明："如果未按本判决指定的期间履行给付金钱义务，应当依照《中华人民共和国民事诉讼法》第二百五十三条规定，加倍支付迟延履行期间的债务利息。"

2. 诉讼费用负担根据《诉讼费用交纳办法》决定

案件受理费，写明："案件受理费……元"。

减免费用的，写明："减交……元"或者"免予收取"。

单方负担案件受理费的，写明："由×××负担"。

分别负担案件受理费的，写明："由×××负担……元，×××负担……元。"

3. 告知当事人上诉权利

当事人上诉期为十五日。在中华人民共和国领域内没有住所的当事人上诉期为三十日。同一案件既有当事人的上诉期为十五日又有当事人的上诉期为三十日的，写明："×××可以在判决书送达之日起十五日内，×××可以在判决书送达之日起三十日内，……。"

九、落款

落款包括合议庭署名、日期、书记员署名、院印。

合议庭的审判长，不论审判职务，均署名为"审判长"；合议庭成员有审判员的，署名为"审判员"；有助理审判员的，署名为"代理审判员"；有陪审员的，署名为"人民陪审员"。书记员，署名为"书记员"。

合议庭按照审判长、审判员、代理审判员、人民陪审员的顺序分行署名。

落款日期为作出判决的日期，即判决书的签发日期。当庭宣判的，应当写宣判的日期。

两名以上书记员的，分行署名。

落款应当在同一页上，不得分页。落款所在页无其他正文内容的，应当调整行距，不写"本页无正文"。

院印加盖在审判人员和日期上，要求骑年盖月、朱在墨上。

加盖"本件与原本核对无异"印戳。

十、附表

确有必要的，可以另页附录。

2. 民事判决书（二审改判用）

××××人民法院
民事判决书

（××××）……民终……号

上诉人（原审诉讼地位）：×××，……。
……

被上诉人（原审诉讼地位）：×××，……。
……

原审原告/被告/第三人：×××，……。
……

（以上写明当事人和其他诉讼参加人的姓名或者名称等基本信息）

上诉人×××因与被上诉人×××/上诉人×××及原审原告/被告/第三人×××……（写明案由）一案，不服××××人民法院（××××）……民初……号民事判决，向本院提起上诉，本院于××××年××月××日立案后，依法组成合议庭，开庭/因涉及……（写明不开庭的理由）不开庭进行了审理。上诉人×××、被上诉人×××、原审原告/被告/第三人×××（写明当事人和其他诉讼参加人的诉讼地位和姓名或者名称）到庭参加诉讼。本案现已审理终结。

×××上诉请求：……（写明上诉请求）。事实和理由：……（概述上诉人主张的事实和理由）。

×××辩称，……（概述被上诉人答辩意见）。

×××述称，……（概述原审原告/被告/第三人陈述意见）。

×××向一审法院起诉请求：……（写明原告/反诉原告/有独立请求权的第三人的诉讼请求）。

一审法院认定事实：……（概述一审认定的事实）。一审法院认为，……（概述一审裁判理由）。判决：……（写明一审判决主文）。

本院二审期间，当事人围绕上诉请求依法提交了证据。本院组织当事人进行了证据交换和质证（当事人没有提交新证据的，写明：二审中，当事人没有提交新证据）。对当事人二审争议的事实，本院认定如下：……（写明二审法院是否采信证据、认定事实的意见和理由，对一审查明相关事实的评判）。

本院认为，……（根据二审认定的案件事实和相关法律规定，对当事人的上诉请求进行分析评判，说明理由）。

综上所述，×××的上诉请求成立，予以支持。依照《中华人民共和国×××法》第×条（适用法律错误的，应当引用实体法）、《中华人民共和国民事诉讼法》第一百七十条第一款第×项规定，判决如下：

一、撤销××××人民法院（××××）……民初……号民事判决；

二、……（写明改判内容）。

二审案件受理费……元，由……负担（写明当事人姓名或者名称、负担金额）。

本判决为终审判决。

审判长×××
审判员×××
审判员×××

××××年××月××日
（院印）
书记员×××

【说明】

1. 本样式根据《中华人民共和国民事诉讼法》第一百七十条等制定，供二审人民法院对当事人不服一审判决提起上诉的民事案件，按照第二审程序审理终结，就案件的实体问题依法改判用。

2. 二审判决主文按照撤销、改判的顺序写明。

一审判决主文有给付内容，但未明确履行期限的，二审判决应当予以纠正。

判决承担利息，当事人提出具体请求数额的，二审法院可以根据当事人请求的数额作出相应判决；当事人没有提出具体请求数额的，可以表述为"按……利率，自××××年××月××日起计算至××××年××月××日止"。

3. 二审对一审判决进行改判的，应当对一审判决中驳回其他诉讼请求的判项一并进行处理，如果驳回其他诉讼请求的内容和范围发生变化的，应撤销原判中驳回其他诉讼请求的判项，重新作出驳回其他诉讼请求的判项。

4. 因为出现新的证据导致事实认定发生变化而改判的，需要加以说明。人民法院依法在上诉请求范围之外改判的，也应加以说明。

5. 按本样式制作二审民事判决书时，可以参考驳回上诉，维持原判用二审民事判决书样式的说明。

最高人民法院关于印发《涉外商事海事裁判文书写作规范》的通知

（法〔2015〕67号）

各省、自治区、直辖市高级人民法院，解放军军事法院，新疆维吾尔自治区高级人民法院生产建设兵团分院：

为进一步规范和统一涉外商事海事裁判文书写作标准，提高裁判文书质量，最高人民法院研究制定了《涉外商事海事裁判文书写作规范》，现予印发，请认真遵照执行。在适用本规范过程中有何问题，请及时报告最高人民法院。

最高人民法院

2015年3月16日

涉外商事海事裁判文书写作规范

裁判文书应当全面、准确地记载案件的审理过程和裁判的依据、理由与结果。撰写裁判文书应当做到要素齐全、结构完整、逻辑严谨、条理清晰、语句规范、繁简得当。为进一步规范和统一涉外商事海事裁判文书的写作标准，提高文书质量，现就涉外商事海事裁判文书的写作提出如下规范意见。

一、裁判文书的首部应当分别写明文书标题、案号、当事人及其法定代表人（或代表人）和委托代理人的基本情况以及案件由来、案由和审理过程等。

（一）裁判文书标题一般表述为"中华人民共和国××××人民法院民事判决书（调解书、裁定书）"。海事法院裁判文书标题中法院前不需冠以"人民"字样。

（二）案件当事人中如果没有外国人、无国籍人、外国企业或组织的，除最高人民法院制作的裁判文书外，其他各级人民法院制作的裁判文书标题中的法院名称无需冠以"中华人民共和国"字样。

（三）法院名称应当与院印文字一致。除海事法院外，基层人民法院、中级人民法院的裁判文书标题应当冠以省、自治区、直辖市的名称。

二、裁判文书应当准确列明当事人的诉讼地位、姓名或名称及其住所地。

（一）二审裁判文书在列明当事人二审诉讼地位的同时，亦应用括号注明其一审诉讼地位（例如一审原告、一审被告等）。既非上诉人、亦非被上诉人的二审当事人，直接列明其一审诉讼地位。

（二）申请再审或再审案件的裁判文书应当分别列明当事人在申请再审过程中或再

审诉讼中的地位，同时用括号注明其一、二审诉讼地位。既非再审申请人、亦非被申请人的，直接列明其一、二审诉讼地位。抗诉案件应当列明抗诉机关。

（三）当事人是自然人的，写明其姓名、性别、民族、出生日期、职业、住所地，职业不明确的，可以不表述；对于其身份证件号码一般应予注明，提交中华人民共和国居民身份证的应注明其公民身份号码。

自然人的住所地以其提交的合法有效的身份证件载明的地址为准；住所地与经常居住地不一致，且根据案件审理的需要需明确当事人经常居住地的，写明经依法查明的经常居住地。

（四）自然人为证明其身份提交的护照、往来港澳通行证、台湾居民来往大陆通行证等证件，无需再办理公证认证等证明手续。

（五）外国自然人，应当写明其国籍，无国籍人亦应予以注明。

港澳台地区的居民亦应予以注明。

（六）法人或其他组织的名称、住所地等，以其注册登记文件记载的内容为准。

（七）境外企业、组织提交的证明其主体资格的注册登记文件，需依法办理公证认证等证明手续；证明文件是外文的，应当附有中文译本。

（八）对于外国当事人，在裁判文书首部应当写明其经过翻译的中文姓名或名称和住所地，并在中文姓名或名称和住所地后括号中注明其外文姓名或名称和住所地。

（九）当事人姓名或名称变更的，裁判文书首部应当列明变更后的姓名或名称，变更前姓名或名称无需在此处列明。对于姓名或名称变更的事实可根据需要在案件由来或者查明事实部分写明。

（十）当事人诉讼地位的称谓后面使用冒号。当事人为公司、企业、其他组织的，其名称后面使用句号，"住所地"后面使用冒号。当事人为自然人的，其姓名后均使用逗号，基本信息阐述完毕后使用句号。

（十一）当事人中有外国当事人或无国籍人的，表述住所地时应当分别写明中外当事人的国别名称或无国籍情况。当事人国别名称应当使用全称。

没有外国当事人或无国籍人的，表述国内当事人住所地时省略"中华人民共和国"字样。

（十二）表述港澳地区当事人住所地时，应当使用香港特别行政区、澳门特别行政区的全称。

表述台湾地区当事人住所地时，应当写明"台湾地区××市……"，不应使用"台湾省"或"台湾"等表述。

（十三）当事人住所地、代理人情况相同的，应当各自列明，不应当使用"情况同上"进行表述。

三、法人或其他组织作为当事人的,应当写明其法定代表人或代表人及其身份信息。

(一)法定代表人后面使用冒号,写明法定代表人的姓名及其职务。

(二)当事人为不具备法人资格的其他组织的,应当写明其"代表人",不应表述为"负责人"或"授权代表人"。

(三)外国或者港澳台地区的企业、组织作为当事人的,亦应使用"代表人"的表述。

四、裁判文书中应当写明代理人的姓名及其身份信息。

(一)当事人委托本单位工作人员担任代理人的,应当列在第一位,其委托外单位的人员或者律师担任代理人的列在第二位。

(二)当事人委托本单位人员作为代理人的,其身份信息可表述为"该公司(或该机构如该委员会、该厂等)工作人员"。

(三)律师、基层法律服务工作者担任代理人的,其身份信息表述为"××律师事务所律师"或"××法律服务所法律工作者"。

(四)当事人的近亲属或者其所在社区、单位以及有关社会团体推荐的公民担任代理人的,写明代理人的姓名、性别、出生日期、民族、职业、住所地。代理人是当事人近亲属的,还应当在住所地之后注明其与当事人的关系。

(五)代理人变更的,裁判文书首部只列写变更后的代理人。对于代理人变更的事实可根据需要在案件由来或者查明事实部分写明。

五、案由应当准确反映案件所涉及的民事法律关系的性质,并应当与最高人民法院《民事案件案由规定》中所列案由相一致。

二审法院或再审法院经审理认为原审裁判文书所列案由不当的,二审或再审裁判文书中应当写明经审理后最终确定的案由,并在裁判理由部分予以说明。

六、裁判文书应当写明案件的由来以及开庭审理过程。

(一)根据一审、二审或再审程序的不同,在案件由来部分简要写明当事人起诉、上诉、发回重审或者申请再审、指令再审、提审等情况。一审裁判文书应当写明当事人起诉的时间。

(二)此部分叙述时可在当事人全称后面括号注明其简称。简称要清楚、得当,避免引起歧义,不应以当事人诉讼地位的称谓(如原告、上诉人、答辩人等)或甲方、乙方等作为其简称。

(三)合议庭组成成员的情况不必具体表述,但如果合议庭成员有回避、变更情况的，应当在此部分写明。

（四）经过多次开庭审理的，应当分别简述开庭情况，以充分体现开庭审理的经过。开庭审理前组织证据交换、召集庭前会议的，亦应将相关情况予以阐述。

（五）当事人未到庭应诉或者中途退庭的，写明"经本院传票传唤，无正当理由拒不到庭"或者"未经法庭许可中途退庭"的情况。

（六）存在中止诉讼后又恢复审理等情况的，应当在此部分写明过程。

七、裁判文书应当依次写明当事人的起诉（包括诉讼请求）、答辩、第三人陈述等情况，写明当事人的诉讼主张及其所依据的事实、理由。

（一）转述当事人起诉、答辩的事实、理由时，应当对较长的起诉状、答辩状进行提炼、归纳，对其病句、错字进行修正，同时注意准确全面，忠实原意，不得遗漏要点。

（二）原告庭审时变更诉讼请求、提出新的诉讼请求，被告未作书面答辩或第三人未提交书面意见，但在庭审中进行口头答辩或陈述以及对原书面答辩或陈述意见予以补充的，应当在此节中予以表述。

（三）被告提出反诉的，亦应在此部分概述其反诉请求、依据的事实、理由以及对方的答辩情况。

（四）二审当事人的上诉、答辩等情况，在转述一审判决结果后进行概述，并应当按照前述第（一）、（二）项的要求进行提炼、归纳和表述。

八、一审裁判文书应当写明当事人提交证据的名称、证明目的、各方当事人的质证意见，人民法院同时应当结合当事人举证、质证的意见，依照相关法律、司法解释的规定，对当事人提交证据的真实性、关联性、合法性进行分析，最终对证据是否应予采信及其证明力作出认定，明确阐明人民法院的认证意见。

九、根据质证认证情况，对业经查明认定的基本事实进行综合陈述。

（一）本部分以"本院查明"作为引言，其后用冒号，另起一行写明查明的事实。

（二）综述所查明的事实时，可以划分段落层次，亦可根据情况以"另查明"为引语表述其他相关事实，该另查明的事实可以多项；避免使用"还查明""再查明""又查明"等引语。

（三）在适用外国法的情况下，对于外国法查明的客观事实可在此部分予以表述。

十、二审裁判文书应当在"案件由来"部分之后，写明一审审理情况，包括原告的诉讼请求、一审法院认定的事实、裁判的理由和最终的裁判结果。

（一）简要概括一审原告起诉的事实、理由及其具体的诉讼请求、一审被告的答辩意见、第三人的陈述，以明确案件争议的焦点。一审被告提起反诉的，亦应写明。

（二）写明一审查明的事实，该部分以"一审法院查明"为引语开始，"一审法院查明"后面使用冒号。对一审查明的事实原则上予以照抄，有错字、漏字或者语法错误的，可适当修改。

（三）对于一审裁判文书中表述的当事人为支持自己主张提供的证据、当事人的质证意见及一审法院对证据的认证意见等内容，在二审裁判文书中可以省略，不再援引。当事人有争议的除外。

（四）写明一审裁判文书理由和结果，该部分以"一审法院认为"为引语开始，一审法院认为后面使用冒号。对一审认为部分原则上予以照抄，有错字、漏字或者语法错误的，可适当修改。

（五）一审裁判文书主文即裁判结果应当全文照抄，不得遗漏和更改，此前部分当事人名称使用简称的，此部分表述时仍使用简称，注意不得遗漏当事人负担的诉讼费及保全费、鉴定费等内容的表述。

十一、二审裁判文书应当根据上诉审的特点，结合相关证据材料，依据相关法律规定，针对当事人对一审认定事实提出的异议，重点予以分析、阐述。

（一）对于二审中当事人提交的新证据的名称、证明目的、各方当事人的质证意见等详细写明。

（二）结合当事人举证、质证的意见，依照相关法律、司法解释的规定，对有关证据的真实性、关联性、合法性进行分析，最终对证据是否应予采信及其证明力作出认定。

（三）根据不同情况，二审查明事实部分可分四种表述方式：

1. 当事人未提交新的证据，对一审查明的事实无异议，二审中也没有新查明的事实的，可写明："一审查明的事实，有相关证据予以佐证，各方当事人均未提出异议，亦未提交新的证据，本院对一审查明的事实予以确认。"

2. 当事人对一审查明的事实无异议，但提交新证据或者二审法院根据自行调查收集的证据，有新查明的事实的，可写明"一审查明的事实，有相关证据予以佐证，各方当事人均未提出异议，本院对一审查明的事实予以确认。本院另查明：……（在综合列举当事人提交的新证据或法院调查收集的证据、阐述各方当事人的质证意见及本院对证据的认证意见的基础上，对另查明的事实作出认定。）"

3. 当事人对部分事实提出异议，并提交新的证据，但经审查其异议不能成立的。

首先，对于当事人无异议部分的事实，可写明"一审查明的××部分的事实，有相关证据予以佐证，各方当事人均未提出异议，本院对一审判决查明的××部分的事实予以确认。"

其次，对于当事人提出异议部分的事实，可写明"上诉人××对一审查明的××部分的事实提出异议……（写明当事人对相关事实提出异议的具体意见及对方的反驳意见，并列举当事人为支持其主张提交的新证据，各方当事人对证据的质证意见以及本院对各证据的认证意见，在此基础上写明本院最终意见，最后可总结性写明'上诉人××虽然对一审查明的××部分的事实提出异议，但其未能提供充分的证据予以证明，其异议不能成立，本院不予支持，对于一审查明的××部分的事实，本院予以确认。'）"。

4.当事人对部分事实提出异议，根据当事人提交的新证据或者本院调查收集的证据，经审理发现一审查明的事实确实存在部分错误的。

首先，对于当事人无异议的正确部分的事实，可写明"一审查明的××部分的事实，有相关证据予以佐证，各方当事人均未提出异议，本院对一审查明的××部分的事实予以确认。"

其次，对于一审认定错误的事实，可写明"上诉人××对一审查明的××部分的事实提出异议……（写明当事人对相关事实提出异议的具体意见及对方的反驳意见，并列举当事人为支持其主张提交的新证据或本院调查收集的证据，各方当事人对证据的质证意见以及本院对各证据的最终认证意见，在此基础上写明本院查明的事实，最后可总结性写明'一审对××部分的事实认定有误，应予纠正，上诉人××对此提出的异议成立，本院予以支持。'）"。

上述部分具体措辞可由承办人视案件情况灵活掌握。

十二、再审裁判文书应当在"案件由来"部分之后，写明原一、二审审理情况以及申请再审及答辩情况。

上述两部分的具体书写分别参照适用二审裁判文书"一审审理情况"和一审裁判文书关于"当事人起诉及答辩情况"部分的要求。

十三、再审裁判文书应当根据再审案件特点，结合相关证据材料，依据相关法律规定，针对当事人提出的对原一、二审认定事实的异议，重点予以分析、阐述。

该部分的具体书写参照适用二审裁判文书关于"二审认定的事实"部分的要求。

十四、裁判理由是裁判文书的核心部分，要有针对性和说服力，二审及再审裁判文书要防止照抄原判理由或者公式化的套话。

（一）本部分以"本院认为"作为引言，其后用冒号，另起一行写明具体意见。

（二）应明确纠纷的性质、案由。原审确定案由错误，二审或者再审予以改正的，应在此部分首先进行叙述并阐明理由。

（三）涉外、涉港澳台民商事案件，应当依照《中华人民共和国涉外民事关系法律适用法》及《最高人民法院关于适用〈中华人民共和国涉外民事关系法律适用法〉若干问题的解释（一）》《最高人民法院关于审理涉台民商事案件法律适用问题的规定》等司法解释的规定，对解决纠纷应当适用的法律作出分析认定。涉外涉港澳台海事案件，应当依照《中华人民共和国海商法》的相关规定对法律适用问题作出分析认定，《中华人民共和国海商法》没有规定的，适用《中华人民共和国涉外民事关系法律适用法》及其司法解释的相关规定。

（四）涉外案件应当适用我国法律的，表述为"适用中华人民共和国法律"。

涉港澳案件，应当适用内地法律的，表述为"适用内地法律"，应适用港澳地区法律的，表述为"适用香港特别行政区（澳门特别行政区）法律"。

涉台案件，应当适用大陆法律的，表述为"适用大陆法律"（大陆后面不能加"地区"二字），应当适用台湾地区法律的，表述为"适用台湾地区法律"。

案件中既有港澳地区当事人，也有台湾地区当事人的，如果应当适用内地（大陆）法律，表述为"适用内地法律"即可。

（五）一审裁判文书应当围绕当事人争议的焦点问题及原告的最终诉讼请求能否成立进行论述。

（六）二审或再审裁判文书应当围绕当事人争议的焦点问题及上诉或再审请求能否成立进行论述。原审裁判正确，上诉或申请再审无理的，指出其理由的不当之处；原审裁判不当，上诉或申请再审理由成立的，应当阐明原判错之处、上诉或申请再审请求和理由成立的事实和法律依据、改判的理由等等。

（七）人民法院审理合同纠纷案件，对于合同是否成立、效力等问题应当主动予以审查，即使当事人未就此提出异议，亦应予以分析阐述。

（八）对于案件复杂，当事人争议问题较多的，可以根据庭审时归纳的当事人争议焦点，分别逐项予以阐述。

（九）在该部分引用法律法规、司法解释时，应当严格适用《最高人民法院关于裁判文书引用法律、法规等规范性法律文件的规定》。并列引用多个法律文件的，引用顺序如下：法律及法律解释、行政法规、地方性法规、自治条例或者单行条例、司法解释；同时引用两部以上法律的，应当先引用基本法律，后引用其他法律；引用包括实体法和程序法的，先引用实体法，后引用程序法。

引用最高人民法院的司法解释时，应当按照公告公布的格式书写。

适用公约时，应当援引适用的公约具体条款。引用公约条款的顺序应置于法律、司法解释之前。

（十）二审或再审改判的，对于改判所依据的实体法应当予以援引。

（十一）如果案件因为涉及商业秘密或者隐私等问题不公开开庭审理，裁判文书中应当援引《中华人民共和国民事诉讼法》第一百三十四条的规定。如果是缺席判决的，应当根据具体情况援引《中华人民共和国民事诉讼法》第一百四十三条或者第一百四十四条的规定。

（十二）指导性案例及非司法解释性的规范性文件，如各种指导性意见、会议纪要、个案答复等不得作为法律依据予以援引，但其体现的原则和精神可在说理部分予以阐述。

（十三）案件经审判委员会讨论决定的，应予以写明。

（十四）案件管辖权问题在判决书理由部分不需要予以阐述。

十五、裁判主文即裁判结果，是对案件实体问题作出的处理决定，裁判结果要明确、具体、完整。裁判结果应对当事人争议的实体问题作出终审结论。二审或再审裁判文书要对原审裁判作出明确表态，写明维持原裁判或者撤销原裁判，或者维持哪几项、撤销哪几项；对改判或加判的内容，要区别确认之诉、变更之诉、给付之诉等不同情况，作出明确、具体的处理决定。

（一）裁判文书主文部分中当事人名称应当用全称，主文的各项之间统一用分号。

（二）裁判文书主文内容必须明确具体、便于执行。如原审判决中未明确履行期限的，二审或再审裁判文书应写明判项的履行日期。

（三）对于金钱给付的利息，当事人要求计算至判决执行之日止，而原审裁判计算出绝对数的，二审或再审应予以纠正，应当明确利息计算的起止点。

（四）根据最高人民法院法〔2007〕19号通知的要求，1.一审判决中具有金钱给付义务的，应当在所有判项之后另起一行写明：如果未按本判决指定的期间履行给付金钱的义务，应当依照《中华人民共和国民事诉讼法》第二百五十三条的规定，加倍支付迟延履行期间的债务利息。2.二审判决作出改判的案件，无论一审判决是否写入了上述告知内容，均应在所有判项之后另起一行写明第一条的告知内容。3.如一审判决已经写明上述告知内容，二审维持原判的判决，可不再重复告知。

十六、裁判文书尾部应写明诉讼费用的负担，合议庭成员署名和判决日期等。

（一）诉讼费用是人民法院根据《诉讼费用交纳办法》的有关规定来决定的，不属于诉讼争议的问题，不应列为判决结果的一项内容，应在判决结果后另起一行写明。

根据《诉讼费用交纳办法》第五十五条的规定，诉讼费用应以人民币为计算单位。

（二）一、二审诉讼费用应当分别表述。按照《诉讼费用交纳办法》第十七条的规定："对财产案件提起上诉的，按照不服一审判决部分的上诉请求数额交纳案件受理费。"二审要根据当事人上诉请求的数额重新计算诉讼费，不能完全按照一审的标准收取。根据《诉讼费用交纳办法》第二十九条的规定，共同诉讼当事人败诉的，应明确当事人各自负担的诉讼费用数额。

如果一审诉讼费用不作调整，可表述为"一审案件受理费××元人民币，财产保全费（或其他费用）××元人民币，按一审判决承担。"

（三）裁判文书尾部由合议庭成员共同署名。助理审判员参加合议的，署代理审判员。院长、庭长参加合议庭审判的案件，院长、庭长担任审判长。

（四）"本件与原本核对无异"字样的印戳，应加盖在年月日与书记员署名之间空行的左边。

十七、其他注意问题。

（一）为避免引起混淆，裁判文书中当事人的名称应当统一，只使用其名称或简称，除以引号转引相关书证原文的情形外，若当事人之间的合同、协议中有"甲方""乙方"等表述时，应统一变换为当事人的名称。

二审、再审裁判文书使用当事人简称时，应当确保与所引用原审文书对应简称表述一致。

二审、再审裁判文书在表述原审法院名称时，可视情况使用"一审法院""二审法院"的表述，亦可使用法院简称。

（二）在援引一审裁判文书相关内容时，应当将其中的"本院"修改为"一审法院（或其简称）"。

（三）裁判文书中表述阿拉伯数字时，数字之间不使用逗号。

（四）涉台案件裁判文书的书写，适用《最高人民法院关于贯彻执行〈关于审理涉台民商事案件法律适用问题的规定〉的通知》（法〔2011〕180号）的要求。

最高人民法院巡回法庭审判管理工作指导意见

（法发〔2017〕9号）

为进一步深入贯彻落实院党组关于巡回审判、司法责任制、司法公开、网上办案等各项工作要求，切实加强巡回法庭审判管理工作，有效确保巡回法庭办案工作的质量和效率，充分发挥巡回法庭示范效应，结合我院工作实际，制定此指导意见。

一、收立案阶段

1. 诉讼服务中心工作人员应当通过各种方式采集再审申请人、申诉人、上诉人及诉讼代理人的证件号码（身份证号、军官证号、护照号或者组织机构代码等）、手机号码、送达地址等，引导上述人员选择接受电子送达，要求上述人员签署"送达地址、送达方式确认书",提供被申请人、被申诉人、被上诉人联系方式等信息。

2. 对于符合民事、行政再审申请或者刑事申诉立案条件的,诉讼服务中心工作人员应当要求再审申请人或者申诉人提交再审申请书或者申诉状、原审生效裁判文书、身份证明材料、委托代理手续以及支持申请再审或者申诉理由的有关证据材料的电子文档。再审申请人或者申诉人未提交电子文档或者提交的电子文档不符合要求的,工作人员应当一次性告知其所需提供材料的规格和样式。对于确有困难无法自行提供电子文档的,工作人员应当指导扫描中心帮助制作电子文档。

3. 对于二审案件,一审法院移送一审卷宗时,应当同时提供一审电子卷宗和上诉状、一审裁判文书、身份证明材料、委托代理手续、有关证据材料等上诉材料的电子文档。对于未按照要求提供电子卷宗的,诉讼服务中心工作人员应当要求一审法院补充材料。对于未按照要求提供上诉材料电子文档的,诉讼服务中心工作人员可以要求一审法院补充材料,也可以指导扫描中心制作。

4. 巡回法庭应当积极引导民事、行政再审申请人和诉讼代理人依托互联网申请网上预约立案或者网上立案。再审申请人申请网上预约立案,或者诉讼代理人申请网上立案的,应当详细填录本指导意见第1条规定的信息,并上传本指导意见第2条规定的电子文档。对于已经在网上预约立案的,巡回法庭应当提供优先立案通道,由再审申请人在立案窗口提交诉讼材料原件,并签署"送达地址、送达方式确认书"。

5. 信息中心应当建立稳定便捷的原审电子卷宗调取通道,支持巡回法庭工作人员根据接访和办案工作需要依权限实时调取辖区法院所有原审电子卷宗,并支持将原审电子卷宗自动导入办案平台。有条件的巡回法庭,可以会同辖区高级人民法院探索建立专门的电子卷宗调取通道,实现与辖区法院信息化平台的互联互通、信息共享。巡回法庭应当督促辖区法院配合做好电子卷宗制作和调取等各项工作,确保从源头上解决网上办案难题。

6. 自接收下级法院、案件当事人或者诉讼代理人提交的案件材料开始,除涉及国家秘密的内容外,巡回法庭的所有工作均应依托信访系统或者办案平台进行,所有案件材料均应实现网上流转、网上审批、全程留痕,案件流程进展情况均应向案件当事人及诉讼代理人主动公开。

7. 立案时,立案工作人员应当准确完整填写办案平台中的案件当事人信息、原审案件信息、立案案由等各项立案信息。对于二审案件,立案工作人员应当填录所有案件当事人的证件号码、手机号码、送达地址等信息;对于审查类案件,立案工作人员应当填录申请再审、申诉一方当事人的证件号码、手机号码、送达地址等信息。案件当事人在立案阶段已经委托诉讼代理人的,立案工作人员应当填录诉讼代理人的证件号码、手机号码、送达地址等信息。

8. 除高级人民法院报请批准延长审限的案件外，巡回法庭一般情况下不应当办理请示案件。巡回法庭认为确实需要办理请示案件的，应当在立案前向审管办提交报告并说明理由。审管办会同立案庭、研究室及相关业务部门共同研究后，认为应当由巡回法庭审理的，巡回法庭可以立案。

9. 分案工作依托办案平台进行，应当坚持随机、均衡、自动的基本原则，不再采用手工分案方式。巡回法庭可以结合自身实际，向审管办提出本庭详细的随机分案规则，经审管办审核后交信息中心办理。分案规则应在确保本庭主审法官办案工作量基本均衡的基础上，尽量简单、可行。各巡回法庭随机分案规则向全院公开。

10. 各巡回法庭应当指定一名庭领导负责确认和调整分案。确定合议庭成员后，原则上不应变更合议庭成员。因特殊需要必须变更合议庭成员的，应当层报负责调整分案的庭领导审批。调整分案情况通过办案平台向全庭所有人员公开，并通过审判流程信息公开平台向案件当事人及诉讼代理人公开。

二、审理阶段

11. 案件审理过程中案件信息发生变化的，主审法官应当指导法官助理或者书记员及时在办案平台予以变更。对于审查类案件，进入审理阶段后，法官助理或者书记员应当采集、填录被申请人、被申请人的证件号码、手机号码、送达地址等信息。案件进入审理阶段后，当事人又委托、增加、变更诉讼代理人，或者诉讼代理人的证件号码、手机号码、送达地址等发生变化的，法官助理或者书记员应当及时采集、填录、更新上述信息。法官助理或者书记员应当通过查阅案卷、联系下级法院、联系人民检察院等途径完成上述信息的采集工作。

12. 合议庭成员确定后，书记员应当依托办案平台及时制作受理案件通知书、应诉通知书及传票，呈报承办主审法官或者审判长签发后，提交总值班室电子签章。书记员应当及时向案件当事人或者诉讼代理人送达受理案件通知书、应诉通知书、传票、廉政监督卡、审判流程信息公开告知书等文书和材料，并在办案平台及时填录送达信息。对于案件当事人或者诉讼代理人同意接受电子送达的，以上文书及材料应当采用电子送达方式。诉讼服务中心工作人员应当通过审判流程信息公开平台跟踪电子送达状态，并通过适当方式督促、指导受送达人及时接受电子送达，下载、查阅电子送达的诉讼文书。受送达人未接受电子送达的，及时采取其他方式进行送达。有条件的巡回法庭，可以探索由诉讼服务中心统一完成送达和电子送达工作，确保送达工作规范高效。

13. 对于案件审理过程中收到的证据材料，由承办主审法官负责指导法官助理或者书记员同步扫描形成电子文档，并上传办案平台。主审法官、法官助理和书记员应当依托办案平台完成各种笔录、报告、裁判文书的整理与起草工作，或者在完成上述工作后及时上传办案平台。

14. 合议庭成员确定开庭时间后，一律由书记员通过办案平台预订法庭。对于庭审直播案件，由法官助理或者书记员准备案情简介，通过办案平台报承办主审法官或者审判长审批后提供给庭审直播平台运维人员。预订法庭后原则上不应变更庭审时间和庭审地点。确实需要变更的，书记员应当及时主动向案件当事人及诉讼代理人作出解释说明。庭审直播预告发布后，庭审需要改期的，承办主审法官应当及时指导书记员通过办案平台进行取消庭审和预订法庭的操作，系统自动发布庭审改期公告。

15. 对于庭审直播案件，应当在开庭通知书、传票中告知检察机关、案件当事人及其他诉讼参与人庭审直播的有关情况。检察机关或者案件当事人通过书面形式申请不进行网络直播，经审查确有正当理由的，承办主审法官通过办案平台填写《最高人民法院庭审不进行网络直播审批表》，层报庭长审批同意，可以不直播。

16. 庭审直播预告发布后，出现撤诉、调解等特殊情形的，承办主审法官应当通过办案平台填写《最高人民法院取消庭审网络直播审批表》，层报庭长审批同意后，系统自动发布取消庭审直播的公告，并载明取消理由。

17. 庭审开始时，书记员负责操作科技法庭系统、庭审直播系统，庭审网络直播自动进行。庭审网络直播过程中，出现不适宜直播的特殊情形的，审判长有权决定中断庭审直播。书记员根据审判长的指令，进行相应操作。中断直播的事由消除后，审判长应当指令书记员恢复庭审直播。中断直播的事由无法消除，或者庭审出现确不适宜继续直播的情况，审判长有权决定终止庭审直播。中断、恢复、终止直播的，应当记入开庭笔录。终止直播的，审判长应当在庭审后3个工作日内作出书面说明，经巡回法庭庭领导审批，报审管办和新闻局备案。

18. 提交合议庭评议前，承办主审法官应当提炼出案件的争议焦点及所涉及的主要法律适用问题，依托办案平台、中国裁判文书网、法信平台等，对我院已经审结的涉及相同、相似争议焦点或者法律适用问题的类似案件，以及我院已审结或者正在审理的关联案件进行全面检索，形成"类案及关联案件检索报告"，及时上传办案平台。检索类似案件及关联案件有困难的，可以报巡回法庭庭领导审批后，向审管办提出需求，由审管办协同院本部有关审判业务部门、研究室及信息中心帮助完成此项工作。

19. 提交合议庭评议前，承办主审法官应当确保所有案件材料的电子版已上传办案平台，以便其他合议庭成员在合议前依托办案平台详细查看拟合议案件的电子卷宗。

20. 巡回法庭要建立和完善主审法官会议机制，研究制定科学合理的主审法官会议议事规则，报审管办备案。主审法官会议的讨论意见供合议庭复议时参考，采纳与否由合议庭决定，讨论记录应当及时上传办案平台，并入卷备查。对于所有拟提交审判委员会讨论的案件，巡回法庭均须先行提交主审法官会议讨论，并经巡回法庭庭长批准。

21. 合议时，承办主审法官应当对案情进行全面客观的介绍，并详细汇报类似案件及关联案件的检索情况，提出裁判意见。合议庭成员发表意见和观点须陈述理由，不得只讲观点不讲理由或者简单附议他人意见。一般情况下，合议庭应当遵循我院业已形成的裁判规则和尺度，如拟处意见与我院既有裁判规则和尺度不一致，应当说明理由，并提交主审法官会议讨论。主审法官会议认为应当改变我院既有裁判规则的，应当提交审判委员会讨论。如查询到的我院同类案件之间存在裁判标准和尺度的重大差异，巡回法庭可通报审管办，由审管办报请院领导将差异案件所涉法律问题提交审判委员会讨论，以确定应当遵从的裁判规则。

22. 合议时，书记员应当依托办案平台对合议过程进行记录，或者在合议后及时将合议笔录上传办案平台，依次送交合议庭成员签署。合议模块开发完成前，书记员应当及时将合议笔录的电子版及合议庭成员签名原件的扫描件上传办案平台。

23. 对于在办案件，巡回法庭庭领导应当依托办案平台加强巡查，强化对案件质量和效率的管理。对于以下四类案件，巡回法庭庭领导有权要求合议庭报告案件进展和评议结果：（1）涉及群体性纠纷，可能影响社会稳定的；（2）疑难、复杂且在社会上有重大影响的；（3）与本院类案判决可能发生冲突的；（4）有关单位或者个人反映法官有违法审判行为的。庭领导对上述四类案件的审理过程或者评议结果有异议的，可以将案件提交主审法官会议讨论。

24. 巡回法庭办理请示案件，合议庭作出答复或者批复前，应当提交本庭主审法官会议讨论。主审法官会议讨论情况应当报审管办备案。

25. 案件审理期限的变更应当严格依照法律及司法解释进行。对于符合扣除审限、延长审限条件的，承办主审法官应当及时通过办案平台提出申请，层报庭领导审批。审限扣除、延长的时间、理由等均将通过审判流程信息公开平台自动同步向案件当事人及其诉讼代理人公开。

三、结案阶段

26. 裁判文书签发后，承办主审法官应当及时指导法官助理和书记员对裁判文书进行认真校对、纠错、排版后，提交总值班室电子签章。总值班室签章后，承办主审法官可以打印裁判文书，安排书记员及时开展送达工作。书记员应当在办案平台中及时准确填录送达方式、开始送达时间和完成送达时间。送达工作开始后，承办主审法官可以在办案平台中结案。结案时，承办主审法官应当准确填录结案方式、结案案由等案件信息，准确选择结案裁判文书。案件结案后，相关信息原则上不允许修改。确实需要修改的,应当通过办公平台报庭领导和审管办审批后交信息中心办理。

27. 裁判文书送达后七个工作日内,承办主审法官应当及时完成裁判文书上网前技术处理及裁判文书上网公开工作。公告送达的,公告送达开始后即可以将有关裁判文书上网公开。

四、其他事项

28. 一般情况下,巡回法庭不得出台指导性意见、指导性案例以及其他司法政策文件。巡回法庭认为确有必要的,应当首先提交主审法官会议讨论。主审法官会议讨论通过后,应当提交审判委员会讨论。审判委员会讨论通过后,该指导性意见、指导性案例以及其他司法政策文件应当以最高人民法院名义对外统一发布。

29. 巡回法庭庭领导应当加强对本庭案件质量和效率的分析研判,有针对性地开展专项评查,研究发现和解决制约本庭审判质效的普遍性、深层次问题。庭领导应当明确和细化本庭不同岗位人员的工作职责,并在此基础上不断完善本庭审判业绩评价体系,使审判业绩评价更加科学合理、客观真实、公开透明。

30. 巡回法庭应当确定一名庭领导专门负责推动网上办案工作,并指定一名联络员协助庭领导负责此项工作。在推动过程中:要组织得力人员,深入了解掌握本部门人员规范使用办案软件、落实网上办案具体要求的实际情况,认真查找存在的问题,分析原因,制定对策,并及时汇总办案人员对软件的修改完善意见和具体需求,通过联络员及时反馈审管办、信息中心。

31. 巡回法庭要根据部门工作实际,将办案人员开展网上办案的情况作为重要考核指标,与主审法官、法官助理、书记员和诉讼服务人员个人的评优评先等挂钩。审管办将通过办案平台对各审判业务部门开展网上办案的情况进行评查,评查结果纳入年度绩效考核。

32. 庭审结束后,庭审录像即向案件当事人及其诉讼代理人公开。电子卷宗正卷无论是否归档,均向案件当事人及其诉讼代理人公开。查阅庭审录像的,由诉讼服务中心在核实查阅人员身份信息后直接提供;查阅已归档电子档案的,经承办主审法官和档案管理部门批准后提供查阅;查阅未归档电子卷宗的,经承办主审法官批准后提供查阅。对于案件当事人及诉讼代理人申请阅卷的,优先提供电子卷宗查阅服务。一般情况下,应当允许案件当事人及诉讼代理人通过互联网查阅案件卷宗。案件当事人及诉讼代理人申请查阅纸质卷宗的,应当在诉讼服务中心进行。书记员应准备好案件正卷,经核对身份证件及代理权限后提供查阅,并安排专门人员监督阅卷。

33. 巡回法庭应当在诉讼服务中心设立扫描中心,聘请专业化社会服务团队为当事人、诉讼代理人及承办主审法官提供扫描服务。档案部门应当明确网上办案情况下诉讼卷宗归档的具体操作规程。

34. 行装局、信息中心应当充分保障办案平台升级改造、电子卷宗生成设备配备、电子卷宗深度应用功能开发及购买专业化服务所需资金。应当提供充足内外网网络带宽，不断优化系统间接口性能，提升系统间信息共享和融合水平，着力保障信息化系统的稳定性和易用性，并通过配置高清宽屏显示器、高性能内外网办公电脑、保密远程无线办公设备等，进一步改善法官网上办案条件，为法官充分利用电子卷宗提供软件、硬件的同步支持。

35. 各巡回法庭已经制定的审判管理文件及办案工作流程，与本指导意见不一致的，以本指导意见为准。

中华人民共和国人民法院组织法

（中华人民共和国主席令第 11 号）

1979 年 7 月 1 日第五届全国人民代表大会第二次会议通过　根据 1983 年 9 月 2 日第六届全国人民代表大会常务委员会第二次会议《关于修改〈中华人民共和国人民法院组织法〉的决定》第一次修正　根据 1986 年 12 月 2 日第六届全国人民代表大会常务委员会第十八次会议《关于修改〈中华人民共和国地方各级人民代表大会和地方各级人民政府组织法〉的决定》第二次修正　根据 2006 年 10 月 31 日第十届全国人民代表大会常务委员会第二十四次会议《关于修改〈中华人民共和国人民法院组织法〉的决定》第三次修正　2018 年 10 月 26 日第十三届全国人民代表大会常务委员会第六次会议修订

目　录

第一章　总　　则

第二章　人民法院的设置和职权

第三章　人民法院的审判组织

第四章　人民法院的人员组成

第五章　人民法院行使职权的保障

第六章　附　　则

第一章 总 则

第一条 为了规范人民法院的设置、组织和职权,保障人民法院依法履行职责,根据宪法,制定本法。

第二条 人民法院是国家的审判机关。

人民法院通过审判刑事案件、民事案件、行政案件以及法律规定的其他案件,惩罚犯罪,保障无罪的人不受刑事追究,解决民事、行政纠纷,保护个人和组织的合法权益,监督行政机关依法行使职权,维护国家安全和社会秩序,维护社会公平正义,维护国家法制统一、尊严和权威,保障中国特色社会主义建设的顺利进行。

第三条 人民法院依照宪法、法律和全国人民代表大会常务委员会的决定设置。

第四条 人民法院依照法律规定独立行使审判权,不受行政机关、社会团体和个人的干涉。

第五条 人民法院审判案件在适用法律上一律平等,不允许任何组织和个人有超越法律的特权,禁止任何形式的歧视。

第六条 人民法院坚持司法公正,以事实为根据,以法律为准绳,遵守法定程序,依法保护个人和组织的诉讼权利和其他合法权益,尊重和保障人权。

第七条 人民法院实行司法公开,法律另有规定的除外。

第八条 人民法院实行司法责任制,建立健全权责统一的司法权力运行机制。

第九条 最高人民法院对全国人民代表大会及其常务委员会负责并报告工作。地方各级人民法院对本级人民代表大会及其常务委员会负责并报告工作。

各级人民代表大会及其常务委员会对本级人民法院的工作实施监督。

第十条 最高人民法院是最高审判机关。

最高人民法院监督地方各级人民法院和专门人民法院的审判工作,上级人民法院监督下级人民法院的审判工作。

第十一条 人民法院应当接受人民群众监督,保障人民群众对人民法院工作依法享有知情权、参与权和监督权。

第二章 人民法院的设置和职权

第十二条 人民法院分为:

(一)最高人民法院;

(二)地方各级人民法院;

(三)专门人民法院。

第十三条 地方各级人民法院分为高级人民法院、中级人民法院和基层人民法院。

第十四条 在新疆生产建设兵团设立的人民法院的组织、案件管辖范围和法官任免，依照全国人民代表大会常务委员会的有关规定。

第十五条 专门人民法院包括军事法院和海事法院、知识产权法院、金融法院等。

专门人民法院的设置、组织、职权和法官任免，由全国人民代表大会常务委员会规定。

第十六条 最高人民法院审理下列案件：

（一）法律规定由其管辖的和其认为应当由自己管辖的第一审案件；

（二）对高级人民法院判决和裁定的上诉、抗诉案件；

（三）按照全国人民代表大会常务委员会的规定提起的上诉、抗诉案件；

（四）按照审判监督程序提起的再审案件；

（五）高级人民法院报请核准的死刑案件。

第十七条 死刑除依法由最高人民法院判决的以外，应当报请最高人民法院核准。

第十八条 最高人民法院可以对属于审判工作中具体应用法律的问题进行解释。

最高人民法院可以发布指导性案例。

第十九条 最高人民法院可以设巡回法庭，审理最高人民法院依法确定的案件。

巡回法庭是最高人民法院的组成部分。巡回法庭的判决和裁定即最高人民法院的判决和裁定。

第二十条 高级人民法院包括：

（一）省高级人民法院；

（二）自治区高级人民法院；

（三）直辖市高级人民法院。

第二十一条 高级人民法院审理下列案件：

（一）法律规定由其管辖的第一审案件；

（二）下级人民法院报请审理的第一审案件；

（三）最高人民法院指定管辖的第一审案件；

（四）对中级人民法院判决和裁定的上诉、抗诉案件；

（五）按照审判监督程序提起的再审案件；

（六）中级人民法院报请复核的死刑案件。

第二十二条 中级人民法院包括：

（一）省、自治区辖市的中级人民法院；

（二）在直辖市内设立的中级人民法院；

（三）自治州中级人民法院；

（四）在省、自治区内按地区设立的中级人民法院。

第二十三条 中级人民法院审理下列案件：

（一）法律规定由其管辖的第一审案件；

（二）基层人民法院报请审理的第一审案件；

（三）上级人民法院指定管辖的第一审案件；

（四）对基层人民法院判决和裁定的上诉、抗诉案件；

（五）按照审判监督程序提起的再审案件。

第二十四条 基层人民法院包括：

（一）县、自治县人民法院；

（二）不设区的市人民法院；

（三）市辖区人民法院。

第二十五条 基层人民法院审理第一审案件，法律另有规定的除外。

基层人民法院对人民调解委员会的调解工作进行业务指导。

第二十六条 基层人民法院根据地区、人口和案件情况，可以设立若干人民法庭。

人民法庭是基层人民法院的组成部分。人民法庭的判决和裁定即基层人民法院的判决和裁定。

第二十七条 人民法院根据审判工作需要，可以设必要的专业审判庭。法官员额较少的中级人民法院和基层人民法院，可以设综合审判庭或者不设审判庭。

人民法院根据审判工作需要，可以设综合业务机构。法官员额较少的中级人民法院和基层人民法院，可以不设综合业务机构。

第二十八条 人民法院根据工作需要，可以设必要的审判辅助机构和行政管理机构。

第三章 人民法院的审判组织

第二十九条 人民法院审理案件，由合议庭或者法官一人独任审理。

合议庭和法官独任审理的案件范围由法律规定。

第三十条 合议庭由法官组成，或者由法官和人民陪审员组成，成员为三人以上单数。

合议庭由一名法官担任审判长。院长或者庭长参加审理案件时，由自己担任审判长。

审判长主持庭审、组织评议案件，评议案件时与合议庭其他成员权利平等。

第三十一条 合议庭评议案件应当按照多数人的意见作出决定，少数人的意见应当记入笔录。评议案件笔录由合议庭全体组成人员签名。

第三十二条 合议庭或者法官独任审理案件形成的裁判文书，经合议庭组成人员或者独任法官签署，由人民法院发布。

第三十三条 合议庭审理案件，法官对案件的事实认定和法律适用负责；法官独任审理案件，独任法官对案件的事实认定和法律适用负责。

人民法院应当加强内部监督，审判活动有违法情形的，应当及时调查核实，并根据违法情形依法处理。

第三十四条 人民陪审员依照法律规定参加合议庭审理案件。

第三十五条 中级以上人民法院设赔偿委员会，依法审理国家赔偿案件。

赔偿委员会由三名以上法官组成，成员应当为单数，按照多数人的意见作出决定。

第三十六条 各级人民法院设审判委员会。审判委员会由院长、副院长和若干资深法官组成，成员应当为单数。

审判委员会会议分为全体会议和专业委员会会议。

中级以上人民法院根据审判工作需要，可以按照审判委员会委员专业和工作分工，召开刑事审判、民事行政审判等专业委员会会议。

第三十七条 审判委员会履行下列职能：

（一）总结审判工作经验；

（二）讨论决定重大、疑难、复杂案件的法律适用；

（三）讨论决定本院已经发生法律效力的判决、裁定、调解书是否应当再审；

（四）讨论决定其他有关审判工作的重大问题。

最高人民法院对属于审判工作中具体应用法律的问题进行解释，应当由审判委员会全体会议讨论通过；发布指导性案例，可以由审判委员会专业委员会会议讨论通过。

第三十八条 审判委员会召开全体会议和专业委员会会议，应当有其组成人员的过半数出席。

审判委员会会议由院长或者院长委托的副院长主持。审判委员会实行民主集中制。

审判委员会举行会议时，同级人民检察院检察长或者检察长委托的副检察长可以列席。

第三十九条 合议庭认为案件需要提交审判委员会讨论决定的，由审判长提出申请，院长批准。

审判委员会讨论案件，合议庭对其汇报的事实负责，审判委员会委员对本人发表的意见和表决负责。审判委员会的决定，合议庭应当执行。

审判委员会讨论案件的决定及其理由应当在裁判文书中公开，法律规定不公开的除外。

第四章 人民法院的人员组成

第四十条 人民法院的审判人员由院长、副院长、审判委员会委员和审判员等人员组成。

第四十一条 人民法院院长负责本院全面工作，监督本院审判工作，管理本院行政事务。人民法院副院长协助院长工作。

第四十二条 最高人民法院院长由全国人民代表大会选举，副院长、审判委员会委员、庭长、副庭长和审判员由院长提请全国人民代表大会常务委员会任免。

最高人民法院巡回法庭庭长、副庭长，由最高人民法院院长提请全国人民代表大会常务委员会任免。

第四十三条 地方各级人民法院院长由本级人民代表大会选举，副院长、审判委员会委员、庭长、副庭长和审判员由院长提请本级人民代表大会常务委员会任免。

在省、自治区内按地区设立的和在直辖市内设立的中级人民法院院长，由省、自治区、直辖市人民代表大会常务委员会根据主任会议的提名决定任免，副院长、审判委员会委员、庭长、副庭长和审判员由高级人民法院院长提请省、自治区、直辖市人民代表大会常务委员会任免。

第四十四条 人民法院院长任期与产生它的人民代表大会每届任期相同。

各级人民代表大会有权罢免由其选出的人民法院院长。在地方人民代表大会闭会期间，本级人民代表大会常务委员会认为人民法院院长需要撤换的，应当报请上级人民代表大会常务委员会批准。

第四十五条 人民法院的法官、审判辅助人员和司法行政人员实行分类管理。

第四十六条 法官实行员额制。法官员额根据案件数量、经济社会发展情况、人口数量和人民法院审级等因素确定。

最高人民法院法官员额由最高人民法院商有关部门确定。地方各级人民法院法官员额，在省、自治区、直辖市内实行总量控制、动态管理。

第四十七条 法官从取得法律职业资格并且具备法律规定的其他条件的人员中选任。初任法官应当由法官遴选委员会进行专业能力审核。上级人民法院的法官一般从下级人民法院的法官中择优遴选。

院长应当具有法学专业知识和法律职业经历。副院长、审判委员会委员应当从法官、检察官或者其他具备法官、检察官条件的人员中产生。

法官的职责、管理和保障，依照《中华人民共和国法官法》的规定。

第四十八条 人民法院的法官助理在法官指导下负责审查案件材料、草拟法律文书等审判辅助事务。

符合法官任职条件的法官助理,经遴选后可以按照法官任免程序任命为法官。

第四十九条 人民法院的书记员负责法庭审理记录等审判辅助事务。

第五十条 人民法院的司法警察负责法庭警戒、人员押解和看管等警务事项。

司法警察依照《中华人民共和国人民警察法》管理。

第五十一条 人民法院根据审判工作需要,可以设司法技术人员,负责与审判工作有关的事项。

第五章 人民法院行使职权的保障

第五十二条 任何单位或者个人不得要求法官从事超出法定职责范围的事务。

对于领导干部等干预司法活动、插手具体案件处理,或者人民法院内部人员过问案件情况的,办案人员应当全面如实记录并报告;有违法违纪情形的,由有关机关根据情节轻重追究行为人的责任。

第五十三条 人民法院作出的判决、裁定等生效法律文书,义务人应当依法履行;拒不履行的,依法追究法律责任。

第五十四条 人民法院采取必要措施,维护法庭秩序和审判权威。对妨碍人民法院依法行使职权的违法犯罪行为,依法追究法律责任。

第五十五条 人民法院实行培训制度,法官、审判辅助人员和司法行政人员应当接受理论和业务培训。

第五十六条 人民法院人员编制实行专项管理。

第五十七条 人民法院的经费按照事权划分的原则列入财政预算,保障审判工作需要。

第五十八条 人民法院应当加强信息化建设,运用现代信息技术,促进司法公开,提高工作效率。

第六章 附 则

第五十九条 本法自2019年1月1日起施行。

最高人民法院印发《关于为深化两岸融合发展提供司法服务的若干措施》的通知

(法发〔2019〕9号)

各省、自治区、直辖市高级人民法院,解放军军事法院,新疆维吾尔自治区高级人民法院生产建设兵团分院:

为了深入学习贯彻习近平新时代中国特色社会主义思想,贯彻习近平总书记关于对台工作的重要论述,更好发挥人民法院在服务、保障、促进两岸经济文化交流合作与融合发展方面的职能作用,现将《最高人民法院关于为深化两岸融合发展提供司法服务的若干措施》印发给你们,请结合实际认真贯彻执行。

最高人民法院

2019 年 3 月 25 日

最高人民法院关于为深化两岸融合发展提供司法服务的若干措施

为依法全面平等保护台湾同胞合法权益,促进两岸经济文化交流合作,深化两岸融合发展,结合人民法院工作实际和实践经验,制定以下措施。

一、公正高效审理案件,全面保障诉讼权利

1. 坚持公正高效司法,维护台湾同胞的各项实体权利和诉讼权利,依法保障台湾同胞在大陆学习、创业、就业、生活逐步享有同等待遇。

2. 加强产权司法保护,依法保障台湾同胞在大陆的投资安全、财产安全,加强知识产权保护,让台湾同胞在大陆专心创业、放心投资、安心经营。

3. 对台湾同胞、台湾企业因涉及在大陆享有国家各项政策优惠、补贴、奖励、激励、准入等同等待遇产生的纠纷,属于人民法院受案范围、符合起诉条件的,应当依法及时受理。

4. 依法慎用强制措施、查封扣押冻结措施、限制出境措施,最大限度降低对台湾同胞、台湾企业正常生活、经营的不利影响。

5. 人民法院决定对台湾当事人采取拘留、指定居所监视居住或者逮捕措施的,应当在二十四小时以内通知其家属;无法通知其家属的,可以通知其在大陆的工作单位、就读学校等。

6. 受审在押的台湾被告人,其监护人、近亲属申请会见,经审查认为不妨碍案件审判的,应当准许。

7. 对因犯罪受审或者执行刑罚的台湾居民,应当依法平等适用缓刑、判处管制、裁定假释、决定或者批准暂予监外执行,实行社区矫正。

8. 向台湾居民送达司法文书,应当采取直接送达、两岸司法互助送达等有利于其实际知悉送达内容、更好行使诉讼权利的送达方式;未采取过直接送达、两岸司法互助送达方式的,不适用公告送达。

9. 对涉台案件当事人及其诉讼代理人因客观原因不能自行收集的证据,应当依申请或者主动依职权调查收集;相关证据在台湾地区的,可以通过两岸司法互助途径调查收集。

10. 根据国家法律和司法解释中选择适用法律的规则，确定适用台湾地区民商事法律的，应当适用，但违反国家法律基本原则和社会公共利益的，不予适用。

11. 依法及时审查认可和执行台湾地区民事判决和仲裁裁决的申请；经裁定认可的台湾地区民事判决，与人民法院的生效判决具有同等效力；经裁定认可的仲裁裁决，应当依法及时执行。

12. 涉台案件判决生效后，督促败诉方及时履行生效裁判确定的义务，提高涉台案件执行效率，保障涉台案件执行效果。

二、完善便民利民措施，提供优质司法服务

13. 完善涉台案件诉前、诉中、诉后全流程便民利民措施，为台湾同胞提供便捷、高效的司法服务。

14. 受理涉台案件较多的人民法院可以设立涉台案件专门立案窗口。为伤病、残疾、老年、未成年的台湾同胞提供立案、送达、调解等方面的便利。适应涉台案件特点，不断完善便利台湾同胞的在线起诉、应诉、举证、质证、参与庭审、申请执行等信息化平台。

15. 不断完善对台湾同胞的诉讼指导，为台湾同胞编制在大陆诉讼的指导材料。涉台案件较多的人民法院可以开设专门网站、电话、微博、微信等涉台司法服务平台。推广在台湾同胞聚集区、台湾同胞投资区、台湾创业园区等设立法院联络点、法官工作室等司法服务机构。

16. 完善各项诉讼服务措施与司法管理设施，便利台湾同胞使用台湾居民居住证、台湾居民来往大陆通行证作为身份证明参与诉讼活动和旁听审判。

17. 持有台湾居民居住证的台湾当事人委托大陆律师或者其他人代理诉讼，代理人向人民法院转交的授权委托书无需公证认证或者履行其他证明手续。

18. 经济确有困难的台湾当事人向人民法院提起民事、行政诉讼的，可以依法准予缓交、减交、免交诉讼费用。

19. 对符合法律援助条件的台湾当事人，主动协调法律援助机构及时提供法律援助。台湾被告人没有委托辩护人的，可以通知法律援助机构指派律师为其提供辩护。

20. 对权利受到侵害无法获得有效赔偿的台湾当事人，符合有关规定条件的，可以提供一次性国家司法救助，帮助解决其生活面临的急迫困难。

21. 台湾当事人申请司法救助和法律援助，依照有关规定应当提交经济困难等有关证明材料，其户籍地难以或者不予提供，而其台湾居民居住证颁发地、在大陆经常居住地的村（居）民委员会或者在大陆的工作单位、就读学校等依照有关规定提供的，可予认可。

三、加强组织机构建设，健全服务保障机制

22. 受理涉台案件较多的人民法院可以设立专门的审判庭、合议庭、审判团队、执行团队等审判、执行组织，负责涉台案件的审理、执行。未设立专门审判、执行组织的法院可以指定相对固定的人员审理和执行涉台案件。探索建立涉台案件综合审判组织，集中负责涉台刑事、民事、行政案件的审理。

23. 涉台案件分散的地区，可以探索实行涉台案件跨区域集中管辖制度。

24. 不断完善便利台湾同胞在互联网法院、知识产权法院、金融法院等新类型法院进行诉讼、维护权利、解决纠纷的制度机制。

25. 建立与涉台案件特点相适应的审判管理机制和绩效考核机制。办理两岸司法互助案件情况纳入司法统计和绩效考核范围。

26. 充分发挥调解机构、仲裁机构作用，完善调解、仲裁、诉讼等有机衔接、相互协调的多元化纠纷解决机制，提高涉台纠纷解决效率，降低纠纷解决成本。

27. 支持涉台案件较多的地区设立台湾地区民商事法律查明专业机构、涉台社区矫正专门机构等。

28. 及时发布涉台审判司法解释、指导性案例、规范性文件和典型案例，探索建立涉台案件审判指导委员会制度，统一涉台案件裁判标准和尺度。

四、扩大参与司法工作，推动两岸司法交流

29. 选任符合条件的台湾同胞担任涉台案件的人民陪审员，为其更好履行职责提供培训等保障。

30. 探索聘请符合相关条件的台湾同胞担任人民法院书记员等司法辅助人员，逐步扩大台湾同胞参与审判工作范围。

31. 依法保障获得大陆律师执业证书的台湾居民的执业权利，鼓励其在人民法院参与律师调解等工作。

32. 聘请台湾同胞担任人民法院监督员、联络员，以及特邀调解员、家事调查员、心理咨询员、缓刑考察员、法庭义工等。

33. 聘请符合条件的台湾同胞担任涉台、知识产权、生态环境、医疗、海事、金融、互联网等审判领域的咨询专家或者鉴定人。聘请对相关法律领域有精深造诣及较大影响力的台湾同胞担任国际商事专家委员会专家委员。

34. 推动人民法院与两岸教学、科研机构共同建立两岸青年学生教学实践基地。鼓励、支持台湾青年学生到人民法院实习，并积极提供相应便利与保障。积极打造两岸青年学生、青年法官的交流交往平台。

35. 鼓励支持台湾法律界人士到国家法官学院及其分院研修、培训、讲学，加入中华司法研究会等专业性社团组织，申报人民法院及其主管的事业单位、社会团体组织发布的司法调研、理论研究课题。

36. 鼓励支持台湾各界人士到人民法院参访、交流，参加人民法院举办的论坛、研讨会等活动。

地方各级人民法院可以根据本规定精神，结合本地区实际情况出台具体落实措施；福建省高级人民法院可以根据中央赋予的先行先试政策统筹谋划，推进落实。各地人民法院出台的有关措施，应当层报最高人民法院台湾司法事务办公室备案。

最高人民法院关于发布第 20 批指导性案例的通知
（法〔2018〕347 号）

各省、自治区、直辖市高级人民法院，解放军军事法院，新疆维吾尔自治区高级人民法院生产建设兵团分院：

经最高人民法院审判委员会讨论决定，现将付宣豪、黄子超破坏计算机信息系统案等五个案例（指导案例 102—106 号），作为第 20 批指导性案例发布，供在审判类似案件时参照。

最高人民法院
2018 年 12 月 25 日

最高人民法院关于发布第 19 批指导性案例的通知
（法〔2018〕338 号）

各省、自治区、直辖市高级人民法院，解放军军事法院，新疆维吾尔自治区高级人民法院生产建设兵团分院：

经最高人民法院审判委员会讨论决定，现将王力军非法经营再审改判无罪案等五个案例（指导案例 97—101 号），作为第 19 批指导性案例发布，供在审判类似案件时参照。

最高人民法院
2018 年 12 月 19 日

最高人民法院关于发布第 18 批指导性案例的通知

（法〔2018〕164 号）

各省、自治区、直辖市高级人民法院，解放军军事法院，新疆维吾尔自治区高级人民法院生产建设兵团分院：

经最高人民法院审判委员会讨论决定，现将于欢故意伤害案等四个案例（指导案例 93—96 号），作为第 18 批指导性案例发布，供在审判类似案件时参照。

最高人民法院

2018 年 6 月 20 日

最高人民法院关于发布第 17 批指导性案例的通知

（法〔2017〕332 号）

各省、自治区、直辖市高级人民法院，解放军军事法院，新疆维吾尔自治区高级人民法院生产建设兵团分院：

经最高人民法院审判委员会讨论决定，现将张道文、陶仁等诉四川省简阳市人民政府侵犯客运人力三轮车经营权案等五个案例（指导案例 88—92 号），作为第 17 批指导性案例发布，供在审判类似案件时参照。

最高人民法院

2017 年 11 月 15 日

最高人民法院关于发布第 16 批指导性案例的通知

（法〔2017〕53 号）

各省、自治区、直辖市高级人民法院，解放军军事法院，新疆维吾尔自治区高级人民法院生产建设兵团分院：

经最高人民法院审判委员会讨论决定，现将北京奇虎科技有限公司诉腾讯科技（深圳）有限公司、深圳市腾讯计算机系统有限公司滥用市场支配地位纠纷案等十个案例（指导案例 78—87 号）作为第 16 批指导性案例发布，供在审判类似案件时参照。

最高人民法院

2017 年 3 月 6 日

最高人民法院关于发布第 15 批指导性案例的通知

(法〔2016〕449 号)

各省、自治区、直辖市高级人民法院,解放军军事法院,新疆维吾尔自治区高级人民法院生产建设兵团分院:

经最高人民法院审判委员会讨论决定,现将北京阳光一佰生物技术开发有限公司、习文有等生产、销售有毒、有害食品案等八个案例(指导案例 70—77 号),作为第 15 批指导性案例发布,供在审判类似案件时参照。

最高人民法院

2016 年 12 月 28 日

最高人民法院关于发布第 14 批指导性案例的通知

(法〔2016〕311 号)

各省、自治区、直辖市高级人民法院,解放军军事法院,新疆维吾尔自治区高级人民法院生产建设兵团分院:

经最高人民法院审判委员会讨论决定,现将上海市虹口区久乐大厦小区业主大会诉上海环亚实业总公司业主共有权纠纷案等 5 件案例(指导案例 65—69 号),作为第 14 批指导性案例发布,供在审判类似案件时参照。

最高人民法院

2016 年 9 月 19 日

最高人民法院关于发布第 13 批指导性案例的通知

(法〔2016〕214 号)

各省、自治区、直辖市高级人民法院,解放军军事法院,新疆维吾尔自治区高级人民法院生产建设兵团分院:

经最高人民法院审判委员会讨论决定,现将马乐利用未公开信息交易案等四个案例作为第 13 批指导性案例发布(指导案例 61—64 号),供在审判类似案件时参照。

最高人民法院

2016 年 6 月 30 日

最高人民法院关于发布第 12 批指导性案例的通知

(法〔2016〕172 号)

各省、自治区、直辖市高级人民法院,解放军军事法院,新疆维吾尔自治区高级人民法院生产建设兵团分院:

经最高人民法院审判委员会讨论决定,现将温州银行股份有限公司宁波分行诉浙江创菱电器有限公司等金融借款合同纠纷案等四个案例(指导案例 57—60 号),作为第 12 批指导性案例发布,供在审判类似案件时参照。

最高人民法院

2016 年 5 月 30 日

最高人民法院关于发布第 11 批指导性案例的通知

(法〔2015〕320 号)

各省、自治区、直辖市高级人民法院,解放军军事法院,新疆维吾尔自治区高级人民法院生产建设兵团分院:

经最高人民法院审判委员会讨论决定,现将福建海峡银行股份有限公司福州五一支行诉长乐亚新污水处理有限公司、福州市政工程有限公司金融借款合同纠纷案等 4 个案例(指导案例 53—56 号),作为第 11 批指导性案例发布,供在审判类似案件时参照。

最高人民法院

2015 年 11 月 19 日

最高人民法院关于发布第 10 批指导性案例的通知

(法〔2015〕85 号)

各省、自治区、直辖市高级人民法院,解放军军事法院,新疆维吾尔自治区高级人民法院生产建设兵团分院:

根据《最高人民法院关于案例指导工作的规定》第九条的规定,最高人民法院对《最高人民法院公报》刊发的对全国法院审判、执行工作具有指导意义的案例,进行了清理和编纂。经最高人民法院审判委员会讨论决定,现将经清理和编纂的北京百度网讯科技有限公司诉青岛奥商网络技术有限公司等不正当竞争纠纷案等八个案例(指导案例45—52号),作为第十批指导性案例发布,供在审判类似案件时参照。

最高人民法院
2015 年 4 月 15 日

最高人民法院关于发布第九批指导性案例的通知

(法〔2014〕337 号)

各省、自治区、直辖市高级人民法院,解放军军事法院,新疆维吾尔自治区高级人民法院生产建设兵团分院:

根据《最高人民法院关于案例指导工作的规定》第九条的规定,最高人民法院对《最高人民法院公报》刊发的对全国法院审判、执行工作具有指导意义的案例,进行了编纂。经最高人民法院审判委员会讨论决定,现将田永诉北京科技大学拒绝颁发毕业证、学位证案等七个案例(指导案例38—44号),作为第九批指导性案例发布,供在审判类似案件时参照。

最高人民法院
2014 年 12 月 24 日

最高人民法院关于发布第八批指导性案例的通知

(法〔2014〕327 号)

各省、自治区、直辖市高级人民法院,解放军军事法院,新疆维吾尔自治区高级人民法院生产建设兵团分院:

经最高人民法院审判委员会讨论决定,现将张某某、金某危险驾驶案等六个案例(指导案例32—37号),作为第八批指导性案例发布,供在审判类似案件时参照。

最高人民法院
2014 年 12 月 18 日

最高人民法院关于发布第七批指导性案例的通知

(法〔2014〕161号)

各省、自治区、直辖市高级人民法院，解放军军事法院，新疆维吾尔自治区高级人民法院生产建设兵团分院：

经最高人民法院审判委员会讨论决定，现将臧进泉等盗窃、诈骗案等五个案例（指导案例27—31号），作为第七批指导性案例发布，供在审判类似案件时参照。

最高人民法院

2014年6月26日

最高人民法院关于发布第六批指导性案例的通知

(法〔2014〕18号)

各省、自治区、直辖市高级人民法院，解放军军事法院，新疆维吾尔自治区高级人民法院生产建设兵团分院：

经最高人民法院审判委员会讨论决定，现将孙银山诉南京欧尚超市有限公司江宁店买卖合同纠纷案等四个案例（指导案例23—26号），作为第六批指导性案例发布，供在审判类似案件时参照。

最高人民法院

2014年1月26日

最高人民法院关于发布第五批指导性案例的通知

(法〔2013〕241号)

各省、自治区、直辖市高级人民法院，解放军军事法院，新疆维吾尔自治区高级人民法院生产建设兵团分院：

经最高人民法院审判委员会讨论决定，现将张莉诉北京合力华通汽车服务有限公司买卖合同纠纷案等六个案例（指导案例17—22号），作为第五批指导性案例发布，供在审判类似案件时参照。

最高人民法院

2013年11月8日

最高人民法院关于发布第四批指导性案例的通知

(法〔2013〕24号)

各省、自治区、直辖市高级人民法院,解放军军事法院,新疆维吾尔自治区高级人民法院生产建设兵团分院:

经最高人民法院审判委员会讨论决定,现将王召成等非法买卖、储存危险物质案等四个案例(指导案例13—16号),作为第四批指导性案例发布,供在审判类似案件时参照。

最高人民法院

2013年1月31日

最高人民法院关于发布第三批指导性案例的通知

(法〔2012〕227号)

各省、自治区、直辖市高级人民法院,解放军军事法院,新疆维吾尔自治区高级人民法院生产建设兵团分院:

经最高人民法院审判委员会讨论决定,现将上海存亮贸易有限公司诉蒋志东、王卫明等买卖合同纠纷案等四个案例(指导案例9—12号),作为第三批指导性案例发布,供在审判类似案件时参照。

最高人民法院

2012年9月18日

最高人民法院关于发布第二批指导性案例的通知

(法〔2012〕172号)

各省、自治区、直辖市高级人民法院,解放军军事法院,新疆维吾尔自治区高级人民法院生产建设兵团分院:

经最高人民法院审判委员会讨论决定,现将鲁潍(福建)盐业进出口有限公司苏州分公司诉江苏省苏州市盐务管理局盐业行政处罚案等四个案例(指导案例5—8号),作为第二批指导性案例发布,供在审判类似案件时参照。

最高人民法院

2012 年 4 月 9 日

最高人民法院关于发布第一批指导性案例的通知

(法〔2011〕354 号)

各省、自治区、直辖市高级人民法院,解放军军事法院,新疆维吾尔自治区高级人民法院生产建设兵团分院:

为了贯彻落实中央关于建立案例指导制度的司法改革举措,最高人民法院于 2010 年 11 月 26 日印发了《关于案例指导工作的规定》(以下简称《规定》)。《规定》的出台,标志着中国特色案例指导制度初步确立。社会各界对此高度关注,并给予大力支持。各高级人民法院根据《规定》要求,积极向最高人民法院推荐报送指导性案例。最高人民法院专门设立案例指导工作办公室,加强并协调有关方面对指导性案例的研究。近日,最高人民法院审判委员会讨论通过,决定将上海中原物业顾问有限公司诉陶德华居间合同纠纷案等 4 个案例作为第一批指导性案例予以公布。现将有关工作通知如下:

一、准确把握案例的指导精神

(一)上海中原物业顾问有限公司诉陶德华居间合同纠纷案,旨在解决二手房买卖活动中买方与中介公司因"跳单"引发的纠纷。该案例确认:居间合同中禁止买方利用中介公司提供的房源信息,却撇开该中介公司与卖方签订房屋买卖合同的约定具有约束力,即买方不得"跳单"违约;但是同一房源信息经多个中介公司发布,买方通过上述正当途径获取该房源信息的,有权在多个中介公司中选择报价低、服务好的中介公司促成交易,此行为不属于"跳单"违约。从而既保护中介公司合法权益,促进中介服务市场健康发展,维护市场交易诚信,又促进房屋买卖中介公司之间公平竞争,提高服务质量,保护消费者的合法权益。

(二)吴梅诉四川省眉山西城纸业有限公司买卖合同纠纷案,旨在正确处理诉讼外和解协议与判决的效力关系。该案例确认:对于当事人在二审期间达成诉讼外和解协议后撤诉的,当事人应当依约履行。一方当事人不履行或不完全履行和解协议的,另一方当事人可以申请人民法院执行一审生效判决。从而既尊重当事人对争议标的自由处分权,强调了协议必须信守履行的规则,又维护了人民法院生效裁判的权威。

(三)潘玉梅、陈宁受贿案旨在解决新形式、新手段受贿罪的认定问题。该案例确认：国家工作人员以"合办"公司的名义或以交易形式收受贿赂的、承诺"为他人谋取利益"未谋取利益而受贿的、以及为掩饰犯罪而退赃的，不影响受贿罪的认定，从而对近年来以新的手段收受贿赂案件的处理提供了明确指导。对于依法惩治受贿犯罪，有效查处新形势下出现的新类型受贿案件，推进反腐败斗争深入开展，具有重要意义。

（四）王志才故意杀人案旨在明确判处死缓并限制减刑的具体条件。该案例确认：刑法修正案（八）规定的限制减刑制度，可以适用于2011年4月30日之前发生的犯罪行为；对于罪行极其严重，应当判处死刑立即执行，被害方反应强烈，但被告人具有法定或酌定从轻处罚情节，判处死刑缓期执行，同时依法决定限制减刑能够实现罪刑相适应的，可以判处死缓并限制减刑。这有利于切实贯彻宽严相济刑事政策，既依法严惩严重刑事犯罪，又进一步严格限制死刑，最大限度地增加和谐因素，最大限度地减少不和谐因素，促进和谐社会建设。

二、切实发挥好指导性案例作用

各级人民法院对于上述指导性案例，要组织广大法官认真学习研究，深刻领会和正确把握指导性案例的精神实质和指导意义；要增强运用指导性案例的自觉性，以先进的司法理念、公平的裁判尺度、科学的裁判方法，严格参照指导性案例审理好类似案件，进一步提高办案质量和效率，确保案件裁判法律效果和社会效果的有机统一，保障社会和谐稳定；要高度重视案例指导工作，精心编选、积极推荐、及时报送指导性案例，不断提高选报案例质量，推进案例指导工作扎实开展；要充分发挥舆论引导作用，宣传案例指导制度的意义和成效，营造社会各界理解、关心和支持人民法院审判工作的良好氛围。

今后，各高级人民法院可以通过发布参考性案例等形式，对辖区内各级人民法院和专门法院的审判业务工作进行指导，但不得使用"指导性案例"或者"指导案例"的称谓，以避免与指导性案例相混淆。对于实施案例指导工作中遇到的问题和改进案例指导工作的建议，请及时层报最高人民法院。

附：上海中原物业顾问有限公司诉陶德华居间合同纠纷案等四个指导性案例（略）

二〇一一年十二月二十日

关键词索引

案例指导制度 1，29
案由广泛 101
颁发证书 265
保护范围 250，252
保险代位求偿权 239
保险人代位求偿 239
备案结果通知 264
被诉侵权药品制备工艺查明 252
必要措施 251
别除权 238
不具备用工主体资格的单位或者个人 217
不履行和解协议 273
不正当竞争 247—249，255—258
财产保险合同 239
财产返还 225
采样 219
参照率 49，75，101，191
撤回上诉 273
诚实信用 249
诚信原则 256
承诺谋利 221
程序性行政行为 269
出质登记 229
初始章程 237
船舶碰撞损害赔偿 234
错误执行 276

搭售 260
大数据分析 1，177
担保 230
单方解除 234
到期债权 275
盗窃 216
DUS 测试报告 254
DNA 指纹检测 254
DNA 指纹鉴定 254
DNS 劫持 218
低价购房受贿 221
第三者对保险标的的损害 239
电信服务合同 233
毒害性物质 209
恶意串通 225，274
二手房买卖 233
发布数量 75，122
发还赃物 277
发明专利权 250
法定义务 224
法律效力 228，268
防空地下室 270
防卫过当 215
非法经营数额 212
非法经营罪 213
非法买卖、储存危险物质 209

非法限制人身自由 215	航班延误 232
分期付款 237	航空旅客运输合同 232
干扰环境质量监测 219	"合办"公司受贿 221
高等学校 265, 266	合同解除 237
告知义务 232, 233, 267	合同解释 268
工伤认定 269	合同类指导性案例 101
工作场所 264	合同诈骗 211
工作过失 264	合意违反航行规则 234
工作原因 264	后果特别严重 218
公安行政登记 270	后果严重 218, 219
公司僵局 236	后续行为 250
公司解散 236	环境污染公益诉讼 241
公司决议撤销 236	回购 237
公司清算义务 225	婚恋纠纷引发 213
公序良俗 270	婚生子女 223
功能性特征 252	机动车交通事故 240
股东资格确认 237	机动车让行 263
股权转让 237	机械远程监控系统 219
股权转让限制 237	基本事实归类型 49
故意杀人罪 213, 214	技术保护措施 245
故意伤害罪 215	技术调查官 252
关联公司 226	技术术语 250
管辖 239	既遂 211
管辖异议 241	继承 223
规章参照 261	家用汽车 227
国家赔偿 276, 277	假冒注册商标罪 212
过错责任 177, 240	检索义务 272
海上货物运输保险合同 235	见义勇为 242, 265
海事 235	交通事故 177, 240
海事赔偿责任限额计算 243	交通事故侵权 177
海事赔偿责任限制基金 243	借款合同 228
海事诉讼 243	金钱质押 244

金融借款合同　229，230

近似品种　254

禁止令　216

经营管理严重困难　236

精神损害赔偿　276

竞争关系　247，256

居间合同　233

举报答复　271

举证责任　246，254，268，278

拒不支付劳动报酬罪　217

拒不执行判决、裁定罪　218

开设赌场罪　220

抗诉　231

跨领域　143

捆绑交易　260

捆绑销售　245

滥用市场支配地位　259

劳动合同　234

老字号　249，258

累犯　214

离婚　224

离婚时　224

历史题材　247

利用未公开信息交易罪　210

利用信息网络　216

连带清偿责任　225

连带责任　226，240，251

临时保护期　250

垄断　259，260

买卖合同　227

没收较大数额财产　262

民间矛盾引发　214

民间文学艺术衍生作品　246

民商事指导性案例　75

民事　177，223—230，232—260

民事诉讼　230，231，239，241，273—275

名誉权　243

年度比较　29

拍卖无效　274

赔偿责任　232

批复　267

骗取土地使用权　222

破坏计算机信息系统罪　218，219

期限　267

欺诈　227

企业借贷　230

起算点　238

起算时间　218

强制拆除　278

强制医疗　214

抢劫罪　216

侵犯植物新品种权　254

侵害　250

侵害发明专利权　251，252

侵害计算机软件著作权　245，246

侵害商标权　247，249，256，258

侵害实用新型专利权　250

侵害外观设计专利　252

侵害植物新品种权　253，254

侵权对比　246，250

亲属协助抓捕　214

清偿债务　228

情节恶劣　210

情节特别严重　210

权利承受人　273
权利滥用　245，249
缺陷性特征　246
确认　267
确认合同无效　225
人防　270
人格混同　226
人工授精　223
荣誉权　243
擅用他人企业名称　255
擅自处分共同财产　224
商标侵权　248，257
商品房买卖合同　228
商品通用名称　248，257
设计特征　252
社会公共利益　243
社会危害性　213
涉外仲裁裁决　275
申请撤诉　231
申请执行　273
申请执行期间起算　275
审查　228
生产、销售有毒、有害食品罪　211
生命权　242
十倍赔偿　227
实质相似　247
食品安全　227
食品安全标准　262
食品标签　262
食品说明书　262
市场合理价值　278
市场支配地位　260

视同工伤　265
适用法律错误　268
收益权质押　229
受案范围　264，265，267，271
受贿数额计算　221
受贿罪　221
受理　269
数额犯　211
数据失真　219
刷信誉　212
司法赔偿　276
司法审查　268
司法审查范围　236
司法应用　1，29，49，75，101，122，143，177，191
死刑缓期执行　213，214
诉讼时效　224
贪污罪　222
坦白悔罪　213
套牌　240
特定化　244
特异性　254
特有包装、装潢　257
特征特性　254
听证程序　262
同案不同判　143
外来原因　235
网络赌博　220
网络服务　256
网络服务提供者　251
网络申请　271
网络销售　212

危险驾驶罪 210

微信群 220

微信群抢红包 220

违法判决 267

违约 233

违约行为 239

未成年人犯罪 216

未遂 211

未引用具体法律条款 268

委托拍卖 274

无罪逮捕 276

限制减刑 213，214

相关市场 259

相互授权许可 253

消防验收 264

协助履行 275

信息不存在 272

刑事 209—222

刑事处罚必要性 213

刑事赔偿 276，277

刑事诉讼 214

刑事违法性 213

刑事指导性案例 49

刑事追缴 277

行使期限 238

行政 261—263，265，267，268，270—272，278

行政程序 267

行政处罚 261—263

行政工伤认定 264

行政赔偿 278

行政确认 264，265

行政诉讼 262，264—269，271

行政协议 268

行政许可 261，267

行政征收 270

行政指导性案例 143

姓名权 270

虚假诉讼 230

虚假宣传 249，258

学术自治 266

学位授予 266

严重扰乱市场秩序 213

盐业管理 261

掩饰受贿退赃 221

药品制备方法发明专利 252

业主共有权 224

一切险 235

一审判决 273

移交占有 244

易地建设费 270

应用案由 191

应用率 49，75

应用主体 191

英雄烈士 243

影视作品 247

优先受偿权 238

有毒有害的非食品原料 211

有继续危害社会可能 214

有效期限 233

有效通知 251

逾期答复 271

玉米品种鉴定 254

原告资格 271

援引法定刑　210
再审期间　241
责任　240
责任认定　234
诈骗　216
整体视觉效果　252
正当程序　265
正当防卫　215
正当理由　270
正在通过人行横道　263
政府信息公开　271，272
知名商品　257
知识产权　250
知识产权法院　122
知识产权指导性案例　122
执行复议　273—275
执行管辖　275

执行和解　273
执行回转　276
执行异议之诉　244
执行指导性案例　191
职务便利　222
指导案例24号　177
指导性案例　1，29
质权实现　229
终结审查　231
著作权侵权　246，247
专门从事环境保护公益活动的社会组织　241
专项维修资金　224
追逐竞驶　210
最高额担保　229
最高额抵押权　230